U0493132

黑骏马
法律学术文丛

钱锦宇 著

法治视域中的国家治理现代化
内在逻辑与外在张力

知识产权出版社
全国百佳图书出版单位
—北京—

图书在版编目（CIP）数据

法治视域中的国家治理现代化：内在逻辑与外在张力/钱锦宇著．—北京：知识产权出版社，2021.7

（黑骏马法律学术文丛/马长山主编）

ISBN 978-7-5130-7294-6

Ⅰ.①法⋯　Ⅱ.①钱⋯　Ⅲ.①社会主义法治—建设—研究—中国　Ⅳ.①D920.0

中国版本图书馆CIP数据核字（2021）第081461号

责任编辑：庞从容　　　　　　　　责任校对：谷　洋
执行编辑：赵利肖　　　　　　　　责任印制：刘译文

法治视域中的国家治理现代化：内在逻辑与外在张力

钱锦宇　著

出版发行	知识产权出版社有限责任公司	网　址	http://www.ipph.cn
社　址	北京市海淀区气象路50号院	邮　编	100081
责编电话	010-82000860转8726	责编邮箱	pangcongrong@163.com
发行电话	010-82000860转8101/8102	发行传真	010-82000893/82005070/82000270
印　刷	三河市国英印务有限公司	经　销	各大网上书店、新华书店及相关专业书店
开　本	710mm×1000mm　1/16	印　张	18
版　次	2021年7月第1版	印　次	2021年7月第1次印刷
字　数	292千字	定　价	88.00元
ISBN 978-7-5130-7294-6			

出版权专有　侵权必究
如有印装质量问题，本社负责调换。

献给我挚爱的父亲钱文先生和母亲钟勤女士

总序

法之界，思无疆

修身养性、吟诗作赋、四海远游、把酒临风，常常是对古代文人的生动写照。时至今日，这依然是诸多学者的一种生活理想。在分工日益精细的当代社会，学者日渐脱离了文人生活的浪漫传统，变成了一个从事知识生产和传播的职业。也即学者只是一份谋生的工作，一种教书育人的职业选择；但这又是一份高尚的职业，难免代表着一种家国情怀，一份社会良心。因此，虽然不会有高官厚禄，也不能带来万贯家财，但还能够吸引很多人踏上学术之路，去闯荡"学术江湖"。

"学术江湖"自有它的"行规"。就其理想状态而言，一是自由性，学者可以凭自己的兴趣和判断来决定研究什么、发现什么问题、提出什么样的理论观点；二是独立性，学术研究并不受前见影响、不受立场约束，而是秉持客观、中立的独立风格；三是创新性，学术研究的成果不能是既有研究的重述或者阐释，而必须是创新的。也即要么是前人从未涉及的拓荒性研究，要么是站在"巨人肩膀"上向前推进的超越性研究；四是反思性，学术研究既有证成性的，也有反思性的，但其底色还是反思性的，是通过批判反思来构建更加理想的生活图景；五是责任性，纯粹的为研究而研究并不是没有，但带着一种情怀的研究才是主流，其实是通过知识生产和理论学说来参与国家和社会的建设过程，这也是社会分工赋予学者的一份职责。有了这份情怀，才能去寻真知讲实话，表达社会良心，促进社会进步。事实表明，从古到今，也正是学术自由才为人类创造并汇聚了一片璀璨的思想星海，推动着人类文明的不断变革发展。可以说，学术自由和创新是学术研究的本性，也是"学术江湖"的底线。

然而，学术研究在不同时代所面临的环境和条件，则是大不相同的。每遇兴盛繁荣或者社会变革时期，都会引发巨大的思想解放和社会创新，农业革命、工业革命如此，信息革命也如此。在德国哲学家雅斯贝斯眼中，人类历史在公元前 500 年前后，经历了一次理性的觉醒，从此之后，每经历一次这样的理性洗礼，都会形成一次文明的飞越，并且影响至今，从而构成了人类历史发展的"轴心期"，中国、西方和印度等地区的文化突破也正是在这个"轴心时代"同时出现，"普世价值"便寓于其中。如今，随着信息技术革命的飞跃发展，人类社会已经迈进了网络化、数字化、智能化的数字时代，这似乎形成了一种可以与人类理性觉醒相类似的"历史界限"——从"物理时代"转向"数字时代"，人类文明实现了新的突破。这个数字化的新"轴心"，并不一定会孕育出更多的"普世价值"，但却能够实现人类文明的重大转型和颠覆性重塑，进而生成了空前的巨大创新空间。数字经济、数字社会、数字中国、数字法治……这些无疑为学术自由和创新提供了广阔的"飞地"，"法之界，思无疆"也便成为法学繁荣的时代号角。

　　正是基于这样的学术期待，"黑骏马法律学术文丛"面世了。她作为知识产权出版社出版的开放性法学随笔"黑骏马法学漫丛"的姊妹系列，是在庞从容编辑的组织策划下，以扶植新秀、鼓励创新、繁荣学术为宗旨，在选题上，侧重具有基石性的重大问题、新兴领域的重点问题；在作者上，关注中青年骨干学者和优秀博士、博士后；在学科上，鼓励多学科的交叉融合研究，力图本丛书成为法学天地中一道独特的风景线，以期为新时代的法学研究做出些许贡献。

2021 年 2 月 22 日于上海

Contents 目录

导　论　法治、人权与国家治理现代化 —— 001

第一章　新中国现代国家治理的发展历程 —— 019

　　第一节　新中国国家治理的文本奠基：
　　　　　　从《共同纲领》到 1954 年《宪法》 —— 020
　　第二节　新中国国家治理的模式变迁：
　　　　　　法律治理的建构历程 —— 034
　　第三节　坚持、加强和改善党的领导
　　　　　　与全面依法治国 —— 057
　　第四节　宪法序言、国家梦想与政制建构 —— 082

第二章　善治、参与民主与中国国家治理的实践 —— 097

　　第一节　中国参与民主的理念诉求与制度建构 —— 098
　　第二节　国家治理、合作网络和公民参与 —— 124
　　第三节　公众参与背景下的政府信息公开 —— 137
　　第四节　选贤举能、良法之治与国家治理的
　　　　　　现代化 —— 143

第三章　现代中国国家治理与中国传统文化的创造性转换 —— 159

第一节　法学的"中国化"与法学自主性意识之建构 —— 160
第二节　儒家文化与中国现代国家政治治理 —— 165
第三节　法家思想的批判性继承与中国现代民族精神的塑造 —— 172

第四章　法律多元、集体行动与民间自治 —— 187

第一节　法律多元主义的历史渊源 —— 188
第二节　集体行动与民间集体自治规则 —— 197
第三节　善治视域下民间规范的价值定位和正当性基础 —— 206

第五章　全球化时代的治理 —— 219

第一节　法律的全球趋同：一个制度变迁视角的分析 —— 220
第二节　全球治理现代化与人类命运共同体 —— 232

结　语　幸福生活与善治的中国模式 —— 241
参考文献 —— 264
后　记 —— 275

导 论

法治、人权与国家治理现代化

21世纪全球备受瞩目的现象，在某种意义上，就是"两个危机的不断加剧"和"一个国家的持续崛起"。具言之，就是以美国"占领华尔街""占领华盛顿"和法国"黑夜站立"运动为标志的传统资本主义政治模式的合法性危机的加剧，以宗教冲突为核心的文明冲突所带来的全球恐怖主义危机的加剧，以及中国以经济的快速增长和综合国力的持续性增强为标志的和平崛起。中国的和平崛起在深刻地改变世界政治、经济、安全和文化领域的传统格局的同时，客观上也面临着源自内部和外部的诸多竞争和挑战。从中国国内角度来看，中国正在经历着剧烈的社会转型，转型过程中发生的结构性问题，如反腐败斗争形势"依然严峻复杂"[1]，社会多元利益群体的利益冲突加剧，贫富差距加大，改革发展的红利未能惠及全体社会成员，社会矛盾多元化、社会不稳定因素增多，生态环境恶化，党和政府的执政能力和公信力有待提升等，都对执政党和中国人民提出了严肃的挑战，要求我们必须不断地深化结构性改革；从国际来看，中国的和平崛起这一历史进程是在以"大国战略安全竞争"和"一超多强"的力量格局为特征的"新战国时代"中逐步展开的。民族国家的可持续性生存和发展，对于每一个国家而言，都是最为重要的政治主题之一。正是在这种政治语境中，执政党才在其顶层设计当中提出推进中国治理体系和治理能力现代化的战略任务，这将推进国家治理体系和治理能力现代化作为当下全面深化改革的当务之急和中国改革的总目标。通过何种模式、方式和道路来实现国家治理体系和治理能力的现代化，则成了在中国共产党领导下的中国人民面临的一个现实的路径选择问题。基于对中国历史的反思、对中国共产党人的革命和建设历程的总结、对西方国家政治历史发展经验及西方哲学社会科学取得的积极成果的借鉴，中国最终在顶层设计中确立了"依法治国，建设社会主义法治国家"的治国方略，尤其是十八届四中全会的召开，标志着法治成为实现中国国家治理现代化的根本保障和标志。

---

[1] 参见习近平同志在中国共产党第十八届中央纪律检查委员会第五次全体会议上发表的讲话。

因此，对于作为执政党的中国共产党人而言，要实现党的执政兴国、人民的安居乐业、国家的长治久安，必须科学、辩证地看待治国理政的现代化和法治的关系。具体来说，一方面国家治理能力的提升有赖于科学的国家治理体系，另一方面国家治理能力反过来又能够有效地促进国家治理体系功能的实现。而法治则是治国理政现代化的必要条件和重要特征，建设中国特色的社会主义法治道路是推动国家治理体系和治理能力现代化的重要举措。所以，正是历史进程的趋势和时代发展的要求，使得从法治的视野和维度思考现代国家治理的中国道路，构成了当下中国政治的一个核心问题意识。

面对现代国家治理的中国道路这一中国政治的核心问题意识，值得思考的几个核心问题是：首先，为什么要通过法治来建构现代国家治理的中国道路？或者说，探索治国理政现代化的中国道路具有什么样的价值和意义？其次，通过法治来建构现代国家治理的中国道路的基本目标是什么？最后，应当汲取什么样的资源来建构现代国家治理的中国道路？笔者将在导论中对此问题进行尝试性回答。

一、价值意义

如前所述，以治理体系和治理能力现代化为内容的国家治理现代化，是当下我国最为重要的国家战略。而国家治理现代化的实现，有赖于中国特色社会主义法治道路的建设。

（一）为何选择法治

无论是西方的政治自由主义，还是马克思主义，均认为人类社会发展到一定阶段的时候，需要某种以权力垄断为特征的政治性权威的存在。这个政治性权威就是国家。对于国家如何进行统治的问题，古典自然法学说则认为政治性权威的存在是为了保障社会成员确定的和不可剥夺的自然权利。因而国家的统治必须依照作为社会契约的法律来展开，实现国家的有效治理。而马克思主义则认为政治性权威的出现是为了维护阶级统治秩序，实现统治阶级的根本利益。治国理政必须依据作为统治者（人民）意志的体现的法律来展开。可见，无论是西方政治自由主义还是马克思主义，都对以绝对主义君主统治为代表的人治模式予以了否弃。与此同时，作为一种国家治理的观念，法治在东西方文明的早期源头都有不同的理论表达和政治实践。法治的核心是法律规则的统治,或者说是"统治必须依据法律行事"[1]。受马克思高度称赞的亚里士多德,就曾对西方法治概念做过经典的论述。亚里士多德认为:"我们应该注意到邦国虽有良法,要是人民不能全部遵循,仍然不能实现法治。法治应该包含两重意义:已成立的法律获得普遍的服从,而大家所服从的法律又应该本身是制定得良好的法律。"[2] 在亚里士多德看来,法治要获得实现,一方面要求法律要具有良善的性质,即法律要作为一种"中道的权衡",能够体现正义和理性,促进事物合乎正义,其核心价值就是通过法律的统治,使人们能够"幸福生活"而"免于烦累"。[3] 而中国先秦时期的法家也强调用于支撑国家治理的法律必须要在性质上符合于"天道"的要求,后者的核心就是以"救民"和"为天下"为理论主张的民本主义。另一方面,法治要得以实现,就必须要求人们普遍地遵守作为权威的法律。换言之,法律必须具有至上性。因为"凡不能维持法律威信的城邦都不能说它已经建立了任何政体。法律应在任何方面受到尊重而保持无上的权威,执政人员和公民团体……都不该侵犯法律"[4]。亚里士多德的这种法律至上性权威观在中世纪得以继受,其代表就是英国法学家布拉克顿高扬"国王不应服从任何人,但应服从上帝和法律"的理念。值得注意的是,在坚持法的权威性这一点上,中国先秦法家同样持有相同的观念。法家不仅提出了"不别亲疏、不殊贵贱、一断于法"[5]"以法为教""垂法而治"的政治主张,而且还要求君主也必须遵守法律,所谓"令尊于君","不为君欲变其令"。[6]

对于治国理政而言,法治之所以重要,其根本原因就在于,首先,支配政治统治的法律反映着人类的理性。法律是作为主权者人民意志的体现,是人类的建构理性和经验理性在立法过程中集中体现和作用的产物。从长远来看,以法律理性为基础的决策往往(但并非总是)优于以个人情感为基础的判断。因为个人的情感往往会影响人的正确决策的制定。其次,法律对于权力的规制和约束,是政治共同体得以繁荣发展和人类获得

---

[1] [英]米勒、波格丹诺主编:《布莱克维尔政治学百科全书》,邓正来等译,中国政法大学出版社2002年版,第725页。
[2] [古希腊]亚里士多德:《政治学》,吴寿彭译,商务印书馆1965年版,第199页。
[3] [古希腊]亚里士多德:《政治学》,吴寿彭译,商务印书馆1965年版,第204页。
[4] [古希腊]亚里士多德:《政治学》,吴寿彭译,商务印书馆1965年版,第192页。
[5] 司马迁:《史记·太史公自序》,中华书局2005年版,第2487页。
[6] 《管子·法法》。

有尊严的生活的必要条件。国家的神圣和发展具有其合理性，即保障公民的生存和发展，维系统治阶级的根本利益。但是，人性中的贪婪无度、骄奢淫逸、嗜血残暴的一面，如果不施加以法律的约束，那么权力的保有者不仅会将政治决策带入歧途，甚至会反过来形成对公民权利和尊严的不当侵害。孟德斯鸠曾指出："一切有权力的人都容易滥用权力，这是万古不易的一条经验。有权力的人往往使用权力一直到遇有界限的地方才休止"。[1] 更为重要的是，"权力导致腐败，绝对的权力绝对地导致腐败"（阿克顿语）。在中国社会剧烈转型的今天，习近平同志高度强调："一些国家因长期积累的矛盾导致民怨载道、社会动荡、政权垮台，其中贪污腐败就是一个很重要的原因。大量事实告诉我们，腐败问题越演越烈，最终必然会亡党亡国！"[2] 因此，执政党将"党风廉政建设和反腐败斗争提到关系党和国家生死存亡的高度来认识"[3]。而人类政治发展史表明，法治是规制权力的最佳制度性安排。将权力关进制度的笼子，是解决社会腐败问题、提升执政正当性的根本途径。最后，法治是使政治统治获得正当性证成的主要方式。政治统治的核心问题是正当性及其证成。任何一个统治模式的权威和统治的有效性，都有赖于该统治模式的正当性证成。政治统治正当性从形式上看，是统治的展开依据主权者（或主权者代表）的意志。而在现代社会，主权者意志的最经常和最集中的反映就是法律。依据法律的统治，在一定程度上，就是依据主权者意志的统治，因而具有正当性。与此同时，从实质上看，正当性源自正义和理性。而法治本身是以良善法律为要件。所谓的良善法律，必须蕴含正义、自由、平等和人的尊严等核心价值。因此，在以人民主权和人权保障为根本精神和原则的时代，法治是最可能具有正当性的统治模式。

总体而言，法治在国家治理现代化中的功能是多维度和结构性的。其最重要的功能在于提供正当性、合法性和权威性的基础，发挥权力规制和人权保障的功能。国家治理现代化的核心标志就是全面依法治国，用法治精神和法治方式来构建国家治理体系和提升国家治理能力。

---

[1] [法] 孟德斯鸠：《论法的精神》（下册），张雁深译，商务印书馆1963年版，第154页。
[2] 参见习近平同志在2012年11月17日十八届中央政治局第一次集体学习时的讲话。
[3] 习近平：《习近平谈治国理政》，外文出版社2014年版，第390页。

(二) 为何要强调"中国道路"

笔者在这里所论述的"中国道路",实际上包含着三个维度:中国立场、中国问题意识和中国路径。通过法治来提升和发展国家治理体系和治理能力的现代化,必须要基于中国立场、呈现清晰的中国问题意识和创造具有中国特色的路径。强调中国道路的意义,主要有以下三个原因:

第一,以法治为中心的现代国家治理的"中国道路",是有效地保障我国国家治理现代化进程得以顺利展开的必要条件。如前所述,21世纪的中国正在面临一个充满各种挑战和机遇的伟大的历史变革时代。考察历史,不难发现,对于任何一个大国来说,法治建设成功与否,国家治理有效与否,都是以创造性地将一般法治原理与本国的政治法律实践有效结合为条件的。即使是英美这样具有民族起源高度相近性的国家,其政治法律制度也不可能完全相同。例如英国实施以单一制为基础的君主立宪制,以不成文宪法为国家治理的根本法基础,以议会至上为核心宪法原则。而美国则实行以联邦制为基础的总统共和制,以成文宪法为治国理政的根本法基础,以三权分立为首要宪法原则。美国虽然继受了英国的法律体系,但是却根据其殖民地的自治传统和与英国的政治斗争,创设了美国式的法治道路和国家治理模式。法国、德国和日本等国的法治建设,也无不以其自身的历史传统、民族文化和政治实践为基础。在某种意义上,发达法治国家的历史经验印证了萨维尼关于"法律是民族精神的体现和产物"的论断。作为一个以马克思主义为指导的政治共同体,作为一个拥有5000年历史的古老文化共同体,作为一个在21世纪不断崛起的(中华)民族国家,作为一个不断从深化改革和对外开放中焕发出新鲜活力的公民共同体,中国法治道路的建设不可能是一般法治理论的机械翻版和简单摹印。理论的价值,归根到底在于其对实践指导的有效性。正如习近平总书记指出的那样:"坚持以马克思主义为指导,必须落到研究我国发展和我们党执政面临的重大理论和实践问题上来,落到提出解决问题的正确思路和有效办法上来。"[1] 因此,强调通过法治来建构现代国家治理的中国道路,其真正的价值和意义,不是去印证西方中心主义一般法治理论的正确和功效,而是要基于中国的立场,形成清晰的、客观真实的、有针对性的中国问题意

---

[1] 参见习近平同志2016年5月17日在哲学社会科学工作座谈会上的讲话。

识，建构具有中国特色和富有中国智慧的路径，进而保障中国的国家治理实践获得有效性，推动中国的可持续的和平崛起。

第二，推进建设以法治为中心的现代国家治理的"中国道路"，是体现和检验我国哲学社会科学（尤其是法学、政治学和党建理论）的创造力的重要标志，而国家治理的"中国道路"建设本身又能够推进我国哲学社会科学的创造力的提升。习近平同志强调："问题是创新的起点，也是创新的动力源。只有聆听时代的声音，回应时代的呼唤，认真研究解决重大而紧迫的问题，才能真正把握住历史脉络、找到发展规律，推动理论创新。"[1] 当前对于中国法学和政治学理论研究而言，时代的声音就是如何通过法治来提升国家治理体系和治理能力的现代化。强调建设以法治为中心的现代国家治理的"中国道路"，就是为了以中国问题意识为导向。只有这样，才能在实践中实现理论的创新发展，提升我国法学、政治学和党建理论等哲学社会科学的创造力。理论的创造力体现了一个国家和民族的综合国力和国际竞争力。而只有具有创造力的民族，才是具有前途的民族。中国要实现可持续的和平崛起，就必须对中国自身在国家治理进程中凸显的重大问题，创造和形成有效的解决思路和办法，彰显中国政治文化的创造力。

第三，推进建设以法治为中心的现代国家治理的"中国道路"，形成国家治理的中国道路理论，是增强中华文明政治影响力和理论影响力的重要方式。21世纪对于全球各国而言，都是一个充满挑战的世纪。哈贝马斯指出西方正面临着深刻的政治治理的"合法性危机"，"合法性危机是一种直接的认同危机。它不是由于系统整合受到威胁而产生的，而是由于下列事实造成的，即履行政府计划的各项任务使失去政治意义的公共领域的机构受到怀疑"[2]。中国也面临着深化政治体制改革、推进和完善社会主义民主制度的艰巨任务。而探索以法治为中心的国家治理的中国道路，能够为全球治理现代化提供源自中国理论和实践的特殊贡献。因为"在比较、对照、批判、吸收、升华的基础上，使民族性更加符合当代中国和当今世界的发展要求，越是民族的越是世界的。解决好民族性问题，就有更强能力去解决世界性问题；把中国实践总结好，就有更强能力为解决世界性问

---

[1] 参见习近平同志2016年5月17日在哲学社会科学工作座谈会上的讲话。
[2] [德]尤尔根·哈贝马斯：《合法化危机》，刘北成、曹卫东译，上海人民出版社2000年版，第65页。

题提供思路和办法"[1]。因此，建设以法治为中心的国家治理的中国道路，能够为世界展现国家治理的另一种模式，国家治理的中国道路理论，能够为全球的治理理论提供中国的智识贡献。如果说诺贝尔经济学奖获得者弗里德曼关于"谁能解释中国经济的改革和发展，谁就能得诺贝尔经济学奖"的论断具有一定的积极意义的话，那么似乎也可以认为，谁能够在理论上建构和指导以法治为中心的国家治理的中国道路，不断提升国家治理的有效性和中国的和平崛起，谁就能够获得"约翰·斯凯特政治学奖"[2]。

二、目标定位

明确定位战略目标，是保障战略得以正确和有效实施的必要条件。因此，从国家战略的视角来看，建设以法治为中心的现代国家治理的中国道路，必须确定其战略目标定位，主要包括以下几个方面：在防止国家衰败的同时强化国家竞争力；促进人权的保障和人的全面发展；促进善治，强化执政正当性。

（一）在防止国家衰败的同时强化国家竞争力

如前所述，实现国家治理体系和治理能力的现代化，提升国家治理能力，根本上关系到党的执政兴国和国家的长治久安。因此，推进建设以法治为中心的现代国家治理的中国道路，其直接目标就是通过提升国家治理能力而强化国家竞争力。

首先，建设以法治为中心的现代国家治理的中国道路，是为了有效地避免国家衰败。国家的强盛和衰败，一直是比较政治学的两个至关重要的课题。而避免国家衰败则是实现国家强盛的必要条件。有政治学家指出，"国家的衰败，体现为一个国家法规不彰、权力涣散、纲纪不振、有规不循、社会败坏。整个社会掌权者追求权钱交易、无权者寻求权力庇护或者

---

[1] 参见习近平同志2016年5月17日在哲学社会科学工作座谈会上的讲话。
[2] 约翰·斯凯特政治科学奖（The Johan Skytte Prize in Political Science），被称为政治学的诺贝尔奖，由瑞典乌普萨拉（Uppsala）大学的约翰·斯凯特基金会颁发，该奖项创设于1995年。约翰·斯凯特政治科学奖的获奖者必须是"对政治科学做出了最有价值贡献"的学者，被认为是全球最有名望的政治学奖项之一。罗伯特·道尔、罗伯特·普特南等著名政治学家都曾获得此奖项。

施压权力恩赐好处,在腐败的私密化生活中,任由社会正义感脆化,国家规则感丧失"[1]。究其实质,导致国家衰败的结构性因素,概括起来就是:权力失控、腐败盛行、官僚主义、道德沦丧和法律虚无。对于防止国家衰败的问题,执政党中央一直都有高度的认识和警醒。例如在中国革命和建设过程中,毛泽东同志始终号召要对官僚主义现象保持着高度的警惕,并将反对官僚主义的斗争提高到关系党和国家前途命运、生死存亡的高度。再以腐败为例,胡锦涛同志在十八大报告中就用"致命伤害"和"亡党亡国"来警示腐败问题的巨大危害,并强调反腐倡廉和拒腐防变的紧迫性。习近平同志则在十八届中共中央政治局第一次集体学习时,再次强调"腐败问题越演越烈,最终必然会亡党亡国"。法治失效导致权力失控,权力失控造成腐败横行,腐败横行加速道德沦丧,道德沦丧助长官僚主义。因此,党的十八大以来,以习近平同志为总书记的党中央在坚决严厉打击腐败的同时,高度强调要将权力关进制度的笼子;在号召全党深入贯彻群众路线的同时,严厉打击官僚主义;在树立社会主义核心价值观的同时,确定以法治为中心的国家治理现代化为国家战略。可见,要防止和避免国家衰败,就必须提升国家预防和治理腐败的能力、约束和规制权力滥用的能力、打击治理各种形式的官僚主义的能力、重塑社会道德伦理的能力和法律有效治理的能力。这些能力共同构成了一个国家的治理能力。而国家治理现代化的核心与关键就是法治,即必须通过法治来提升国家预防和治理腐败的能力,通过法治来提升约束和规制权力滥用的能力,通过法治(国家法律和党内法规)来打击官僚主义,通过法治来重塑社会道德伦理的能力。但是需要指出的是,这里所谓的法治,不是教科书所阐述的一般法治理论,而是中国本土政治法律的具体实践与抽象一般法治理论相结合的法治的中国道路和中国模式。要实现有效的法律治理,要实现以法治为基点提升国家治理能力,就必须依赖于法治的中国道路。只有这样,才能有效地防止和避免国家衰败。

其次,建设以法治为中心的现代国家治理的中国道路,更是为了追求国家竞争力的不断强化。如果说防止国家衰败是低级目标,那么强化国家竞争力则是高级目标。21世纪是国家之间充满激烈竞争的世纪。传统的意

---

[1] 任剑涛:《国家何以避免衰败:比较政治学的国家主题》,载《社会科学战线》2015年第3期。

识形态对立、大国之间的核心利益冲突、历史遗留的国家矛盾等，都使得国际社会更多时候表现出受"丛林法则"所支配的特征。在此种国际情势当中，国家竞争力的提升，关系到每一个民族国家的生存和发展。因此，必须实现国家治理能力的现代化，通过法治的中国道路和中国模式提升国家的治理能力，最终增强国家的竞争力。

（二）促进人权的保障和人的全面发展

人权是指人作为人（而非公民或人民）而应当享有的权利。其核心是人的尊严和权利必须受到尊重和保护。以法治为中心的国家治理的中国道路，必须以人权和人的全面发展为目标。

自启蒙运动以来，人权就被启蒙思想家和政治家逐步塑造为一项基本的道德原则、法律原则和政治原则。尤其是二战之后，纳粹德国和日本军国主义的侵略暴行，使得人们形成了一个共识，即是否维护和保障人权，是任何政治共同体是否具有正当性与合法性的重要标志之一，以及是任何政体性质良善与否的重要标准。与此同时，相对于人权而言，人的全面发展是终极目标。马克思主义首先要解决的核心问题，就是私有制导致的人的异化问题。私有制的社会存在，使得人性被褫夺而处于被奴役状态。马克思所谓的"羊吃人"，实际上是被资本所异化了的"羊"吃掉了被资本所异化了的"人"。在马克思主义理论体系中，最终的理论奋斗目标和最高的社会理想，是实现人的彻底解放，创建"每个人的自由发展是一切人的自由发展的条件"[1]的联合体。因此，人性的解放和人的自由发展，是马克思主义的灵魂所在。对于中国共产党人而言，人权始终是一个伟大的事业。习近平同志旗帜鲜明地指出："将坚定不移走和平发展道路、坚定不移推进中国人权事业和世界人权事业。"[2] 从根本意义上看，中国梦的实质就是人权梦。人权和人的全面发展，是中国梦的终极价值。中国梦的主体是人民、中国梦的内核是人民的根本利益，而利益的外在化即是人权。因此，民族的历史复兴梦、民主富强文明的强国梦和人的尊严与人的全面发展梦，是三位一体的结构。正如习近平同志指出的那样："中国人民正在为实现中华民族伟大复兴的中国梦而奋斗，这将在更高水平上保障

---

[1]《马克思恩格斯选集》（第一卷·上），人民出版社1972年版，第273页。
[2] 习近平：《习近平致"2015·北京人权论坛"的贺信》，载《人权》2015年第5期。

中国人民的人权，促进人的全面发展。"[1]

因此，建设以法治为中心的国家治理的中国道路，必须以实现人的尊严、权利和全面发展为目标定位。而我们的所有工作，根本上都围绕在这一目标定位的周围。习近平同志指出："不断推动经济社会发展，增进人民福祉，促进社会公平正义，加强人权法治保障，努力促进经济、社会、文化权利和公民政治权利全面协调发展，显著提高了人民生存权、发展权的保障水平，走出了一条适合中国国情的人权发展道路。"[2] 如果失去人权保障和人的全面发展的目标，则以法治为中心的国家治理的中国道路就会迷失方向，丧失其核心价值。

（三）走向善治的中国道路

十八届四中全会决定明确指出，法律是治国之重器，良法是善治之前提。善治同样是以法治为中心的国家治理的中国道路的重要目标之一。

在比较政治学的视域中，民主统治的异化，使得善治成为人们开始探索的一种新的治理理论和治理模式。民主统治的异化，主要源自两种因素，即选民与代表的分离和官僚主义。代议制民主无法解决选民与代表相分离、人民统治与精英政治相分离的矛盾。投票的功能退化为产生政府，只要选举一经结束，民主即行终结。民主政治不再是"人民的统治"，而是沦为"政治家的统治"。[3] 而在一定意义上，以脱离人民群众为实质的官僚主义，也是一种民主统治的异化产物。马克思主义认为，人民才是历史的创造者，而官僚主义的实质就是脱离群众。一旦执政党脱离人民群众，其执政的正当性就会面临被质疑和被削弱的风险。需要指出的是，民与代表的分离和官僚主义的盛行，都将会导致政府公共责任的蜕化，使得国家和政府偏离关注谋求全体共同体成员的公共福祉和促进其全面发展这两个创制政治共同体的原初目标和根本责任。异化后的代议制民主统治为人们展现的往往是"一旦选择了政体，政治的逻辑便认为，重点必须大幅

---

[1] 习近平：《习近平致"2015·北京人权论坛"的贺信》，载《人权》2015年第5期。
[2] 习近平：《习近平致"2015·北京人权论坛"的贺信》，载《人权》2015年第5期。
[3] [美] 约瑟夫·熊彼特：《资本主义、社会主义与民主》，吴良健译，商务印书馆1999年版，第415页。

度地转向需要什么来维护政府形式,而不再仅仅是什么因素推动人类发展"[1]。其最终结果,将是对政治统治的正当性形成直接和间接的消解,即"当理性官僚制的公共责任被化约成政治统治的工具时,官僚制的精神开始背离公共责任,伴随公共责任坍塌的则是信任这一行政伦理出现了危机"[2]。

正是为了解决传统民主统治的异化和官僚主义,以及此二者带来的政府公共责任的退化,理论界才提出"善治"的观念。善治的本意就是良好的治理,是使公共利益最大化的社会治理过程,而不是政府利益或某个集团利益的最大化效果。善治的本质特征是通过治理主体的多元化,实现政府与公民对公共事务进行有序和有效的合作管理,是政府与市场、社会、民众的一种新颖合作网络关系。

以法治为中心的国家治理的中国道路,按照十八届四中全会的战略部署,必须以善治为重要目标。甚至还有政治学家指出"善治的实现是政治制度的终极目的"[3]。对于善治而言,现代化和法治化,恰恰就是善治的两个鲜明的时代特征。当然,对于任何一个特定国家而言,善治还离不开另外一个特征,就是民族性(或本土化)。因此,现代化、法治化和民族性的善治,与以法治为中心的国家治理的中国道路有着本质的内在关联。善治作为以法治为中心的国家治理的中国道路的目标之一,客观上要求必须在以法治为中心的国家治理当中,有机地嵌入具有中国特色的公众参与和政府信息公开制度,实现党的领导、人民代表大会制度和公众参与的有机结合,强化代议制民主和参与民主的有机对接和相互配合,实现中国式的善治。

需要指出的是,善治不仅体现出治理主体的多元性,还表现出治理规则的多样性。具言之,要实现有效的国家治理,实现善治的目标,一方面要强调党的领导、政府的主导以及社会和公众的参与,另一方面也需要关注治理的规范性和依据的多元性。参与国家治理的规则,不仅要依靠各项国家法律,还需要依靠党内法规,要认识到"党内法规既是管党治党的重要依据,也是建设社会主义法治国家的有力保障"。同时,面对多民族国

---

[1] [美]詹姆斯·W. 西瑟:《自由民主与政治学》,竺乾威译,上海人民出版社1998年版,第113页。
[2] 张凤阳等:《政治哲学关键词》,江苏人民出版社2006年版,第313页。
[3] 俞可平:《善治与幸福》,载《马克思主义与现实》2011年第2期。

家的现实国情，在国家治理现代化的推进当中，还需要注意宗教戒律和民族习惯法对于特定区域的社会治理、民间纠纷解决所具有的独特作用，探索如何实现国家法律与党内法规、国家法与民间法的协同合作、良性互动和调试与整合，共同推进以法治为中心的国家治理的中国道路，提升治理现代化，实现善治。

（四）强化执政正当性

以法治为中心的国家治理的中国道路，还应当以强化执政党的执政正当性为目标。任何模式的统治，都会面临统治正当性的拷问。而执政党的主要任务之一，就是通过有效的国家治理来获得有目共睹的政绩。政绩或效绩的取得是制度或行动获得统治正当性的"主要来源之一"。[1] 博·罗斯坦甚至认为，政治正当性是一切政府体系的终极目标。政治正当性的主要来源不在于政治体系的输入端（民主选举），而是处于政治体系的输出端，与政府质量相关。只有在权力行使中消除腐败、歧视以及对公平正义原则的违背，才能创造出政治的正当性。[2]

当前中国国内的改革已进入"攻坚期和深水区"，各种社会矛盾和纠纷呈现出多样性、复杂性和结构性的特征。传统的治理体系和治理职能发生体制性衰退，呈现出治理成本递增和治理收益递减的趋势，并产生公信力降低、决策权威和治理执行力的系统性风险。与此同时，世界大国在全球秩序重构中的竞争愈演愈烈，中国的领土安全、意识形态安全和制度安全，都面临着各种挑战。因此，对中国共产党自身而言，面对复杂的国内外局势，需要提高治国理政的能力，进而强化政府的决策和执行的质量。通过不断提升的国家治理能力，实现对困扰中国发展的内部和外部问题的有效解决，获得国家治理的显著效绩，是执政党强化其执政正当性的重要途径。

效绩正当性的获得，最终是得到被统治者的认同。在马克斯·韦伯看来，获得被统治者的认同，是实现统治正当性的最根本的途径和表现。被

---

[1] 参见［美］亨廷顿：《第三波：20世纪后期的民主化浪潮》，刘军宁译，上海三联书店1998年版，第59页。
[2] 参见博·罗斯坦：《建构政治正当性：选举民主还是政府质量》，载王绍光主编：《选主批判：对当代西方民主的反思》，欧树军译，北京大学出版社2014年版，第152—178页。另见欧树军：《反思民主，探寻民主》，载《开放时代》2015年第5期。

统治者对于特定统治权威及其治理模式的认同，既可以源自意识形态的塑造，也可以源自有效治理效绩的获得和展示。以法治为中心的国家治理的中国道路，就是要通过治理效绩的获得和展示，进而以此为基础来实现人民群众对于中国政治制度和政党制度的高度认同，进而实现强化执政党的执政正当性的目标。

三、智识资源

正如习近平同志指出的那样，中国正在经历一个前所未有的广泛而深刻的社会变革时代。变革时代和改革举措，为"理论创造、学术繁荣提供强大动力和广阔空间。这是一个需要理论而且一定能够产生理论的时代，这是一个需要思想而且一定能够产生思想的时代"[1]。以法治为中心的国家治理的中国道路，就是为了回应时代发展提出的要求和政治实践提出的问题。如何从理论上建构以法治为中心的国家治理的中国道路，需要汲取什么样的智识资源，则是另一个需要认真对待的问题。在理论上建构以法治为中心的国家治理的中国道路，至少有三个智识资源是绕不过去的，即马克思主义、国外哲学社会科学的积极成果以及中华优秀传统文化。

（一）坚持马克思主义的指导

建设以法治为中心的国家治理的中国道路，必须坚持马克思主义的指导。坚持马克思主义的指导是我国哲学社会科学研究的根本要求。"不坚持以马克思主义为指导，哲学社会科学就会失去灵魂、迷失方向，最终也不能发挥应有作用。"[2]

作为人类最为重要的文明成果之一，马克思主义的意义不在于为人们提供了现成的答案或方案，而是首先在于让人们找到理论和实践中的问题，形成正确的问题意识。只有在正确的问题意识的导向之下，理论建构和学术研究才具有生命力和可持续发展的能力。对于法学和政治学这样集中体现实践理性的研究而言，更是如此。在理论上建构和研究以法治为中心的国家治理的中国道路，首先是以坚持中国问题为导向，这是马克思主义的本质要求。探索以法治为中心的国家治理的中国道路，应当基于中国

---

[1] 参见习近平同志2016年5月17日在哲学社会科学工作座谈会上的讲话。
[2] 参见习近平同志2016年5月17日在哲学社会科学工作座谈会上的讲话。

立场,将以法治为中心的国家治理置于中国的政治法律实践发展中来考察,分析中国在社会变革中所面临的治理困境和治理危机,总结可能导致治理失效的体制瓶颈,寻求有效改进治理方式,提升治理能力的途径,以及完善治理体系的可能性和切入点。只有以中国问题意识为导向的研究,才能够为全球治理理论提供源自中国的智识贡献。

其次,马克思主义的意义还在于为人们提供了科学的世界观、人生观和价值观,以及一套有效的分析视野和分析方法。质言之,"马克思的整个世界观不是教义,而是方法。它提供的不是现成的教条,而是进一步研究的出发点和供这种研究使用的方法"[1]。因此,在探索以法治为中心的国家治理的中国道路过程中,应当充分掌握和贯彻历史唯物主义和辩证唯物主义的精神,客观考察人类治理实践和治理模式的历史起源和发展历程,客观比较、分析各种治理模式和道路的差异和相同点,通过实证调查研究来考察治理制度的实施状况,并基于实证数据的分析做出治理效果和质量的评判。只有以马克思主义的方法论为指导,以法治为中心的国家治理的中国道路的理论和实践,才会具有可持续性发展的内生力量。

最后,马克思主义以创新和发展为特征。马克思主义不是以静止、孤立的立场看待问题,而是以发展和联系的立场来审视问题。因此,面对以法治为中心的国家治理的中国道路,必须坚持发展的眼光和视角。只有在发展的视角中分析国家治理问题,才能够实现国家治理在实践层面的进步和在理论层面的创新。

(二) 吸收西方哲学社会科学的积极成果

建设以法治为中心的国家治理的中国道路,应当吸收西方哲学社会科学的积极成果。在这个问题上,习近平同志专门援引了毛泽东同志1944年的讲话,即"我们的态度是批判地接受我们自己的历史遗产和外国的思想。我们既反对盲目接受任何思想也反对盲目抵制任何思想。我们中国人必须用我们自己的头脑进行思考,并决定什么东西能在我们自己的土壤里生长起来"[2],并明确指出,"国外哲学社会科学的资源,包括世界所有国家哲学社会科学取得的积极成果,这可以成为中国特色哲学社会科学的

---

[1]《马克思恩格斯选集》(第四卷),人民出版社1995年版,第742—743页。
[2]《毛泽东文集》(第三卷),人民出版社1996年版,第192页。

有益滋养"[1]。因此，世界一切国家在人类文明进程中所创造和体现出来的关于国家治理、法治、文化多样性等思想文化成果，作为人类的共同智识财富，应当获得重视和批判性的继承，并被吸收纳入到以法治为中心的国家治理的中国道路中来。

之所以强调批判性继承，而不是无条件的继承，原因就在于任何理论和思想的诞生，都源自其特有的社会存在。世界各国关于法治和国家治理的理论，都是以其自身的政治法律发展的实践为基础的。在某种意义上，都是各民族的民族精神的外化和体现。成功的智力理论和法治思想，都是以解决该民族和国家的特定国家和社会需求为导向而得以创造的。例如美国之所以创造出以司法审查为核心的宪法实施机制，而不是像英国那样以最高代议制机关审查为中心的宪法实施机制，就是因为在北美殖民地早期，当殖民地人民无权参加英国议会而主张殖民地人民的利益和要求时，由英国普通法所塑造的法院，就成为殖民地人民反对英国议会法律的最佳场所。正是凭借1610年伯纳姆医生案的先例，殖民地法院才开创了美国式的宪法实施的实践和理论。然而这种美国式的宪法实施机制，由于中国宪法基本原则（是议会至上而非三权分立）的约束，就不能够不经批判地被纳入到中国当下以法治为中心的国家治理体系之内。大量实践表明，未经批判的和本土化的一般法治理论和国家治理理论，都无法为特定国家的发展提供有效的和充分的指导。因此，当下中国国家治理所面临的，一定是中国道路，而国家治理的中国道路，所要吸取的，一定是经过批判、扬弃和本土化之后的外国关于法治和治理的理论成果。

（三）创造性转化中国传统思想文化

建设以法治为中心的国家治理的中国道路，应当要创造性地转化中国传统思想文化。中华文化传统中所包含的富有特色的思想理论，体现了中国人几千年来积累的知识智慧和理性思辨。尤其是先秦诸子时期的法家学说和儒家学说，包含着深厚的法治理论和国家治理的思想。建构以法治为中心的国家治理的中国道路，绕不过去对以法家和儒家为代表的中国传统思想文化精髓中关于法治和国家治理理论的提炼和汲取。更为重要的是，

---

[1] 参见习近平同志2016年5月17日在哲学社会科学工作座谈会上的讲话。

要实现对法家和儒家关于国家治理和法治思想的创造性转化，即立基于中国立场，以关于中国治理现代化和中国道路的问题意识为导向，梳理和彰显先秦法家思想中的法治主义、改革主义和权力制约观念，以及儒家思想中的民本主义、德治主义、仁爱思想等，并且实现创造性转换，"使中华民族最基本的文化基因与当代文化相适应、与现代社会相协调，把跨越时空、超越国界、富有永恒魅力、具有当代价值的文化精神弘扬起来"[1]。

强调中国优秀传统文化对于以法治为中心的国家治理的中国道路所具有的意义，并不是主张绝对的"去西方化"。而是在马克思主义的统摄之下，实现西方法治理论和国家治理理论与中国传统治国理政和法治思想的一种汇流和融合。要建构国家治理的中国道路，不能因此而排斥其相互间进行对话、交流与融合的可能。所以，在某种意义上，在国家治理现代化问题上，"中国道路"的建设，是在马克思主义的统摄下，在西方法治和国家治理理论与中国传统文化的对话、交流与融合的基础上，寻求西方理论的合理因素与中国传统文化精华之结合，建立中国自身的法治理论和国家治理体系与学术风格，以关注中国实际问题为逻辑起点，提出能够体现和彰显"中国立场、中国智慧、中国价值"的理论和方案。

吸取马克思主义、国外关于法治和国家治理的优秀成果以及中国传统思想文化，实现其互动性交融和创造性转化，还需要建构出一种主体性意识。首先，要在实践和理论过程中，树立一种反思—批判意识，这是当下建设以法治为中心的国家治理的"中国道路"的认识基础和逻辑前提。其次，需要在实践领域和理论界，塑造一种共同体的责任意识。最后，需要强化实践和理论层面的话语"中国化"。摆脱那种"我们能够体察到自己的存在，却无法言说自己的存在，一旦我们离开了别人的基本理论范畴，我们就无法思考，无法言说"[2]的困境。最终寻求到一条通向属于中国自己的"法治和国家治理的理想图景"之路，从而促使中国特色的法治理论和国家治理理论走向成熟，在彰显中国特色社会主义的道路自信、理论自信、制度自信和文化自信的同时，逐步参与到国际对话之中，为全球治理提供源自中国的智识贡献。

---

[1] 参见习近平同志2016年5月17日在哲学社会科学工作座谈会上的讲话。
[2] 曹顺庆、李思屈：《重建中国文论话语的基本路径及其方法》，载《文艺研究》1996年第2期。

| 第一章 |

新中国现代国家治理的发展历程

第一节　新中国国家治理的文本奠基：
　　　　从《共同纲领》到 1954 年《宪法》

新中国成立之初，中国共产党人就极为重视新法统的建构。针对 1949 年元旦国民政府《新年文告》中列举的和谈条件中的第三项（即"神圣的宪法不由我而违反，民主宪政不因此而破坏，中华民国的国体能够确保，中华民国的法统不致中断"），毛泽东同志在《评战犯求和》一文中，对于"伪法统"予以了批判和驳斥，又在《关于时局的声明》中，明确提出"废除伪宪法"和"废除伪法统"的政治主张。在革命获得初步的民主事实之后，中国共产党人便发布《中共中央关于废除国民党〈六法全书〉和确定解放区司法原则的指示》。该文件的发布，标志着旧中国法统的结束。1949 年 9 月，中国人民政治协商会议顺利召开，《中国人民政治协商会议共同纲领》（以下简称《共同纲领》）的制定和颁布，标志着新法统的诞生。自此，新中国国家治理的道路，从一开始就充分重视法律的功能和价值。然而，从法治的视野考察新中国国家治理的道路，还存在一个有待研究的问题，就是新中国国家治理所依据的第一部根本法，是《共同纲领》还是 1954 年《宪法》？对于这个问题的回答，关涉到对新中国国家治理法治化的历史渊源和发展变革的认识，因此值得认真对待。

众所周知，作为第一届全国人大一次会议的首要任务，1954 年《宪法》的制定和颁布，在以 1908 年《钦定宪法大纲》的颁布为起点的近代中国制宪历程中，具有着里程碑式的意义。因为 1954 年《宪法》不仅宣示着"结束了长时期被压迫、被奴役的历史，建立了人民民主专政的中华人民共和国"的光荣，而且承载着新中国人民"通过和平的道路消灭剥削和贫困，建成繁荣幸福的社会主义社会"的梦想；不仅凝聚着以毛泽东同志为代表的建国领袖的集体智慧，而且体现着全国六万万人民的意志；不仅包含着由毛泽东同志担任宪法起草委员会主席、领导中共中央宪法起草小组历时约一年零八个月（1953.1—1954.9）数易其稿起草宪法的艰辛，而且也融汇着全国各界约 1.5 亿公民参与讨论宪法草案、1000 多位全国人大代表集中审议的热情；不仅以根本法的形式确定了中国社会主义的道路，而且为新中国的法治化进程提供了更为完善的法制依据。

当下中国，无论是理论界还是社会公众，对于1954年《宪法》的历史地位，存在着两个不同的定位和表述，即1954年《宪法》是"新中国第一部宪法"和1954年《宪法》是"中国第一部社会主义的宪法"。然而问题是，当我们将1954年《宪法》置于整个新中国立宪历程来考察其历史地位和时代意义时，被称为"临时宪法"的1949年《中国人民政治协商会议共同纲领》这一制度性事实的客观存在，必然会凸显出如下几个问题：1949年的《共同纲领》到底属不属于"新中国"的宪法？1954年《宪法》的制定到底是制宪还是修宪？应该如何准确而合理地评价1954年《宪法》的历史地位？这些问题如果得不到科学的回答，则势必影响到我国宪法理论和政治学说的建构和发展。为了回答上述问题，笔者将首先梳理当下中国理论界和社会公众对于1954年《宪法》的两种描述性定位及成因，进而论证1949年《共同纲领》是新中国第一部宪法，并且在制宪权理论的基础上，通过分析1954年《宪法》对于《共同纲领》的继承和发展，论证1954年《宪法》的制定实质上是修改宪法而不是制定宪法，并最终指出1954年《宪法》的历史地位不是"新中国第一部宪法"，而是"中国第一部社会主义性质的宪法"。[1]

一、当下中国对于1954年《宪法》的两种不同评价及其成因

关于1954年《宪法》的历史地位，最为普遍和主流的观点是，1954年《宪法》是"新中国第一部宪法"。这种观点无论在理论界还是在社会公众中，都具有较大的影响力和认可度。以部分具有较大社会影响力的网络媒体为例，新华网的新华资料以题为《中华人民共和国第一部宪法简介（1954年制定）》的文章，简明扼要地介绍了1954年《宪法》的制定过程和内容。光明网在《成长中的法治中国——新中国60年法治建设记叙》的文章中，指出"1954年9月，新中国第一部宪法诞生"。在百度百科中，

---

[1] 参见钱锦宇：《新中国第一部宪法存疑——关于"五四宪法"历史地位的反思》，载《西北大学学报（哲学社会科学版）》2015年第1期，《人大复印资料（法理学·法史学）》2015年第5期全文转载。

对"五四宪法"（1954年《宪法》）这个词条的介绍就是"中华人民共和国第一部宪法"。而在腾讯新闻举办的"大国脚印：网友票选60年最具影响力的历史事件"中，1954年《宪法》也被称为"新中国第一部宪法"。凤凰视频在其名为"新中国首部宪法实施"的新闻采访简介中，也将1954年《宪法》定位为"共和国第一部宪法"。在河南日报所属的大河网举办的《新中国足迹》栏目中，标题为《新中国第一部宪法的诞生》的文章也生动地介绍了1954年《宪法》的制定和颁布。该文也被人民网所转载。[1] 与此同时，在理论界，中国宪法学权威学者许崇德先生在《我见证了新中国第一部宪法的诞生》的文章中，表达了"1954年《宪法》作为新中国第一部宪法"的观点。[2] 郭道晖先生、韩大元教授、林来梵教授和穆兆勇研究员等权威学者也都持此相同观点。[3]

"新中国第一部宪法"之所以成为定位1954年《宪法》历史地位的最具影响力的表述并获得社会公众的高度认可，笔者认为主要有以下几个原因：

首先，1954年《中华人民共和国宪法》是中国自1949年以来首次以"宪法"的名义正式颁布的成文性质的根本法。对于"名正言顺"占据着固有且重要地位的中国人的传统政治思维而言，通过"宪法"二字修辞的1954年《宪法》，很容易就被理解为1949年以来的"第一部宪法"。

其次，相较于以往中国历史上的任何一次制宪而言，1954年的制宪由于广泛的政治动员而获得了普遍的群众基础和公众认同。1953年1月，毛

---

[1] 有关上述网络媒体的相关栏目和文章的详细内容，参见新华资料：http：//news. xinhuanet. com/ziliao/2004-02/18/content_ 1320274. htm，光明网：http：//www. gmw. cn/content/2009-09/03/content_ 974575. htm，百度百科：http：//baike. baidu. com/view/1326562. htm?from_ id=11272364&type=syn&fromtitle=54%E5%AE%AA%E6%B3%95&fr=aladdin，腾讯新闻：http：//news. qq. com/zt/2009/statestep/1954. htm，凤凰视频：http：//v. ifeng. com/v/xianfa0920/#9c23dd48-b6f9-47e4-895a-8fdf474a985e，大河网：http：//www. dahe. cn/xwzx/zt/ss/sshz60//mt/hnrb/t20090922_ 1658860. htm，人民网：http://politics. people. com. cn/GB/1026/10066887. html，登录时间为2014年10月1日。

[2] 关于许先生的观点，参见许崇德：《我见证了新中国第一部宪法的诞生》，载《光明日报》2009年9月17日。

[3] 上述观点可参见郭道晖：《立宪之后贵在行宪：纪念1954年〈宪法〉颁布60周年》，载《南方周末》2014年4月18日；韩大元：《论1954年宪法的历史地位与时代精神》，载《中国法学》2014年第4期；林来梵：《宪法学讲义》，法律出版社2011年版，第11页；穆兆勇：《新中国第一部宪法的诞生》，载《南方周末》2003年8月21日。

泽东同志以中央人民政府主席的名义，颁布了新中国第一部《选举法》，并以此为基础，举行了全国的首次普选。在当时的全国6亿人口中，有21.5万个基层选举单位，涵盖5.7亿人。这就为全国人民代表大会制定通过1954年《宪法》提供了充分的群众基础。同时，在1954年《宪法》的制定过程中，也对宪法草案进行了广泛的宣传和讨论。对于宪法草案，500多位全国政协委员分组讨论并提出3900多条修改意见，其后，各大行政区、各省、市、自治区以及解放军8000余人讨论草案，形成5900多条修改意见。当1954年6月14日中央人民政府委员会第三十次会议讨论通过了《中华人民共和国宪法草案》的两天后，《人民日报》全文刊载宪法草案，并发表社论号召全民参与宪法草案的大讨论，参加人数高达1.5亿，占当时全国人口的四分之一，两个月的讨论一共形成修改意见118万条。

最后，理论界对于1954年《宪法》是"新中国第一部宪法"的观点达成某种共识。如前所述，许崇德、郭道晖、韩大元和林来梵等权威学者在其文章或著作中都表达过这种观点。而且在当下流行的宪法学教科书中也将这种观点塑造成一种宪法学共识。

与此同时，对于1954年《宪法》的历史地位，还存在另一种表述，即1954年《宪法》是"中国第一部社会主义性质的宪法"。人民网在《历史上的今天》栏目中，对于1954年9月20日制定《宪法》的描述，并没有使用"新中国第一部宪法"的字样，而是明确指出：1954年《宪法》"是我国第一部社会主义的宪法"[1]。这种观点也在理论界有所表现[2]。回顾历史，不难发现，在1954年《宪法》制定过程中和之后，诸如刘少奇同志在第一届全国人民代表大会第一次会议上所做的《关于中华人民共和国宪法草案的报告》和1954年9月21日《人民日报》刊发的名为《中华人民共和国宪法——中国人民建设社会主义社会的有力武器》的社论这样的权威文献，都没有将1954年《宪法》称为"新中国第一部宪法"，而是大篇幅地阐释1954年《宪法》呈现出的两个基本原则：人民民主原则和社会主义原则。

---

[1] 具体内容参见人民网：http://www.people.com.cn/GB/historic/0920/3093.html，访问时间为2014年10月1日。
[2] 如张千帆在其《宪法学导论》中，就持此种观点。参见张千帆：《宪法学导论》，法律出版社2004年版，第138页。

之所以将1954年《宪法》定位为"中国第一部社会主义性质的宪法",一方面,从制定目的上看,最主要的原因毫无疑问就是要制定一部社会主义性质的宪法,用根本法的形式"确定了我国从新民主主义过渡到社会主义的历史道路"[1]。1954年9月21日《人民日报》的社论,就完全表明了这一点,即"共同纲领在过去五年间起到了临时宪法的作用,但是在共同纲领中还没有把建设社会主义社会这一目标规定下来……在这种新的社会情况和由此所产生的新的社会要求之下,中华人民共和国宪法现在用明文规定在我国建设社会主义社会的伟大目标就是完全必要的了"[2]。社论中所谓新的社会情况,就是指国内大规模的军事行动的结束,土地改革的基本完成,恢复国民经济的任务顺利实现。尽管中共中央认为过渡时期完全可以继续实施享有较高威望的《共同纲领》,即使颁布新宪法也只是在内容上大量重复《共同纲领》,因而暂不考虑颁布宪法,但是在斯大林三次严肃建议中共中央领导全国人民举行普选、制定宪法的压力下,1952年12月24日,全国政协常委会才举行扩大会议,一致同意中国共产党的建议,决定筹备召开全国人民代表大会和地方各级人民代表大会,制定宪法。1953年1月,中央人民政府委员会才决定于1953年召开全国人民代表大会,制定宪法。而作为重要制宪者的毛泽东,在中央人民政府委员会第三十次会议上的讲话,也强调了1954年《宪法》的社会主义性质,即"宪法就是一个总章程,是根本大法。用宪法这样一个根本大法的形式,把人民民主和社会主义原则固定下来"[3]。

另一方面,从1954年《宪法》的内容上看,这也是中国历史上第一部社会主义性质的宪法。1954年《宪法》序言指出:"建成繁荣幸福的社会主义社会"的目标和"社会主义改造"的总任务,上述目标和总任务在1954年《宪法》第4条获得了集中且明确的规定:"中华人民共和国依靠国家机关和社会力量,通过社会主义工业化和社会主义改造,保证逐步消灭剥削制度,建立社会主义社会。"由此不难推导出,1954年《宪法》具有中国第一部社会主义性质的宪法的历史地位。

---

[1]《中华人民共和国历史发展的里程碑》,载《人民日报》(社论)1954年9月29日。
[2]《中华人民共和国宪法——中国人民建设社会主义社会的有力武器》,载《人民日报》(社论)1954年9月21日。
[3] 参见郭道晖:《立宪之后贵在行宪:纪念1954年〈宪法〉颁布60周年》,载《南方周末》2014年4月18日。

事实上，在当下中国社会公众和理论界，"新中国第一部宪法"和"中国第一部社会主义性质的宪法"这两个标签往往同时贴在1954年《宪法》之上。例如新华网的新华资料虽然以《中华人民共和国第一部宪法简介（1954年制定）》为标题介绍了1954年《宪法》，但又在文中指出"这是中国第一部社会主义宪法"[1]。在2004年中国网举办的《新中国宪法50年》栏目中，虽然刊载了名为《1954年宪法是我国第一部社会主义类型的宪法》的文章，但是从其纪念"新中国宪法50年"的性质来看，又可以清楚地发现其所持的新中国第一部宪法是1954年《宪法》的观点。[2] 而在理论界，这种双重表述也并不少见。[3] 之所以如此，是因为很多人认为，这两种历史地位的定位并不矛盾，1954年《宪法》是中国第一部社会主义性质的宪法，并不影响其具有的"新中国第一部宪法"的历史地位。

但是笔者在后文将指出并论证：1954年《宪法》并非是"新中国第一部宪法"。

二、作为"新中国第一部宪法"的《共同纲领》

在笔者看来，1949年9月29日由中国人民政治协商会议第一届全体会议通过的《中国人民政治协商会议共同纲领》，是新中国的第一部宪法。要证成这个观点，就必须面对并解答两个关键性问题，即《共同纲领》是不是宪法，以及中华人民共和国到底是何时成立的。

（一）1949年的《共同纲领》在性质上是一部宪法

第一，不能以是否冠有"宪法"之名义为标准来判断某法律文件是不是宪法。尽管当今世界多数国家奉行成文宪法的传统，将其制定和实施的根本法冠以"宪法"的名义，如1787年《美利坚合众国宪法》，1791年《法兰西宪法》和1947年《日本国宪法》。但是也有部分国家的宪法被称为"基本法"，最具代表性的就是1949年的《德意志联邦共和国基本法》。甚至还有的国家，如英国和瑞典，尽管并不存在任何一部被冠以"宪法"

---

[1] 参见新华网：http://news.xinhuanet.com/ziliao/2004-02/18/content_1320274.htm，最后访问时间为2014年10月1日。
[2] 参见中国网：http://www.china.com.cn/zhuanti2005/txt/2004-05/09/content_5559551.htm，最后访问时间为2014年10月1日。
[3] 较有代表性的作品如董和平：《宪法学》，法律出版社2007年版，第57—58页。

名义的法律文件,但是该国家仍然有宪法,即由一系列规定国家权力结构和保障公民权利的基本法律所构成的不成文宪法。而在美国等实施判例法的国家,司法机关(尤其是最高法院)的司法判例,也是宪法的重要渊源。因此,考察某一部法律文件是否是宪法,并不是看有没有以"宪法"的名义,而主要是考察其内容是否具有确定国家权力结构、证明政治统治正当性、限制国家权力和保障公民权利的功能。

第二,《共同纲领》已经初步具备宪法的内容和功能。首先,《共同纲领》宣告了人民民主共和国的成立,以根本法的形式确认了民主事实,并且规定了新中国是"新民主主义即人民民主主义的国家,实行工人阶级领导的、以工农联盟为基础的、团结各民主阶级和国内各民族的人民民主专政"的国体,以及"国家政权属于人民。人民行使国家政权的机关为各级人民代表大会和各级人民政府"的政体,初步实现了对新中国国家权力结构的确认。其次,《共同纲领》在其序言中,通过"中国人民由被压迫的地位变成新社会新国家的主人""以工人阶级为领导""代表全国人民的意志"等修辞,逐步证成政治统治的正当性。再次,《共同纲领》规定了国家的基本经济制度和文化制度,民族平等原则和民族区域自治制度、独立自主的外交路线等国家重大事项。最后,也是最为重要的,正如马克思曾指出的那样:"法典是人民自由的圣经"[1],以及列宁强调的"宪法就是一张写着人民权利的纸"[2],《共同纲领》规定了人民享有"思想、言论、集会、结社、通讯、人身、居住、迁徙、宗教信仰及示威游行的自由权"、"私有财产"权、选举和被选举权以及平等权等一系列基本权利。正是上述对于公民权利的确认和保护,使得《共同纲领》成了一部记载和确认人民权利的法律文件,最终成就了其宪法地位。

第三,按照当时的国家领袖和权威媒体的理解,《共同纲领》就是一部新中国的大宪章,一部根本大法。在中国人民政治协商会议第一届全体会议上,刘少奇代表中国共产党就指出:即将通过的《共同纲领》是全国人民革命大团结的政治基础。《共同纲领》"是总结了中国人民在近一百多年来特别是近二十多年来对帝国主义、封建主义和官僚资本主义的革命斗争的经验,而制定出来的一部人民革命建国纲领。这是目前时期全国人民

---

[1] 《马克思恩格斯全集》(第一卷),人民出版社1995年版,第176页。
[2] 《列宁全集》(第十二卷),人民出版社1987年版,第50页。

的大宪章"[1]。民盟主席张澜也强调："我要赞成那个将要通过的共同纲领。这是新中国的一个人民大宪章。他确定了新中国的政治理论和政治制度。"[2] 而毛泽东同志也在中国人民政治协商会议第一届全国委员会第二次会议的开幕致辞中指出："共同纲领必须充分地付之实行，这是我们国家现时的根本大法。"[3] 由此可见，在当时的领袖和社会舆论中，《共同纲领》的大宪章和根本法的地位是毫无疑问的。尽管后来的政治家、历史学家和法学家将《共同纲领》称作"临时宪法"，但需要指出的是，一方面，在《共同纲领》制定和实施的五年间，《共同纲领》是被视为根本法和大宪章的，毛泽东、刘少奇和张澜等人的上述言论中并没有"临时"二字。只有当 1954 年《宪法（草案）》准备提交审议时，刘少奇才在《关于中华人民共和国宪法草案的报告》中指出："共同纲领起了临时宪法的作用"[4]，以及 1954 年 9 月 21 日的《人民日报》社论才强调："共同纲领在过去五年间起了临时宪法的作用"[5]。因此，所谓"临时"，也只是将《共同纲领》置于整个中国制宪历程中才凸现出来的特征；另一方面，尽管《共同纲领》在结构和内容上还不够完善，但也没有理由认为"临时宪法"就等同于"非正式宪法"，也无法否认"临时"的"宪法"在性质上仍然是宪法的事实。

（二）中华人民共和国的成立时间

要阐明《共同纲领》是新中国第一部宪法的观点，在厘清《共同纲领》具有宪法性质的理由之后，还需要解答的一个问题就是，新中国何时成立。换言之，如果新中国成立在《共同纲领》颁布之后，那么《共同纲领》在逻辑上也不能说是"新中国"的第一部宪法。

经由有效政治宣传和爱国主义教育而塑造的中国社会记忆，往往将

---

[1]《刘少奇选集》（上卷），人民出版社 1981 年版，第 434 页。
[2] 张澜讲话的全文，可参见《中国人民政治协商会议第一届会议各单位代表讲话》，新华社 1949 年 9 月 22 日北平电；另见中国民主同盟网：http://www.dem-league.org.cn/qywc/1204/13798.aspx，访问时间为 2014 年 10 月 1 日。
[3] 中央政法干部学校国家法教研室：《中华人民共和国宪法学习参考资料》，法律出版社 1957 年版，第 164 页。
[4]《刘少奇选集》（下卷），人民出版社 1985 年版，第 139 页。
[5]《中华人民共和国宪法——中国人民建设社会主义社会的有力武器》，载《人民日报》（社论）1954 年 9 月 21 日。

1949年10月1日视作中华人民共和国的成立时间。但是，如果还原历史真相，就不难发现，中华人民共和国成立的时间是1949年9月21日！人们所熟悉的1949年10月1日只是宣告共和国成立的时间。[1] 事实上，新中国成立的标志是1949年9月21日新政协会议的成功召开。新政协会议召开第二天（即1949年9月22日），《人民日报》就在头版刊登了"庆贺中华人民共和国的成立！庆贺中国人民政治协商会议的成功！"的贺词，并刊发名为《中华人民共和国开国盛典：中国人民政协开幕》，以及《旧中国灭亡了，新中国诞生了！》的文章。（见下图）

1949年9月22日《人民日报》头版

[1] 历史往往吊诡的是，美国也存在这个问题。一般认为，1776年7月4日是美国独立建国时间，但事实上美国独立的时间是7月2日。因为大陆会议于1776年7月2日通过了《独立决议案》。这个决议案明确宣布："这些联合一致的殖民地从此是自由和独立的国家，并且按其权利必须是自由和独立的国家；它们解除一切对英国王室效忠的义务，它们与大不列颠王国之间的一切政治关系从此全部断绝。"就在这个决议案通过的当晚，《宾夕法尼亚晚邮报》就声称："今天，大陆会议宣告联合一致的各殖民地成为自由和独立的国家。"7月3日，身为《独立宣言》起草委员会成员之一的约翰·亚当斯，在写给妻子的信中说："1776年7月2日将成为美国历史上最值得纪念的一天，我相信，今后世世代代都将把这一天作为伟大节日。从这天起，直至永远，从美洲大陆的这一端到那一端，人们将于此日举行盛大游行、表演和体育比赛，礼炮轰鸣，钟声悠扬，烟火腾空，灯彩竞艳，纪念上帝信仰者作出庄严决定的这一天……我们的子孙后代将由于这一天所作的决定而无往不胜……"决议案通过后，与会者开始讨论杰斐逊等人起草的宣言。1776年7月4日，美利坚合众国十三个州的代表在第二届大陆会议上一致通过了托马斯·杰斐逊等起草的《独立宣言》。7月9日，在征得纽约同意后，《独立宣言》在费城公开宣读。

另外，根据1949年9月21日中国人民政治协商会议第一届会议部分单位代表所发表的讲话的内容，也可以看出中华人民共和国的诞生时间是1949年9月21日。[1] 如表1所示：

表1　政协第一届会议部分代表的讲话中有关"共和国成立"表述汇总

代表	界别/党派	讲话中有关"共和国成立"的表述
刘少奇	中国共产党	中国人民革命大团结万岁！中国人民政治协商会议万岁！中华人民共和国万岁！中央人民政府万岁！
高岗	解放区	谨此，代表全国解放区人民，庆祝中国人民政治协商会议的成功！庆祝中华人民共和国和中央人民政府的诞生！
李立三	中华全国总工会	今天，中国人民政治协商会议第一届全体会议正式开幕的日子，全中国工人和一切体力脑力劳动者……庆祝中国历史上第一次真正由人民统治的中华人民共和国的诞生。中国人民政治协商会议成功万岁！中华人民共和国万岁！毛泽东旗帜的永远胜利万岁！
何香凝	中国国民党革命委员会	我庆祝这新的人民民主共和国千秋万岁；如今，人民的政府成立了，我们的中华人民共和国诞生了。
陈毅	人民解放军	中国人民政治协商会议第一次全体会议今天正式开幕，他站在中国人民民主革命胜利的高点；宣布国民党反动派统治的灭亡，宣布中华人民共和国的诞生。

既然新中国成立的时间是1949年9月21日，那么，1949年9月29日通过的《共同纲领》，就当然是"新中国的第一部宪法"，而不可能是1954年《宪法》。

三、作为宪法修正案的1954年《宪法》

根据现代宪法理论，人民主权原则要求制定宪法的权力（即制宪权）由人民所享有。制宪权是人民直接或通过其代表间接制定宪法的权力。制宪权作为一种始原性权力，是其他一切国家权力的基础。一般认为，只有当全面重构宪法秩序，或者革命之后新建国家之时，才可能诉诸制宪权。前者如美国1787年制宪，就是为了将美国由主权分散的邦联重构为主权统

---

[1] 中国人民政治协商会议第一届会议各单位代表讲话的全部内容，可参见新华社1949年9月22日北平电；另见新华书店编辑部：《中国人民政治协商会议第一届全体会议讲话·报告·发言》，新华书店1949年版。

一的联邦而行使制宪权，实现宪法秩序的重构。后者如 1949 年《共同纲领》的制定，就是革命获得成功，即将组建新国家而行使制宪权，为新生政治统治提供正当性基础。如果同一个国家只涉及部分变革，那么就只是修宪而非制宪。1954 年《宪法》在其序言中指出："这个宪法以 1949 年的中国人民政治协商会议共同纲领为基础，又是共同纲领的发展。"那么，1954 年《宪法》是制宪还是修宪，关键要看 1954 年《宪法》对于《共同纲领》继承了什么，又发展了什么。

（一）1954 年《宪法》对于《共同纲领》的继承

1954 年《宪法》对于《共同纲领》的继承，可以如下几项构成宪法秩序的核心要素为比较项，进行比较考察。[1]

表2 《共同纲领》和 1954 年《宪法》对于构成宪法秩序的核心要素的规定对比表

构成宪法秩序的核心要素	1949 年《共同纲领》	1954 年《宪法》
国体	人民民主专政（第1条）	人民民主国家（第1条）
阶级基础	工农联盟为基础（序言、第1条）	工农联盟为基础（第1条）
领导阶级及其代表（政党）	工人阶级（序言、第1条）	工人阶级，中国共产党（第1条，序言）
主权归属	国家政权属于人民（第12条）	一切权力属于人民（第2条）
政体	人民代表大会制度（第12条）	人民代表大会制度（第2条）
国家结构	单一制（第16条）	单一制（第2条）
经济基础（所有制形式）	国营经济、合作社经济、农民和手工业者的个体经济、私人资本主义经济和国家资本主义经济（第26条）	国家所有制，即全民所有制；合作社所有制，即劳动群众集体所有制；个体劳动者所有制；资本家所有制（第5条）
民族政策	民族平等、民族区域自治（第9条、第50条、第51条）	民族平等、民族区域自治（第3条）

从表2可以看出，在构成宪法秩序核心要素的国体、政体、阶级基础、领导阶级、主权归属、国家结构、所有制形式、民族政策方面，1954 年《宪法》都完全继承了《共同纲领》的规定。在此需要指出的是，在领导阶级的代表这个问题上，1954 年《宪法》明确强调中国共产党的领导地位。但是

---

[1] 关于 1949 年《共同纲领》和 1954 年《宪法》的原文，可参见姜士林等主编：《世界宪法全书》，青岛出版社 1997 年版，第70—73页，第77—83页。

《共同纲领》却没有涉及此问题。这是不是1954年《宪法》的一个实质性创造呢？实际上，按照宪法的原旨主义解释方法，当我们探寻制宪者们在制定宪法文本时所具有的原初意图和社会的普遍理解时，并不难发现，中国共产党作为领导阶级的代表的性质和地位，获得了《共同纲领》的制定者们的认可。作为起草《共同纲领》的主要负责人，周恩来同志在中国人民政治协商会议第一届全体会议上所作的《关于〈中国人民政治协商会议共同纲领〉草案的起草经过和特点》的报告中，明确指出："中国共产党根据历来统一战线的主张，号召召开新的政治协商会议，得到了全国人民及各民主党派热烈的响应……结成这样一个伟大的人民民主统一战线。这不仅是中国共产党为之奋斗了二十八年的主张……中国共产党、中国人民解放军和人民民主统一战线保证了人民民主革命取得今天的胜利。所以在筹备会讨论中，大家认为在整个新民主主义时期，这样一个统一战线应当继续下去。"[1] 这段话含义的核心和重点就是：中国共产党是人民民主统一战线的领导力量，是人民民主革命成功的重要保障，应当坚持中国共产党领导的人民统一战线。在中国共产党是中国工人阶级的代表这个问题上，毛泽东同志早在《论联合政府》中就已经指出，要建立一个以全国绝大多数人民为基础的、以工人阶级为领导的、具有统一战线的民主联盟的国家制度。而中国工人阶级的"先锋队"就是中国共产党[2]。在《论人民民主专政》一文中，毛泽东同志则更为明确地指出："总结我们的经验，集中到一点，就是工人阶级（经过共产党）领导的以工农联盟为基础的人民民主专政。"[3] 而毛泽东同志本人就是《共同纲领》的重要制定者[4]，因此在解释《共同纲领》关于领导阶级的规定时，应当将其解读为"工人阶级（经过共产党）领导"。因此，中国共产

---

[1]《周恩来选集》（上卷），人民出版社1980年版，第367页。
[2] 全文可参见《毛泽东选集》（第三卷），人民出版社1991年版，第1029—1100页。
[3]《毛泽东选集》（第四卷），人民出版社1991年版，第1480页。
[4] 1949年6月15日至19日，新政治协商会议筹备会第一次全体会议在北平中南海勤政殿举行。会议由中国共产党和民主党派、人民团体和无党派民主人士等23个单位与个人代表共134人组成。会议通过了《新政协筹备会组织条例》，选出毛泽东等21人组成新政协筹备会常务委员会，毛泽东为主任，周恩来、李济深、沈钧儒、郭沫若、陈叔通为副主任。从9月3日至13日，毛泽东至少4次对草案稿进行了精心修改，改动总计达200多处。从9月10日晚9点起，直到次日早晨7点，周恩来、胡乔木等在毛泽东处一起讨论《共同纲领》的修改，共讨论10个小时。毛泽东提出：要考虑到底是搞联邦制，还是搞统一共和国，实行少数民族地区自治。经过讨论研究和广泛征求意见，最后，中共中央决定实行民族区域自治而不实行联邦制。参见孟红：《新中国〈共同纲领〉诞生记》，载《党史纵览》2009年第5期。

党的领导地位实质上就已经包含在《共同纲领》之中了。

(二) 1954年《宪法》对于《共同纲领》的发展

那么，1954年《宪法》在哪些方面发展了《共同纲领》？首先，1954年《宪法》在文本体例上调整了《共同纲领》，将《共同纲领》的结构体例从"序言""总纲""政权机关""军事制度""经济政策""文化教育政策""民族政策""外交政策"改为"序言""总纲""国家机构""公民的基本权利和义务""国旗、国徽、首都"。这种调整，使得1954年《宪法》在结构体例上更加科学严谨，而且专章规定了"公民的基本权利和义务"，凸显了宪法作为人权保障的大宪章的性质。

其次，进一步丰富了宪法规范的内容和条文。例如大篇幅扩充了公民的基本权利条款，并进一步细化了某些基本权利。如《共同纲领》只是在第5条中简单列举了"中华人民共和国人民有思想、言论、出版、集会、结社、通讯、人身、居住、迁徙、宗教信仰及示威游行的自由权"。但是在1954年《宪法》中，进一步细化了其中的很多权利，如1954年《宪法》第89条就将"人身"自由权细化为"中华人民共和国公民的人身自由不受侵犯。任何公民，非经人民法院决定或者人民检察院批准，不受逮捕"。另外，1954年《宪法》在第四章规定了"国旗、国徽、首都"，这是《共同纲领》所缺少的规范。宪法条文的总数量，由《共同纲领》的60条，扩充为1954年《宪法》的106条。

最后，也是最为重要的是，1954年《宪法》的制定是为新中国走上社会主义道路而提供根本法的指导和依据。为了实现这个目的而确立的社会主义原则，是1954年《宪法》最为显著的特点。刘少奇同志在《关于中华人民共和国宪法草案的报告》中指出，由新民主主义社会逐渐过渡到社会主义社会，是新中国应当走的唯一正确的道路。"中国要独立、民主和富强，只有走社会主义一条路……所以，我们的宪法应当是一个全国人民大团结建设社会主义社会的宪法。"[1] 而社会主义原则在1954年《宪法》"序言"和"总纲"的诸多条款中，获得了旗帜鲜明的宣示和体现。这是在《共同纲领》中所没有的特点。

然而，需要指出的是，1954年《宪法》对于社会主义道路的明确化，

---

[1]《刘少奇选集》(下卷)，人民出版社1985年版，第149页。

在某种意义上,也并非是一种实质性的飞跃和根本性的突破。因为在《共同纲领》的制定过程中,社会主义道路就已经得到了制宪者们的普遍认可,而且制宪者们通过《共同纲领》,已经在某些领域(如经济)为社会主义道路的确立奠定了根本法的基础。周恩来同志在《关于〈中国人民政治协商会议共同纲领〉草案的起草经过和特点》的报告中,就谈到在对《共同纲领》草案的讨论中,"曾有一种意见,以为我们既然承认新民主主义是一个过渡性质的阶段,一定要向更高级的社会主义和共产主义阶段发展,因此总纲中就应该明确地把这个前途规定出来。筹备会讨论中,大家认为这个前途是肯定的、毫无疑问的,但应该经过解释、宣传特别是实践来证明给全国人民看。只有全国人民在自己的实践中认识到这是唯一的、最好的前途,才会真正承认它,并愿意全心全意为它而奋斗。所以现在暂时不写出来,不是否定它,而是更加郑重地看待它。而且这个纲领中经济的部分里面,已经规定要在实际上保证向这个前途走去"[1]。

从上述分析可见1954年《宪法》的制定和颁布,并没有改变《共同纲领》所确立或确认的人民民主专政的国体、工人阶级(及其代表中国共产党)的领导地位、工农联盟的阶级基础、人民主权基本原则、人民代表大会制度的政体、单一制的国家结构,以及民族平等和民族区域自治的民族政策。而社会主义原则的确立,只是对《共同纲领》承认的、甚至预设的道路的明确化。这也说明了宪法的"历史和生存条件是不能被割断的,人们不能凭空开拓新生活、创造新制度。社会关系、生产力等因素的连续性决定了法律调整方面的连续性"[2]。这是宪法得以继承和发展的根本基础。因此,从宪法秩序的核心构成要素并未发生实质性转变的角度看,1954年《宪法》并非是制宪,而只是一定程度的修宪,是对《共同纲领》的修改和发展。

四、结　论

毛泽东同志1954年6月14日在中央人民政府委员会第三十次会议上讲话时提出:搞宪法是搞科学。研究宪法也同样要保持科学的态度,以事实为依据而不断发展宪法知识,通过宪法对话形成宪法共识。上述分析和

---

[1]《周恩来选集》(上卷),人民出版社1980年版,第368页。
[2] 冯玉军:《论完善中国特色社会主义法律体系的基本原则》,载《哈尔滨工业大学学报(社会科学版)》2013年第4期。

阐释所要试图论证的，就是当下中国理论界和社会公众对于1954年《宪法》既是"新中国第一部宪法"又是"中国第一部社会主义性质的宪法"的历史地位的判断并不准确。《共同纲领》是1949年9月21日新中国成立以后的第一部宪法，尽管并未被冠以"宪法"的名义，但其内容和功能本身就是当时的一部根本法。虽然《共同纲领》承认社会主义的道路，但是却并未将此予以原则化和明确化。无论如何，这个任务直到1954年《宪法》的制定颁布才得以完成。但是1954年《宪法》的制定并未改变《共同纲领》所确立的构成宪法秩序的核心要素，因此1954年《宪法》只是对《共同纲领》的修改和发展。这既否定了1954年《宪法》是"新中国第一部宪法"的观点，也否定了理论界有关"1954年《宪法》的制定是新中国二次制宪"的看法。作为宪法修正案的1954年《宪法》，其历史地位就是"中国第一部社会主义（性质的）宪法"。重新思考1954年《宪法》的地位，就是本着"搞宪法就是搞科学"的理念而进行的一次理论探索和事实澄清，在某种意义上，这也是对1954年《宪法》的一种最好的纪念。

第二节　新中国国家治理的模式变迁：法律治理的建构历程

一个国家的法治历程往往标识着其政治文明的发展进程。对新中国法治发展的历史脉络和国家治理模式进行多学科、多视角和多维度地分析与思考，不仅能够发现一种明晰新中国法治建构的自身逻辑和规律，而且也能够使人们认识到中华民族完成伟大历史复兴任务的艰巨性与可能性。

对作为某种意义的"文本"的人类历史（包括政治史、法律史、科技史、军事史、经济史等）进行社会学的解读，通过社会学特有的学术视野和理论工具进行以论带史、史论结合的尝试，应当是不无意义的。确实，"与纯粹的历史研究相较，我们不该轻视以社会学的类型来分析的好处"[1]。由于在某种意义上，法治所关涉的最主要对象是社会治理的模式、结构及其

---

[1] [德] 马克斯·韦伯：《经济与历史 支配的类型》，康乐等译，广西师范大学出版社2004年版，第304页。

过程展开，因此，本书试图以马克斯·韦伯关于统治支配（Herrschaft）[1] 的社会学理论为研究进路，分析1949年以来新中国治理结构中统治支配类型的变迁，以及此种变迁对法律在国家治理结构中的功能定位的影响，进而在支配社会学的立场上揭示出我国法治建构的自身逻辑和规律。[2]

为了达到此目的，本节将首先分析1949—1957年我国法理性支配的初建及其过程中法律的表达与实践，其次分析1958—1978年卡理斯玛型支配的兴起及其过程中法律的表达与实践，最后分析1978年以来我国法理性支配类型的重构及其过程中法律的表达与实践。[3] 法治史既是人民的创造史，也是政治家的思想史和实践史，因此，在上述的分析过程中，对相关政治家，尤其是国家领袖的相关理念与思想的探究是本节所关注的一个重点。

一、1949—1957年：法理型支配的初建

从中国共产党领导中国新民主主义革命开始到新中国成立，中国共产党人就从来没有忽视法制工作及其建设。在早期的工农武装割据革命根据地，法制建设就取得了一定的成就，各苏维埃政权颁布了一系列的法律法规，如1926年闽西革命根据地上杭县的《劳动问题案》（即《上杭县劳动

---

[1] 韦伯所谓的"支配"，即意味着："支配者"所明示的意志（"命令"）乃是要用来影响他人（"被支配者"）的行动，而且实际上对被支配者的行动的确也产生了具有重要社会性意义的影响——被支配者就像把命令的内容（仅只为了命令本身之故）当作自己行动的准则。从另外一端看来，此一情况即可称为"服从"。参见〔德〕马克斯·韦伯：《支配社会学》，康乐、简惠美译，广西师范大学出版社2004年版，第8—9页。

[2] 支配社会学（英语翻译为Sociology of Domination）是马克斯·韦伯以人类社会的"统治—支配"为研究对象形成的独特社会学理论。韦伯的支配社会学涉及人类社会不同支配类型的本质、结构、存在条件与变迁、功能形态，以及其合法性基础等理论问题。由于社会行动的一切领域无一例外地深受（关涉权威与权力的）统治—支配结构的影响，因此，支配社会学成为韦伯全部人类社会学的核心。但需要注意的是，并非所有的韦伯式支配社会学理论都能够被用来准确地分析新中国宪政历程中的统治支配模式的变迁，它只能提供一种分析的进路，而非某种精确的理论依据。社会发展的现实复杂性往往会在某些地方超越前人固有理论的分析能力范围。

[3] 上述三个时期的划分并不精确，因为历史上不同类型的统治支配模式（传统型、卡理斯玛型和法理型）并不存在任何固定的发展进化模式。社会的发展并非是从卡理斯玛型支配，经由传统型支配而演进为法理型支配。这三种统治支配模式只是在历史的不同时期以不同的结合而出现。韦伯在其著作中已经明确指出了这一点。新中国在上述三个时期中并不是以一种纯粹的单一性统治支配为治理模式，而往往是不同统治支配类型的混合运作，只是其中一种模式占据主导地位或成为发展方向。

法》），1928年湘赣边界工农民主政府的《井冈山土地法》，1929年信江工农政权的《肃反条例》，1930年闽西苏维埃政权的《闽西劳动法》《婚姻法》《裁判条例》，1931年鄂豫皖苏维埃政权的《革命军事法庭暂行条例》等。1931年江西瑞金召开中华工农兵苏维埃第一次全国代表大会，制定通过了中国第一个具有苏维埃性质的根本法——《中华苏维埃共和国宪法大纲》，以及《中华苏维埃共和国土地法》、《劳动法》和《关于中国境内少数民族问题的决议案》等法律文件。抗战时期，抗日民主政权颁布了《施政纲领》《陕甘宁边区婚姻条例》《劳动保护条例》等规范性文件。而在解放战争时期，陕甘宁边区第三届参政会第一次会议通过了具有临时宪章性质的《陕甘宁边区宪法原则》，并制定了《中国土地法大纲》等规范性文件。这些各个时期的规范性法律文件在一定程度上为新民主主义革命政权的运作和治理奠定了法制基础。而新民主主义革命的法制建设和成就，为新中国的法制建设提供了有益的经验和参照，也为在新中国治理结构中确立、建构法理型支配模式营造了一定的制度环境，奠定了一定的制度基础。

法理型支配的概念来自德国社会学家马克斯·韦伯的支配社会学理论。韦伯将人类社会"统治—支配"的合法性与权威划分为三种类型，即传统型（Traditional）、卡理斯玛型（Charisma，即个人魅力型）和法理型（Legal-rational，又译为科层型或官僚型）。与此相对应的三种统治支配模式是传统型支配、卡理斯玛型支配以及法理型支配。就其形式上的最显著特征而言，法理型支配是一种科层统治（又译为"官僚"统治），它与传统型统治一样，最有利于社会秩序的维系和统治的延续。但是在韦伯看来，在一个现代国家里，实际的统治秩序的展开，不可避免地诉诸科层政治治理。这就意味着权力、权利和义务的配置出于法律制度的安排，官员不带偏见和情感地履行公务。在法理型支配结构中，传统的权威、习惯，或者领导人的意志都不能成为统治的根基或本源。相反，法理型支配要求服从的对象并不是个人或者习俗惯例，而是"被视为道德约束的法规。人们照法律行事，是因为把法律看作'正当的'"[1]。权威与权力的正当性，就在于它们是否符合既

---

[1] [英]弗兰克·帕金：《马克斯·韦伯》，刘东、谢维和译，四川人民出版社1987年版，第125页。

定的、合理的、"为理性所界定"的法律规则。[1] 这种界定法律规则的理性，在韦伯的观念中，包括目的理性或价值理性（或者两者并立）。[2]

（一）新中国成立初期，对于社会的统治支配样式，在一定程度上呈现出以法理型为建构的方向

人类社会进行法理型支配的一个最基本的内容和重要标志，就是国家公权力在法律制度的框架内得以组织和运行。1949 年 10 月 1 日，中央人民政府委员会第一次会议就一致决议：宣告中华人民共和国中央人民政府成立，接受 1949 年 9 月新政协通过的具有新民主主义国家临时宪法性质的《中国人民政治协商会议共同纲领》（及其附件《中华人民共和国中央人民政府组织法》）为中央人民政府的施政纲领；并任命沈钧儒为最高人民法院院长，罗荣桓为最高人民检察院检察长。由此表明，新中国的政治统治——治理，是在《共同纲领》及其附件所设定的制度性框架内展开的，《共同纲领》是新中国政权组织与运作、社会统治支配的根本法律规范。而随后中央人民政府委员会、政务院分别制定并通过了一系列有关政治、经济、文化方面的法律法规，如：《中央人民政府政务院及其所属机关组织通则》《县各界人民代表会议组织通则》《契税暂行条例》《中华人民共和国婚姻法》《高等学校暂行条例》等。1954 年，新中国普选产生全国人民代表，在第一次全国人民代表大会一次会议上，通过了新中国的第一部社会主义性质的宪法（即 1954 年《宪法》）。刘少奇同志曾强调："宪法是全体人民和一切国家机关都必须遵守的"[3]，并指出"国家行政机关绝不能脱离人民代表大会或者违背人民代表大会的意志而进行活动"[4]。同时，1954 年《宪法》的制定通过，使我国建构以宪法为核心的立法体系成为可能。以新宪法为效力基础而制定的一系列民事、刑事、行政、经济和程序方面的规范性文件，满足了在中国建构法理型支配的一大要件，即共同体有意创立法律规则，并且"任何法律体系基本上都是由一些抽象规则依首

---

[1] 参见［德］马克斯·韦伯：《支配社会学》，康乐、简惠美译，广西师范大学出版社 2004 年版，第 20 页。
[2] 参见［德］马克斯·韦伯：《经济与历史 支配的类型》，康乐等译，广西师范大学出版社 2004 年版，第 308 页。
[3] 《刘少奇选集》（下卷），人民出版社 1985 年版，第 168 页。
[4] 《刘少奇选集》（下卷），人民出版社 1985 年版，第 157 页。

尾一贯的系统所构成"[1]。

作为一种政治治理模式,法理型支配内在要求其所管辖的特定共同体的所有成员都必须遵守/服从法律的规范性指引,用韦伯的话说,即"任何一个法律规范……至少都可以要求该组织的成员对它服从"[2]。这就意味着法律必须要有权威,以及共同体成员必须服从法律的命令。在韦伯支配社会学的理论视域中,法理型支配与其他两类统治支配模式的本质区别在于,法理型支配根本上是一种法律规则的治理,其特征是审慎的公正和社会成员无差别地遵守法律。对于这一点,当时党和国家的主要领导人是有清晰认识的。

新中国成立初期,毛泽东同志比较倾向在政治治理过程中确立、灌输一定程度的制度主义。1953年毛泽东担任宪法起草委员会主席,主持新宪法的起草与制定。他在建议删除宪法草案中某些有关个人崇拜的条文时,指出"搞宪法是搞科学"。同时他还强调,宪法草案"通过以后,全国人民每一个人都要实行,特别是国家机关工作人员要带头实行……不实行就是违反宪法"[3]。1957年在省市自治区党委书记会议上,毛泽东同志强调:"一定要守法,不要破坏革命的法制。法律是上层建筑。我们的法律,是劳动人民自己制定的。它是维护革命秩序,保护劳动人民利益,保护社会主义经济基础,保护生产力的。我们要求所有的人都遵守革命法制,并不是只要你民主人士守法。"[4] 而刘少奇同志则一贯强调遵守法律的重要性和必要性。他强调:"宪法是全体人民和一切国家机关都必须遵守的。"[5] 1962年5月,他在和中央政法小组的谈话中也指出:"法制不一定是指专政方面的,人民内部也要有法制,国家工作人员和群众也要受公共章程的约束。"[6] 这也说明在法制建设的操作方式和形式选择上,刘少奇同志偏好的是秩序性的"法治"。刘少奇同志还曾多次强调,全国人民都要无例外地遵守宪法和法律,特别是"所有党员,包括党员负责干部,都必须无例外地遵守党的纪律,都

---

[1] [德] 马克斯·韦伯:《经济与历史 支配的类型》,康乐等译,广西师范大学出版社2004年版,第308页。

[2] [德] 马克斯·韦伯:《经济与历史 支配的类型》,康乐等译,广西师范大学出版社2004年版,第308页。

[3] 《毛泽东选集》(第五卷),人民出版社1977年版,第129页。

[4] 《毛泽东选集》(第五卷),人民出版社1977年版,第358—359页。

[5] 《刘少奇选集》(下卷),人民出版社1985年版,第168页。

[6] 《刘少奇选集》(下卷),人民出版社1985年版,第452页。

必须模范地遵守国家法律"[1]。同时,作为中国共产党第一代高层领导中唯一受过系统正规法律教育的领导人,中央人民政府政务院副总理、政治法律委员会主任董必武一再强调:"对于宪法和法律,我们必须带头遵守,并领导人民群众来遵守。假如我们自己不遵守宪法和法律,怎么能领导人民群众来守法呢?"[2] 上述这些国家领导人的谈话,都清晰地表明在当时的国家领导层的意识中,社会的"支配者"(国家领导人、负责干部等)与被支配者(普通公民),都必须平等地遵守宪法和法律,没有任何人能够超越法律的权威。而法理型支配的关键就恰恰在于"典型的支配者,即'上级',自身也得服从于一套无私的法令和程序。他的决定和对下属的命令,都受到这项秩序的指引。不但那些一般称之为'官员'的法律执行者如此,另外一类人,如民选的总统亦须如此"[3]。

由此可见,韦伯所谓的人类社会治理结构中的法理型支配,与现代宪政理念形成某种暗合。立宪主义理论认为,"通过立宪性契约,人们同意受统治。即将成立的政府的官员们则需要做出承诺,尊重宪法蓝图及其对他们的限制"[4]。对立宪主义者而言,宪政意味着政府机关及其工作人员要受到宪法的控制,而且只能根据宪法和法律来行使公权力、进行社会治理。[5] 而新中国成立初期,从其法律的实践与表达来看,新中国治理模式选择的方向,既是韦伯所谓的法理型支配,又是通过宪法的政治统治。

(二)刘少奇同志思想的贡献

在某种意义上,法理型支配的建构和运作,需要制度主义者的参与和支持,反过来,法理型支配也在一定程度上塑造和培养制度主义者。而先后担任全国人大常委会委员长和国家主席的刘少奇,则是共和国早期典型的制度主义型领导人。正是这种制度主义的理念与原则,使他在新中国成立初期为中国社会法理型支配的建构做出了卓越的贡献。

---

[1]《刘少奇选集》(下卷),人民出版社1985年版,第414页。
[2]《董必武选集》,人民出版社1985年版,第344页。
[3][德]马克斯·韦伯:《经济与历史 支配的类型》,康乐等译,广西师范大学出版社2004年版,第308页。
[4][美]路易斯·亨金:《宪政·民主·对外事务》,邓正来译,生活·读书·新知三联书店1996年版,第7页。
[5] 参见[美]路易斯·亨金:《宪政·民主·对外事务》,邓正来译,生活·读书·新知三联书店1996年版,第9页。

在刘少奇同志的思想作风中，最引人注意的就是"较强烈的工业化民主化的思想"和"鲜明的实事求是"作风。事实上，早在新中国成立初期，刘少奇就把"民主化与工业化"作为基本口号，并提出要为之奋斗终生。刘少奇这种较为强烈的工业化和民主化的思想意识、实事求是的作风以及长期在白区和敌占区领导革命的实践，决定了制度主义必将会（而且事实上也）成为他思想作风的另一大特色，只不过后人鲜有人注意和提及这一特点。

刘少奇思想中的制度主义有四个根源。其一，根源于工业化观念的制度主义。由于长期领导工人运动，刘少奇同志对于工业化及其所要求的制度化、秩序化的过程和意义，比当时其他领导人似乎有着更为深入的理解。工业化之所以需要制度化或规则化，是因为，一方面，在生产过程中，现代工业的流水线生产方式，要求更高的集体观念、合作观念、纪律观念和制度观念。另一方面，在管理过程中，工业化与"科层制"统治模式密不可分。"科层制"的基本原则就是要依照职能和职位进行权力的分配与分层，并以规则治理为组织和管理方式。制度化、规则化也是"科层制"治理模式的最主要特征之一。在科层制组织中，组织运行、成员间的活动与关系都受规则的调整和限制。因此，对工业化的诉求，就不可避免地需要引入规则治理的理念。

其二，根源于较强的民主化观念的制度主义。民主的制度化一直是党的三代领导人共同致力于完成的事业。1942年，刘少奇在写给陈毅的书信中曾谈道："需制定出一些关于民主的法律（如各级政府组织法，选举法，代表会议的规则，处理各种案件的手续等），规定制裁那些违反民主、侵犯民权（人民民主权利）的官员的办法。"[1] 新中国成立后，刘少奇同志强调了把民主上升为国家宪法所确定的制度的意义。他指出："一方面，我们必须更加发扬人民的民主，扩大我们国家民主制度的规模；另一方面，我们必须建立高度统一的国家领导制度。为了这样的目的，我们也有完全的必要制定一个比共同纲领更为完备的象现在向各位代表提出的这样的宪法。"[2]

其三，根源于实事求是作风的制度主义。刘少奇同志清醒地意识到，在武装革命和社会主义建设的实践中，斗争的任务与方式是截然不同的。

---

[1]《刘少奇选集》（上卷），人民出版社1981年版，第226—227页。
[2]《刘少奇选集》（下卷），人民出版社1985年版，第144—145页。

国家应当从实际出发，在不同的历史时期采取不同的斗争方式。他认为，革命战争时期和解放初期，为了肃清残余的敌人和镇压反革命分子，破坏反动的秩序，建立革命的秩序，只能依据党和人民政府的政策，规定一些临时的纲领性法律文件。斗争的主要任务是从反动统治下解放人民，从旧的生产关系的束缚下解放生产力，所以斗争的主要方式是人民群众的直接行动。然而，"革命的暴风雨时期"已经过去，中国进入了社会主义建设的历史时期，斗争的任务已经转变为保护新生的生产关系和社会生产力的顺利发展，因此，斗争的方式也就必须随之改变，完备的法制就是完全必要的了。[1] 这就表明在社会主义建设的新时期，刘少奇同志试图在法律制度化的框架内解决各类社会矛盾和冲突，而不是采用直接的群众运动和暴力斗争的形式。他力求通过法律的社会控制进而最大限度地维护社会秩序的稳定，以此为社会主义工业化、民主化的建设奠定基石。1962年，刘少奇同志在一次谈话中也指出："无产阶级法制，就是人民民主的法制，也就是社会主义的法制。法制不一定是指专政方面的，人民内部也要有法制。"[2]

另外，刘少奇同志长期领导白区和敌占区的革命运动，对于他的制度主义形成，也有一定的积极作用。国民革命时期，为了保存党的力量，保护党的利益，坚持党在白区的工作，刘少奇同志在领导工人运动时，多次主张在法律的范围内与敌人进行合法的斗争。他指出："现在中国的工会尚不能得到法律上的保障和社会的承认，中国工人阶级为要发展中国的职工运动，必须积极地公开地开展争工会条例的运动。"[3] 另外，在《关于白区职工运动的提纲》中，刘少奇同志指出，我们的主要任务就是要利用工厂法、工会法上那些对于改善工人阶级现状有利的条文，来组织工人群众的斗争，要求实现那些条文上所规定的利益，必须利用一切合法的机会去组织工人。抗战时期，党领导人民发动了减租减息的运动，刘少奇同志主张"斗理、斗力、斗法……所谓斗法，就是依据法律进行合法的斗争。……用自己的法令来保障农民的利益"[4]。同时他指出在游击区与敌占区人民的工作中，非法斗争与合法斗争需要巧妙配合。对于刘少奇在白区工作中的思想策略，毛泽东同志认为"同样是一个典范"，称赞道："在

---

[1] 参见《刘少奇选集》（下卷），人民出版社1985年版，第253页。
[2] 《刘少奇选集》（下卷），人民出版社1985年版，第452页。
[3] 《刘少奇选集》（上卷），人民出版社1981年版，第3页。
[4] 《刘少奇选集》（上卷），人民出版社1981年版，第237页。

群众工作中则'尽可能利用公开合法手段',以使党的秘密组织能够在这种群众工作中长期地隐蔽力量,深入群众"。[1]

从这几个方面,或许可以说明刘少奇较为重视法制和秩序的原因。有的国外学者甚至将刘少奇视为一个"按部就班的制度主义者",认为"他似乎是专门用来写作各种规章和法规的,通过这种方法,他有条不紊地把各种制度灌输给别人"。[2]

工业化、民主化和法理型支配,都是现代化进程中的必然产物。它们都分享一个相同的根源——社会的理性化。韦伯也趋于认为,现代化的关键是理性的高扬,现代化本身就是一个立基于工业化基础上的社会理性化过程。实现民主化与工业化的过程也是一个逐步诉求法理型支配的过程。当刘少奇把"民主化与工业化"作为奋斗目标的时候,他也就必然会以法理型支配模式的建构为目标。

新中国的法理型支配,要求司法权力和司法权威的统一和党领导下的司法权的独立运作。刘少奇同志在法制建设中着重强调维护司法权威和司法权力的统一。司法机关和司法权具有权威性和统一性,既是法制建设的重要内容,又是法制建设取得成功的必要保障。在革命和建设过程中,由于人们的法制意识普遍淡薄,出现了很多破坏法制的行为,严重损害了国家司法权的权威与统一。为此,刘少奇同志强调"除开人民法庭和治安机关外,其他的人民团体和机关不得拘留、审判和处理罪犯"[3]。他指出:"有的单位还自己搞拘留、搞劳改,这是非法的,不允许的。……有的党政负责人,随便批准捕人,根本不要公安局、检察院这一套。甚至有的公社、工厂、工地也随便捕人。这种破坏法制的行为,必须坚决制止。"[4]更为重要的是,他对司法独立的问题进行了积极的关注和思考。司法公正是民主宪政得以实现的必要条件,也是国家民主、文明进步的主要标志。而司法独立原则的确立与落实是司法公正得以实现的前提。刘少奇明确主张"法院独立审判是对的,是宪法规定了的,党委和政府不应该干涉他们判案子。检察院应该同一切违法乱纪现象作斗争,不管任何机关任何人。不要提政法机关绝对服从各级党委领导。它违法,就不能服从。如果地方

---

[1] [美] 洛厄尔·迪特默:《刘少奇》,萧耀先等译,华夏出版社1989年版,第10页。
[2] [美] 洛厄尔·迪特默:《刘少奇》,萧耀先等译,华夏出版社1989年版,第205页。
[3] 《刘少奇选集》(下卷),人民出版社1985年版,第46页。
[4] 《刘少奇选集》(下卷),人民出版社1985年版,第451页。

党委的决定同法律、同中央政策不一致，服从哪一个？在这种情况下，应该服从法律、服从中央的政策"[1]。

二、1978年以来：法理型支配模式的复兴

需要指出的是，现代化进程中，法理型支配模式在中国的确立，历经坎坷。政治局势的变化，直接影响、甚至是消解了刚刚在新中国政治治理结构中开始建构的法理型支配模式。自1958年开始，中国社会统治支配模式逐渐发生变化，究其原因：新中国建构法理型支配的基础薄弱。高度集权的计划经济体制虽然强化了科层系统，但是却需要高度有效的政策指挥，而这恰恰为人治的产生提供了途径；中国传统治理的历史中缺乏成熟的法律治理的经验，数千年的皇权专制统治及其所形成的特有文化影响深远；社会成员的法律意识普遍淡薄，参政议政与守法用法的能力较低；革命经验特有模式的限制，即"中国革命不是依靠法律，而是靠冲破法制"，靠发动群众参与斗争和运动而取得胜利。[2] 而冲破法制本身就是对法理型统治的最为直接、彻底的消解。

然而，按照支配社会学理论关于支配模式的变迁规律的研究，也并不难得出以卡理斯玛支配为治理模式的"文革"的结束，以及中国社会进行拨乱反正具有历史必然性的结论。其原因就在于，卡理斯玛型支配具有一个显著的特征，就是其不稳定性，即韦伯所谓的"特殊的非日常性格"。卡理斯玛型支配欲图维系一种长久的稳定秩序，它的基本特质就必须加以改变。"可以肯定地说，卡理斯玛支配只能存在于初始阶段，它无法长久维持稳定。"[3] 但是，支配社会学并不能肯定由卡理斯玛支配转型后的社会治理模式必然会发展为法理型支配，因为传统型支配也是一种可供选择的目标。[4] 而事实表明，中国人民在以邓小平同志为核心的中国共产党人的领导下，在经历了"文革"内乱之后，毅然将法理型支配作为建构中国

---

[1]《刘少奇选集》（下卷），人民出版社1985年版，第452页。
[2] 蔡定剑：《历史与变革——新中国法制建设的历程》，中国政法大学出版社1999年版，第93页。
[3]〔德〕马克斯·韦伯：《经济与历史 支配的类型》，康乐等译，广西师范大学出版社2004年版，第363页。
[4] 参见〔德〕马克斯·韦伯：《经济与历史 支配的类型》，康乐等译，广西师范大学出版社2004年版，第363页。

统治支配模式的基本目标。

（一）法理型支配在中国的重新确立，与邓小平同志的政治治理观念一致

作为一个制度主义者，邓小平同志对制度，尤其是法律制度在国家治理中的重要性有着深刻的认识。他指出："我们过去发生的各种错误，固然与某些领导人的思想、作风有关，但是组织制度、工作制度方面的问题更重要。这些方面的制度好可以使坏人无法任意横行，制度不好可以使好人无法充分做好事，甚至会走向反面。"[1] 他精辟地指出，社会主义的本质是解放和发展生产力，而实现四个现代化是与社会主义本质要求相一致的。但是，现代化的实现"必须发扬社会主义民主和加强社会主义法制"[2]。因此，以邓小平同志为核心的党中央，极力推动国家治理的制度化进程。

首先，明确民主的制度化和建构法理型支配的基本原则。邓小平同志强调："必须使民主制度化、法律化，使这种制度和法律不因领导人的改变而改变，不因领导人的看法和注意力的改变而改变。"[3] 同时，法制"十六字方针"的提出为中国法理型支配的重建提供了原则上的保证。邓小平指出：要健全社会主义法制，除使民主制度化、法律化之外，还必须做到"有法可依，有法必依，执法必严，违法必究"[4]。提出"有法可依"，是因为存在一个制约法理型支配建构的社会现实，即"现在的问题是法律很不完备，很多法律还没有制定出来"[5]。这表现在调整民事活动、诉讼程序、规定犯罪和制裁等领域的基本法律还没有制定。因此，进行大量的立法工作，是重建法理型支配的第一要务。为了解决立法工作量大、立法人员不足的困境，邓小平同志指出："法律条文开始可以粗一点，逐步完善。有的法规地方可以先搞，然后经过总结提高，制定全国通行的法律。修改补充法律，成熟一条就修改补充一条，不要等待'成套设备'。"[6] 同时，

---

[1]《邓小平文选》（第二卷），人民出版社1994年版，第333页。
[2]《邓小平文选》（第二卷），人民出版社1994年版，第187页。
[3]《邓小平文选》（第二卷），人民出版社1994年版，第146页。
[4]《邓小平文选》（第二卷），人民出版社1994年版，第147页。
[5]《邓小平文选》（第二卷），人民出版社1994年版，第146页。
[6]《邓小平文选》（第二卷），人民出版社1994年版，第147页。

邓小平同志多次强调法律的平等性。这是法理型支配有效运作的根本保证。他强调所有公民要平等地遵守法律，"公民在法律和制度面前人人平等，党员在党章和党纪面前人人平等。人人有依法规定的平等权利和义务……不管谁犯了法，都要由公安机关依法侦查，司法机关依法办理，任何人都不许干扰法律的实施，任何犯了法的人都不能逍遥法外"[1]。反对法律之外的特权，是法理型支配的内在要求。邓小平强调："我们今天所反对的特权，就是政治上经济上在法律和制度之外的权利。"[2] 不仅如此，他还强调"宪法和党章规定的公民权利、党员权利、党委委员的权利，必须坚决保障，任何人不得侵犯"[3]。而保障公民权利的最主要工具，就是对违法行为进行依法制裁。否则"大多数人人民的民主权利，又会像在'文化大革命'中那样，重新受到践踏"[4]。

在邓小平等同志的领导下，国家立法机关先后制定了一大批调整各种基本社会关系的法律，如1979年《刑法》、1979年《刑事诉讼法》、1982年《民事诉讼法》、1986年《民法通则》等。尤其是1982年《宪法》的颁布，取消了1978年《宪法》中的一些"左"的倾向，明确了社会主义民主与法制的宪法地位，为法理型支配的建构提供了根本法上的制度保证。至1992年，全国人大及其常务委员会共制定了300多个重要法律，其他立法机关（如国务院、地方立法机关等）也制定了两千多部规范性文件，这标志着我国基本上结束了无法可依的法制困境。同时，几次"严打"的顺利进行，有效地遏制了犯罪，稳定了社会秩序。

其次，扩大司法队伍，提高司法人员素质。法理型支配的另一个必要条件就是具备高素质和一定数量的法律实施者。而经过"文革"的冲击，拨乱反正后的司法系统缺乏大量司法人员。因此，1980年邓小平强调："现在我们能担任司法工作的干部，包括法官、律师、审判官、检察官、专业警察，起码缺一百万。"[5] 面对法律人才的困境，邓小平提出，一方面加大法律院校的建设，培养专业法律人才。20世纪80年代初期，邓小平就明确强调，"我们从建国以来，就对办法律学校注意不够。在一些国

---

[1]《邓小平文选》（第二卷），人民出版社1994年版，第332页。
[2]《邓小平文选》（第二卷），人民出版社1994年版，第332页。
[3]《邓小平文选》（第二卷），人民出版社1994年版，第144页。
[4]《邓小平文选》（第二卷），人民出版社1994年版，第373页。
[5]《邓小平文选》（第二卷），人民出版社1994年版，第263页。

家，大学毕业以后还要学习法律专科。经济发达国家的领导人当中，许多是学过法律的，建设一个社会主义法制国家，没有大批法律院校怎么行呢？所以，要大力扩大、发展法律院校"[1]。在大量培养、造就法律专业人才的同时，邓小平指出："从基层建设队伍和转业军人中挑选一批好的职工、干部和战士，经过培训，扩大和加强政法公安干警队伍。"[2] 当然，邓小平也注意到质量和数量的辩证关系。为此，他强调要努力提高政法工作人员素质，他指出"目前重要的问题并不是干部太多，而是不对路，懂得各行业的专业的人太少。办法就是学"[3]。而法理型支配意味着每个部门要通过知识（尤其是专业知识）来支配。公权力的行使，不仅受制于法律规定的职权范围，也受到知识的限制。专业知识与权力的关系就表现在，"专业性的知识本身即足以保证非常的权力地位。另一方面，官僚组织，或利用官僚组织的支配者，又可能以处理政治事务所累积的经验和知识，来增强其权力"[4]。另外，对于司法人员的素质结构，邓小平认为不仅要业务精通，还需要公正廉洁。他指出："一般资本主义国家考法官，考警察，条件很严格，我们更应该严格，除了必须通晓各项法律、政策、条例、程序、案例和有关的社会知识以外，特别要求大公无私、作风正派。"[5]

最后，调整司法和执政党的关系。早在1941年，邓小平在《党与抗日民主政权》中就指出：不能把党的领导理解为"党权高于一切"，"党对政权要实现指导的责任，使党的主张能够经过政权去实行，党对政权要实现监督的责任……党的领导责任是放在政治原则上，而不是包办，不是遇事干涉，不是党权高于一切"[6]。他的这种观念在新中国成立后仍然强调。正是在这种观念的指导下，党的十三大开始提出党政分开。而对于司法而言，党的领导主要是政治上、思想上和组织上的领导与监督，而不是对具体司法业务的干涉。更为重要的是，邓小平曾严厉批评"把领导人说的话当作'法'，不赞成领导人的话就叫做'违法'，领导人的话改变了，

---

[1] 彭真：《论新时期的社会主义民主与法制建设》，中央文献出版社1989年版，第288页。
[2] 《邓小平文选》（第二卷），人民出版社1994年版，第371—372页。
[3] 《邓小平文选》（第二卷），人民出版社1994年版，第263页。
[4] [德] 马克斯·韦伯：《经济与历史 支配的类型》，康乐等译，广西师范大学出版社2004年版，第320页。
[5] 《邓小平文选》（第二卷），人民出版社1994年版，第286页。
[6] 参见《邓小平文选》（第一卷），人民出版社1994年版，第12页。

'法'也就跟着改变"的"以党代法""以言代法"现象。[1]

(二) 作为建构法理型支配里程碑的 1999 年修宪和 2004 年修宪

在党的十六大政治报告中江泽民同志指出:"发展社会主义民主政治,最根本的是要把坚持党的领导、人民当家作主和依法治国统一起来。党的领导是人民当家作主的根本保证,人民当家作主是社会主义民主政治的本质要求,依法治国是党领导人民治理国家的基本方略。"进而在 1999 年宪法修改中,"依法治国,建设社会主义法治国家"被写进了宪法。

有学者认为,"法治"入宪,是执政党以法治为治国方略的宪法化,是中国共产党依据其党章规定的"党必须在宪法和法律的范围内活动"原则,自觉地将自己置于宪法监督与约束之下,使党的这一治国方略不容党自己再轻易加以改变,是法治入宪的特别意义。[2] 但同样具有特别意义的是,把蕴含法律统治、人民主权、有限政府和人权保障等原则与理念的"法治"作为社会治理的根本方略写进宪法,使法治获得了宪法上的合法性证立。这标志着法理型支配在中国建构中的一座里程碑。"依法治国,建设社会主义法治国家"写入宪法,最终确立了法理型支配模式在新中国政治结构中的根本地位。而 2004 年的宪法修正案,将"国家尊重和保障人权"明确载入宪法,其意义就在于强化了基本权利的宪法地位,以及基本权利对于公权力侵害的防御功能。最终以人权——基本权利为判准,衡量、监督和控制公权力的运作。如此看来,"人权入宪"的宪法意义不仅是宣告对人权的宪法性保障,体现人民主权的要求,而且也是对国家权力滥用的宪法性控制。而有限政府,人权保障以及人民主权,恰恰是法治模式的内涵和要求。因此,2004 年的"人权入宪",在某种意义上是 1999 年"法治入宪"的深化和完善。

事实上,无论是卡理斯玛型支配、传统型支配,还是法理型支配,为了获得其合法性,都必须得到社会共同体成员(即被支配者)的接受和认可。"合法性则是下层的赠品。"[3] 任何社会支配模式都必须关注被支配者的利益。如果对多数人的剥削与压迫确定无疑而且昭然若揭,那么该统

---

[1] 《邓小平文选》(第二卷),人民出版社 1994 年版,第 146 页。
[2] 郭道晖:《法治入宪的特别意义》,载《法学》2000 年第 2 期。
[3] [英] 弗兰克·帕金:《马克斯·韦伯》,刘东、谢维和译,四川人民出版社 1987 年版,第 113 页。

治支配模式便丧失了合法性。相较而言，由于能够通过合理的法律规则来有力保障社会秩序和政权稳定，法理型支配最容易获得合法性[1]。其实，无论政权的稳定、社会秩序的平和，还是受合理的法律规则统治，都是实现人的价值的必要条件。而在人的权益的平等保护上，以及为了人的多元价值的实现而创造条件上，卡理斯玛型支配和传统型支配是无法与法理型支配相媲美的。在这一点上，法理型支配的建构能够体现作为执政党的中国共产党的宗旨和理念。"为人民服务""代表着中国最广大人民的根本利益""权为民所用、情为民所系、利为民所谋"，表达的都是中国共产党人"以人为本"的理念、原则和宗旨。同时，法理型支配是近代大众民主制之必然的伴随物[2]。法理型支配行使其支配权，必须基于抽象的原则。这种"依法治理"的要求根源于对"权利平等"的诉求，以及对特权的厌恶[3]。"权利平等"和"破除特权"恰恰是民主制度的基本理念和力量。而以发展社会主义民主、健全社会主义法制为重要内容的政治文明建设，是中国共产党人历来的目标和任务。

因此，法理型支配在中国的建立，是中国共产党作为执政党进行政治统治和社会治理的必然选择。自 1999 年修宪确立依法治国的宪法原则，至今也逾 20 年；自 1949 年建构，至今也有 70 多年。展望新中国法理型支配模式的建构，可谓：道路曲折，前途光明。

三、十八大以来"依宪治国"和"依宪执政"的政治设计

执政党十八届四中全会通过的《中共中央关于全面推进依法治国若干重大问题的决定》（以下简称《决定》），是中国国家治理演进历程的里程碑。其核心价值在于将依法治国作为国家治理的顶层设计和战略安排。

以习近平同志为核心的党中央指出，坚定不移地走中国特色社会主义法治道路。其核心就是坚持党的领导、人民当家作主、依法治国三者的有机统一。党的领导是核心，人民当家作主是目的，依法治国是方略。而在全面推

---

[1] 参见［英］弗兰克·帕金：《马克斯·韦伯》，刘东、谢维和译，四川人民出版社 1987 年版，第 114 页。

[2] 参见［德］马克斯·韦伯：《支配社会学》，康乐、简惠美译，广西师范大学出版社 2004 年版，第 58 页。

[3] 参见［德］马克斯·韦伯：《支配社会学》，康乐、简惠美译，广西师范大学出版社 2004 年版，第 58 页。

进依法治国的过程中，宪法又是根本和基础。正如习近平同志在纪念现行宪法颁布30周年会议上所指出的那样："依法治国，首先是依宪治国，依法执政，关键是依宪执政。"和以往执政党中央领导人不同的是，"依宪治国"和"依宪执政"的政治图景，始终是习近平同志法治思想的核心组成部分。

作为宪法的核心原理和宪法学的一个永恒论题，依宪治国的本真含义就是依据一种建构或确认国家组织和权力、保障公民权利和自由的宪法而展开的政治治理。依宪治国要求在国家治理结构中，通过宪法的实施，把宪法从政法性文本转换为社会性事实，使宪法在应然性和实然性的双重维度上得以调整政治关系并规制政治过程。与此同时，依宪治国又是法治国家的本质特征。法律的统治表现为良善的法律获得普遍的遵守与服从。而宪法作为根本大法，居于一个国家的实证法律体系结构中的核心地位，是其他所有法律规范的效力渊源和规范性依据。因此依法治国首先就是依宪治国。更为重要的是，法治为了能够有效展开，同样要求控制国家权力，而且首要的控制对象就是立法者恣意妄为的立法行为。汉密尔顿在为1787年美国宪法辩护时就曾强调制宪的最初目标就是为了限制立法机关，制宪者所要制定的"限权宪法就是指为立法机关规定一定限制的宪法"[1]。因为法治不能容忍恣意立法产生多数暴政的潜在可能性。为此，宪法不仅要求普通的法律不得与宪法的精神价值和条文规则相抵触，还确立了废除或撤销与宪法相抵触的法律的制裁方式，从实证法的领域证成了法律的正当性。正是通过这种自我救赎的方式，法治（法律的统治）成为可能。从上述两个方面的意义来看，"'依宪治国'不仅强调'依法治国'的重要性，更注重宪法所赖以建立的民主政治的价值和意义"[2]。

从宪法理论上看，依宪治国和依宪执政应当从三个维度进行理论建构：

（一）宪法权威与宪法实施机制

习近平同志论述宪法权威时指出，法治权威能不能树立起来，首先要看宪法有没有权威。必须把宣传和树立宪法权威作为全面推进依法治国的

---

[1] Alexander Hamilton, James Madison & John Jay, *The Federalist Papers*, New York: New American Library, Inc. 1961, p. 467.
[2] 莫纪宏：《现代宪法的逻辑基础》，法律出版社2001年版，第87页。

重大事项抓紧抓好，切实在宪法实施和监督上下功夫。[1] 改革开放以来，我国政治文明建设的显著成果之一就是社会主义法律体系的建构和形成。吴邦国同志在"形成中国特色社会主义法律体系座谈会"上明确指出："一个立足中国国情和实际、适应改革开放和社会主义现代化建设需要、集中体现党和人民意志的，以宪法为统帅，以宪法相关法、民法商法等多个法律部门的法律为主干，由法律、行政法规、地方性法规等多个层次的法律规范构成的中国特色社会主义法律体系已经形成"，并且强调要"始终坚持维护宪法作为国家根本法的权威地位"。

社会主义法律体系的形成，之所以要"以宪法为统帅"，坚持宪法作为根本法的权威地位，其原因首先在于，这是法律体系内部和谐统一性的必然要求。法治的展开，社会主义民主政治的制度化、规范化和程序化，都有赖于具有严密逻辑结构、有序效力位阶的法律规则体系的保障。而要维护这种规则体系的有序化和结构化，就必须以宪法为根本法，强调宪法作为制定其他法律的最终规则依据和效力渊源，任何与宪法相抵触的法律规则均为无效。只有这样，法律体系的和谐一致性才能得以维系，为法治和社会主义民主政治提供必要的规范基础。

更为重要的是，"以宪法为统帅"，坚持宪法作为根本法的权威地位，是法治本身的必然要求。社会主义法律体系的形成，从根本上来说是为了推进社会主义法治建设。当"依法治国，建设社会主义法治国家"的法治理念成为我国国家治理的战略选择和定位时，依据宪法而治理的立宪主义理念便应运而生且得以彰显。法治就其本意而言，是法律之于政治国家和公民社会的统治，是制定良善的法律规则得到普遍遵守和服从的过程和状态。无论是公民还是政府都平等地服从法律的权威。法治就是凭借着对政府和公民授权并限制其恣意行动而获得圆满。从这个角度上看，法治与立宪主义政治在价值和功能上存在着一定的契合。因为立宪主义政治的主要任务就是既要建构一种享有高度权威的公权力和政治结构，又要限制其恣意妄行，从而最终保护公民权利和实现人民主权原则。由于宪法最为集中地体现了党领导下的各族人民的意志，规定了国家的根本任务和制度，以及政府与公民最根本的权力、权利和义务。因此，法治的首要要义就是宪治，即依据作为根本大法的宪法展开国家治理和社会规制。而建设法治国

---

[1] 参见习近平同志关于《中共中央关于全面推进依法治国若干重大问题的决定》的说明。

家，就必须始终不渝地在政治治理中以宪法为统帅，坚持宪法的最高权威性。这在本质上就是坚持以党领导下的全国人民的意志为统帅，坚持这种意志的至上权威。

诚如习近平同志指出的那样，法律的生命力在于实施，法律的权威也在于实施。如果有了法律而不实施、束之高阁，或者实施不力、做表面文章，那制定再多的法律也无济于事。全面推进依法治国的重点应该是保证法律严格实施。[1] 要保证社会主义法律体系的有效实施，除强调对宪法和法律的严格遵守、依法行政和司法公正、增强全社会法律意识和法制观念外，对于宪法而言，更为重要的是建立健全我国的宪法监督制度，即进一步完善违宪审查制度和人大常委会的监督机制。只有宪法监督制度得以有效运行，才能真正捍卫宪法的最高权威，从而保障社会主义法律体系的效力和秩序。这也是我们在从事宪法学教育和研究过程中必须关注和强调的理论问题。正是立基于宪法既是治国的总章程，也是执政的总章程的认识，习近平同志讲话多次强调，要进一步健全宪法实施监督机制和程序，把全面贯彻实施宪法提高到一个新水平。四中全会《决定》更是明确，要完善全国人大及其常委会宪法监督制度，健全宪法解释程序机制，加强备案审查制度和能力建设，依法撤销和纠正违宪违法的规范性文件等。

总之，习近平同志指出，我国宪法以国家根本法的形式，确立了中国特色社会主义道路、中国特色社会主义理论体系、中国特色社会主义制度的发展成果，反映了我国各族人民的共同意志和根本利益，是历史新时期党和国家的中心工作、基本原则、重大方针、重要政策在国家法制上的最高体现。

（二）依宪治国的"显现主题"：把权力关进制度的笼子

众所周知，如上所述，为了实现公民权利与自由的保障和法律统治的有效展开，依宪治国和法治都强调对国家权力的控制。在西方的古典自由主义政治理论看来，公民个人的权利与自由是先于国家的自在之物，即所谓的"天赋人权"，因此，个人的权利与自由也具有着不言而喻的天然正当性，而国家的存在及其干预行为的正当性才是需要证成的对象，因为对公民个人权利和自由最为严重的侵害往往来自国家。个人权利与

---

[1] 参见习近平同志关于《中共中央关于全面推进依法治国若干重大问题的决定》的说明。

自由和国家权力之间具有一种此消彼长的零和博弈关系。因此，一个伟大的政治创举就是以宪法来确认个人的权利和自由，并通过宪法对国家及其权力施加制约和管控。立宪主义的概念也就被简化为"即将成立的政府要受到宪法的制约，而且只能根据其条款来进行统治并受制于其限制。当然，这种统治必须局限于人民同意授予其的权力和为了人民同意的目标"[1]。对自由和权利的执着追求和对政治怀疑主义的坚定信奉，使得"控制国家权力"和"保障公民人权"成为当今西方立宪主义显现的主题，斯科特·戈登甚至将自古代雅典到当今世界宪政史的根本特征和逻辑线索描绘为"控制国家"[2]。在这个意义上，宪政就是为了保障人权而"限政"。毫无疑问，对于极权国家或转型中的极权国家而言，"控制国家（及其权力）"则具有恒久的魅力和深刻的意义。

而在当代中国特色社会主义法治道路和依宪治国与依宪执政的政治图景中，监督、约束和控制公权力的运行，仍然是一个关涉到国家长治久安和执政兴国的任务和主题。习近平同志高度重视用法治来监督、约束和控制公权力的运行。他曾以阿克曼勋爵"权力导致腐败，绝对权力导致绝对腐败"的论断为基础，来建构和阐述其权力制约观念和理论。

在首都各界纪念现行宪法公布施行三十周年的大会上，习近平同志就指出"我们要健全权力制约和监督体系，有权必有责，用权受监督，失职要问责，违法要追究，保证人民赋予的权力始终用来为人民谋利益"[3]。"要健全权力运行制约和监督体系，让人民监督权力，让权力在阳光下运行，确保国家机关按照法定权限和程序行使权力。要善于用法治思维和法治方式反对腐败，加强反腐败国家立法，加强反腐倡廉党内法规制度建设，让法律制度刚性运行。扬汤止沸，不如釜底抽薪。……要加强对权力运行的制约和监督，把权力关进制度的笼子里。"[4]

习近平同志之所以高度强调用法律和制度来监督和制约权力，是因为

---

[1] [美]路易斯·亨金：《宪政·民主·对外事务》，邓正来译，生活·读书·新知三联书店1996年版，第9页。
[2] 参见[美]斯科特·戈登：《控制国家：从古代雅典到今天的宪政史》，应奇等译，江苏人民出版社2005年版，第1—21页。
[3] 参见习近平：《在首都各界纪念现行宪法公布施行三十周年大会上的讲话》，载《十八大以来重要文献选编》（上），中央文献出版社2014年版，第92页。
[4] 参见习近平：《依纪依法严惩腐败，着力解决群众反映强烈的突出问题》，载《十八大以来重要文献选编》（上），中央文献出版社2014年版，第135—136页。

权力行使的正当与否，关涉到党的执政兴国、国家的长治久安和人民的安居乐业问题，是人民主权在社会主义中国的根本要求，也是共产党的先锋队性质所决定的。在法治成为治国理政的根本方略和举措的时代背景下，依据以宪法为根本法的法律制度来监督和制约权力的运行，是必然的时代要求。

（三）依法治国的"隐蔽主题"：宪政学说中的国家权力建构

事实上，依宪治国和依宪执政的政治图景的核心问题，是以国家权力为依托的国家能力建设。依宪治国和依宪执政，其根本目的是通过宪法和法律的治理，塑造和提升以国家权力为依托的国家能力的现代化水平。质言之，现代国家能力有两个要件：其一，以强大的国家权力为基础和支撑；其二，这种国家权力要受到有效的法律规制。只有受到规制的国家权力，才是有效的国家权力和真正强大的国家权力，才是具有正当性的国家权力。

但是，无论是西方国家还是中国，绝大多数政治和法律理论家都有意或无意地过于强调对于国家权力的约束，而在理论上忽略了国家权力的建构问题。因此，要实现完善的依宪治国和依宪执政的政治图景，应当坦然面对国家权力的建构问题。

诚如斯蒂芬·霍姆斯指出的那样，二战以来西方的政治思想和理论受到一种冷战时期的意识形态争论的影响，甚至某些理论或学说就是这种非此即彼的冷战时期意识形态的产物。人们对于政治理论往往只关注其某些方面，而无意地忽略或有意地遮蔽了其他某些方面。[1] 在冷战对峙和意识形态争论之下，将宪政或依宪治国的主题仅仅定位和塑造为控制国家及其权力，是不难想象的。这种政治思想的拟制，成就了自由主义宪政理论的深刻性，但却也是一种"片面的深刻"。因为，我们不应当忘却依宪治国还有另一个主题，即建构或确认国家权力。

对于控制国家及其权力而言，自由主义政治理论与极权主义政治理论存在着霄壤之别。但是在二者的理论视域中，国家从来都没有消隐。国家理论不仅是极权主义政治理论的核心观念，而且也是自由主义宪政或依宪

---

[1] See Stephen Holmes, "Can Weak-state Liberalism Survival?", in Dan Avnon & Avner de-Shalit ed., *Liberalism and Its Practice*, London: Routledge, 1999, p. 31.

治国学说中的支撑性观念。它与"控制国家权力—保障人权"共同构成了宪政主义或依宪治国学说的两大永恒主题。

之所以说建构或确认国家权力是自由主义宪政理论或依宪治国学说中的支撑性观念,是因为以下几个方面:

首先,就价值而言,国家及其权力的建构或确认,是人权得以保障的必要前提。政府的建构及其对于秩序的维护,是人权得以存在和展开的前提。制定宪法的终极目的,是维护和保障作为制宪权主体的人民的权利和自由。无论是霍布斯还是洛克,其自由主义理论和古典自然法学说都承认,为了改变先前自然状态下无法有效保障个人自然权利的天然缺陷,人们才通过签订社会契约组织政治共同体,将个人自然权利的一部分转交给该政治共同体,并由其来承担维护个人自由和权利的任务。国家的首要职责就在于通过立法权的行使来制定法律。因为在政治共同体之下,人的自由和权利必然以法律为基础,其本质是一种法律限度内的自由和权利。国家制定法律不是为了废除和限制自由,而是为了在有序的社会状态下扩大和保护真正的自由。可见,国家及其权力的正当目的就是维护和保障个人的权利和自由。这种国家(及其权力)与个人权利和自由的逻辑,在《独立宣言》中表述得极为明白:"为了保护这些(自然的)权利,政府在人们之间得以组建,并从被统治者人民的同意中获得其正当性权力。"如果回顾整部美国制宪历程,不难发现制宪者们之所以制宪,其首先要解决的问题是如何摆脱邦联松散且孱弱的状态并建立一个强大的政府,其后才是考虑建立一个什么样的政府的问题。美国第一任联邦最高法院首席大法官、联邦党人约翰·杰伊就明确指出:"再没有比政府的必不可少这件事情更加明确了。"[1] 在制宪者看来,个人的自由和权利得以实现的前提就是秩序和安全的获得,而"全体的安全就是全体的利益,所以没有政府就不能提供安全"[2]。汉密尔顿则直接指出:"政府的更大的能力对于共同体的幸福和繁荣而言是必不可少的。"[3]

---

[1] Alexander Hamilton, James Madison & John Jay, *The Federalist Papers*, New York: New American Library, Inc. 1961, p. 37.

[2] Alexander Hamilton, James Madison & John Jay, *The Federalist Papers*, New York: New American Library, Inc. 1961, p. 47.

[3] Alexander Hamilton, James Madison & John Jay, *The Federalist Papers*, New York: New American Library, Inc. 1961, p. 169.

其次，就逻辑而言，宪政理论或依宪治国学说首先关注的问题是建构或确认国家权力，其次才是对之施以控制的问题，最终是人权的保障问题。在"美国宪法之父"麦迪逊看来，"当组织一个人统治人的政府时，最大的困难就在于，你必须首先使政府能够管理被统治者，接下来才是迫使政府控制它自身"[1]。之所以首先要考虑的是建构或确认一个享有正当性和权威的国家，使得其能够管理被统治者，是因为通过国家实现社会有序化和安全，是实现个人权利、自由和幸福的必要条件。自由主义政治理论所诉求的并不是一个弱小的国家，相反，它要求建立一个强大的国家。只有强大的国家才能最终胜任自由主义提出的根本要求。可能没有人会否认今天的美国是一个以自由主义立国的国家，而且也没有人会否认今天的美国是一个超级大国。但是，国家的强大并不意味着国家权力的无限。国家权力本身是具有扩张性和侵害性的，如不加以制约，就会成为侵害个人权利和自由的最大隐患。因此，宪政主义或依宪治国学说强调的是通过宪法组建限权政府（或有限政府）。其途径基本有二：其一，确立分权制衡体制和司法独立。以"用野心来对抗野心"和"用权力来制约权力"为特征的分权制衡的政府体制，本身就是强调对国家权力的控制和对人权的保障。其二，宪法通过确认和宣布公民个人的权利与自由来划定国家权威与个人自由之间的边界，并使得公民权利和自由能够通过宪法实施机制成为对抗国家权力的宪法依据和道德基点，使得这些权利免受政治纷争的影响和民主投票的控制。[2] 事实上，限权并未抑制权威，反而是增强了权威。限权政府是权威政府的必由之路。因为"有限政府比或者可能比无限政府更强有力。制约能够增赋权力这一悖论性洞见居于自由主义宪政的核心位置……一部自由主义宪法通过限制政府官员的专断权力，可能在适当条件下增加国家解决特定问题以及为了共同目标而动员集体资源的能力。近年来，诸多明显由于缺乏宪法性制约而变得弱不禁风的共产主义政权的崩溃，就能够使人理解这一不可思议的训诫"[3]。更为重要的是，与极权政

---

[1] Alexander Hamilton, James Madison & John Jay, *The Federalist Papers*, New York: New American Library, Inc. 1961, p. 322.
[2] 参见美国联邦最高法院大法官杰克逊在 West Virginia State Board of Education v. Barnette, 319 U. S. 624, 638（1943）中的判词。
[3] Stephen Holmes, *Passions and Constraint: on the Theory of Liberal Democracy*, Chicago: University of Chicago Press, 1995, p. xi.

府相比，限权政府更能获得民众的信任。而远离信任危机的政府才是具有正当性权威的政府。其内在逻辑就是因为正当而权威，因为权威而强大。从这个意义上看，极权国家往往是孱弱的。总之，制宪的目的是实现有限政府，有限政府的逻辑首先是建构或确认国家及其权力，其次才是对国家及其权力的制约。

再次，就世界宪法发展史而言，也是先有对国家的建构或确认，之后才是对国家权力的制约。以美国宪政史为例，获得独立的北美并没有摆脱邦联政治导致的结构松散、国防不力、经济停滞、民生凋敝的问题。因此1787年制宪的目的就是为了组建强大的联邦国家。1787年宪法甚至没有将《权利法案》的制定纳入制宪议程。虽然新宪法第1条第9款、第10款、第3条第3款、第4条第2款都涉及对某些公民权利的保护，如获得人身保护令的权利、国家不得制定法律剥夺公民权利或制定溯及既往的法律、公民享有州际特权和豁免权等。但是整体性的人权保护条款并没有得到普遍地制定。只有当新宪法通过，联邦美国获得成立之后，以人权保障为目标的《权利法案》才得以制定通过并作为宪法的修正案而存在。而英国的宪政史则表明，至少从1215年《自由大宪章》制定时起，英国就是在承认国王权力的基础上，才不断通过斗争去制定一系列宪法性法律以制约国王权力的。1688年"光荣革命"之后，"议会至上"逐渐成为英国政治结构的核心原则。但是二战后的宪政理论开始倡导以司法主权制约议会主权，尤其是1998年英国《人权法案》的制定，为司法机关制约议会统治提供了制度性依据。但这些均是在承认议会统治权的基础上才展开的。

最后，就宪法文本的结构来看，国家组织和国家权力的建构是其重要组成部分。中国1954年《宪法》曾将"国家机构"作为第二章（第21条至第84条），将"公民的基本权利和义务"作为第三章（第85条至第103条）。1982年《宪法》则将"国家机构"和"公民的基本权利和义务"在位置上对调，用以强调宪法的终极目标是对公民权利的维护和保障，并从目的与手段的意义上阐明作为目的的人权保障和作为手段的国家机关之间的支配与被支配关系。但就宪法逻辑而言，1954年《宪法》的结构也具有一定的合理性。然而，美国宪法正文基本上是对议会、总统和法院及其相应权力的规定，人权保障的确定则更多的是由宪法修正案来完成。甚至当反联邦党人指责新宪法缺乏权利法案时，汉密尔顿回应，没有附加《权利法案》的美国宪法，本身的条款就能够实现人权保障的目标，因为分权制衡体制在宪法中已经确立。在他看来，只要具备建构有限政府的规定，宪法文本就基本上得以自足。当然，附加《权利法案》之后，美国宪法文本就更加趋于完整。

综上所述，宪政主义或依宪治国学说的一个重要主题就是强调国家及其权力的建构。只不过由于意识形态的对峙和争论，使其成了某种"隐蔽的主题"而被人们所忽视。但是无论如何，当人们还原一个完整的宪政主义或依宪治国学说时，必须对此问题予以正视。立宪主义和依宪治国学说的最终价值目标是个人的权利与自由的保障，并以此为标准衡量政府统治的正当性。但是实现这种目标的手段——建构或确认国家及其权力，仍然是其重要的甚至是支撑性的理念。讨论宪政主义的这个"隐蔽主题"，是为了唤起人们对于西方自由主义宪政理论家视为常理或共识而无须讨论的理解前见的重视。只有这样，才能使得人们尤其是非西方世界的人们能够较为全面地把握宪政主义或依宪治国学说。立宪主义要在中国发挥实质性影响，就必须重新恢复其本来面目，探讨其本该拥有的所有重大主题，思考其理论结构中各种内涵的逻辑关系，从而为中国的政制建构提供一种有益的智识资源。

第三节　坚持、加强和改善党的领导与全面依法治国

2019年是新中国成立70周年。70年来，中国共产党领导中国人民不断探索和建设中国特色的现代化发展道路。21世纪的社会主义现代化，不仅是工业现代化、农业现代化、国防现代化和科学技术现代化，更是以政治文明为基础，彰显中国道路自信、理论自信、制度自信和文化自信，反映中国特色社会主义制度内涵的国家治理现代化。作为全面深化改革的总目标，国家治理现代化的核心要素和本质特征就是法治化。全面依法治国，已经成为当下中国最为重要的政治议题。

当我们将全面依法治国置于中国治理模式演进历程中来思考时，如下几个问题是值得认真对待的：全面依法治国对于中国国家治理现代化具有何种意义？为何坚持、加强和改善党对全面依法治国的集中统一领导是一

种逻辑必然？在习近平全面依法治国新理念新思想新战略结构中，坚持、加强和改善党的领导的内涵要求又是什么？加强和改善党对全面依法治国的集中统一领导，其逻辑前提和具体路径又是什么？为了回答上述问题，笔者将在描述中国国家治理现代化演进和善治的中国模式塑造的基础上，阐明全面依法治国是中国国家治理现代化的根本保障和核心内容，进而论述坚持、加强和改善党的领导是中国国家治理现代化和习近平全面依法治国新理念新思想新战略的本质特征和内涵要求。最后，从全面依法治国新理念新思想新战略的角度，立基于思想、政治和组织三个维度，提出加强和改善党的领导的具体路径。

一、全面依法治国需要新理念新思想新战略

（一）全面依法治国是中国国家治理现代化的本质要求

2018年宪法修正案的重要意义之一，就是在根本法上确立了现代中国国家构建的政治愿景和奋斗目标，即内涵更为丰富的"现代化强国"和"中华民族伟大复兴"。这个政治愿景和奋斗目标在宪法文本上的表达，就是宪法序言中关于"把我国建设成为富强民主文明和谐美丽的社会主义现代化强国，实现中华民族伟大复兴"的表述。同时，党的十九大报告清晰地展现出实现这个政治愿景和目标的时间表与路线图。按照十九大报告的部署，在2020年全面建成小康社会、实现第一个百年奋斗目标的基础上，再奋斗15年，即在2035年基本实现社会主义现代化。从2035年到本世纪中叶，在基本实现现代化的基础上，再奋斗15年，把我国建成富强民主文明和谐美丽的社会主义现代化强国。[1] 执政党提出的"两个一百年"，是在清晰地描述实现中国梦的战略步骤、党的历史任务和中国政治实践方向的基础上，将建成社会主义现代化国家作为国家战略目标。在此背景下，对于21世纪的中国而言，国家治理现代化成为中国迈向社会主义强国的关键所在。

与此同时，21世纪的第二个十年，全球呈现出的是一个以"美国优先"为导向的单边（霸权）主义和以人类命运共同体为理念的全球善治的

---

[1] 参见习近平：《决胜全面建成小康社会夺取新时代中国特色社会主义伟大胜利——在中国共产党第十九次全国代表大会上的报告》。

颉颃态势。面对新时代的新机遇和新挑战，执政党对于国内国外、党内党外的风险和挑战做出了清晰的洞见和判断，习近平同志指出："从外部环境来看，国际形势风云变幻，当今世界是一个新机遇新挑战层出不穷、国际体系和国际秩序深度调整、国际力量对比深刻变化并朝着有利于和平与发展方向变化的世界；从我国发展的阶段性特征来看，我国前所未有地靠近世界舞台中心、前所未有地接近实现中华民族伟大复兴的目标、前所未有地具有实现这个目标的能力和信心；从国家安全面临的威胁来看，主要存在国家被侵略、被颠覆、被分裂的危险，改革发展稳定大局被破坏的危险，中国特色社会主义发展进程被打断的危险。当前，我国经济社会发生深刻变化，改革进入攻坚期和深水区，社会矛盾多发叠加，面临各种可以预见和难以预见的安全风险挑战。"[1] 在2016年庆祝中国共产党成立95周年大会上，习近平同志对全党提出经受"四大考验"、克服"四种危险"，确保党始终成为中国特色社会主义事业的坚强领导核心的政治任务。

要完成这个政治任务，全面深化改革成为必然之举。而改革的总目标，则是完善社会主义制度，推进国家治理体系和治理能力现代化。能否实现作为第五个现代化的国家治理现代化，直接关涉国家能否保持长治久安，执政党能否推进执政兴国，中国人民能否获得幸福生活，中华民族能否实现伟大复兴。

在中央决议的表述中，国家治理现代化的内涵呈现出国家治理体系现代化和治理能力现代化的二元结构。究其本质，"就是要适应时代变化，既改革不适应实践发展要求的体制机制、法律法规，又不断构建新的体制机制、法律法规，使各方面制度更加科学、更加完善，实现党、国家、社会各项事务治理制度化、规范化、程序化。要更加注重治理能力建设，增强按制度办事、依法办事意识，善于运用制度和法律治理国家，把各方面制度优势转化为管理国家的效能，提高党科学执政、民主执政、依法执政水平"[2]。不难发现，在中央的顶层设计中，对于推进国家治理现代化而言，其内驱力则是全面深化改革，其制度保障和本质特征，则是全面依法治国。以全面依法治国为核心的国家治理现代化为外在激励，坚持依法治国、依法执政、依法行政共同推进，坚持法治国家、法治政府、法治社会

---

[1] 参见习近平在中央国家安全委员会2014年4月举行的第一次会议上的讲话。
[2] 习近平：《习近平谈治国理政》，外文出版社2014年版，第92页。

一体建设，成为破解我国中等收入陷阱和避免塔西佗困境，巩固党的执政地位和强化党的执政能力，穿越中国治理转型的"卡夫丁峡谷"的必然选择。

在一定意义上，作为全面深化改革的总目标，国家治理现代化的核心要素和本质特征就是全面法治化。全面依法治国，已经成为当下中国最为重要的政治议题。

（二）习近平全面依法治国新理念新思想新战略是全面依法治国的根本指导和思想保障

中国的国家治理现代化和治理模式的演进，是以全面依法治国为主要内容和本质特征的。"全面推进依法治国是一个系统工程，是国家治理领域一场广泛而深刻的革命。"[1] 这场治理革命能否取得成功，并且以何种理念、思想和战略来引领和保障这场治理革命获得成功，对于中国而言，是一个历史性课题。

世界各国的国家治理模式，以及世界各个法治国家的法治发展道路，都是其政治实践、法律治理、民族精神、文化传统、地理环境等诸因素合力的产物。并不存在一种放之四海而皆准的国家治理模式和法治发展道路。中国的国家治理和法治发展，也必然是在体现普遍性基础上展示出特殊性的政治法律实践。"中国总是中国，中国变不成西方或者其他任何国家。"[2] 事实上，如果说政法文化是政法实践的产物，那么，源自于西方或者其他国家政法实践的现有理论和思想，是指导不了中国的政法实践的；如果说伟大的实践呼唤伟大的理论，实践的发展需要理论的创新，那么，中国国家治理和法治建设的实践发展也需要不断创新和发展中国国家治理理论和全面依法治国的理念思想和战略，实现马克思主义治国理政观的持续中国化。理论的生命力在于始终在实践的基础上实现创新。如同习近平同志指出的那样，"如果不能及时研究、提出、运用新思想、新理念、新办法，理论就会苍白无力，哲学社会科学就会'肌无力'"[3]。对于中国国家治理和法治建设而言，更是需要新的理念、思想和战略来有效地指导和保障全面依法治国的推进。

---

[1] 习近平：《习近平谈治国理政》（第二卷），外文出版社2017年版，第124页。
[2] 郑永年：《中国模式：经验与挑战》，中信出版社2016年版，修订版序。
[3] 习近平：《习近平谈治国理政》（第二卷），外文出版社2017年版，第342页。

2018年8月24日，在中央全面依法治国委员会第一次会议上，习近平同志正式提出了关于全面依法治国的新理念新思想新战略的命题，强调"要坚持加强党对依法治国的领导，坚持人民主体地位，坚持中国特色社会主义法治道路，坚持建设中国特色社会主义法治体系，坚持依法治国、依法执政、依法行政共同推进，法治国家、法治政府、法治社会一体建设，坚持依宪治国、依宪执政，坚持全面推进科学立法、严格执法、公正司法、全民守法，坚持处理好全面依法治国的辩证关系，坚持建设德才兼备的高素质法治工作队伍，坚持抓住领导干部这个'关键少数'，明确了全面依法治国的指导思想、发展道路、工作布局、重点任务。这些新理念新思想新战略，是全面依法治国的根本遵循，必须长期坚持、不断丰富发展"[1]。习近平关于全面依法治国新理念新思想新战略命题的提出，对于推进以全面依法治国为核心内容与本质特征的国家治理现代化、形成中国特色社会主义法治理论体系，具有深远的意义。

二、坚持、加强和改善党的领导：习近平全面依法治国新理念新思想新战略的核心内涵

理解习近平关于全面依法治国新理念新思想新战略命题，根本上是要把握住其核心内涵。2014年中共中央通过《关于全面推进依法治国若干重大问题的决定》时，习近平总书记就强调推进全面依法治国，道路问题不能含糊，要把握住"红线"。这条红线就是"坚持和拓展中国特色社会主义法治道路"[2]。要把握住中国特色社会主义法治道路这条红线，确保"在坚持和拓展中国特色社会主义法治道路这个根本问题上，我们要树立自信，保持定力"[3]，关键就在于坚持党的领导。

（一）作为中国"执政支柱"的中国共产党

如前所述，中国国家治理模式的塑造及其现代性建构，是21世纪中国特色社会主义制度的重要构成和中国政治文明的主要表现，也是执政党在新时代所承担的时代使命。自"五四"时期开始，无论是以救亡图存为导

---

[1] 《习近平：发挥法治固根本稳预期利长远作用》，载《人民日报（海外版）》，2018年8月25日。
[2] 习近平：《习近平谈治国理政》（第二卷），外文出版社2017年版，第113页。
[3] 习近平：《习近平谈治国理政》（第二卷），外文出版社2017年版，第114页。

向，还是以为人民谋幸福、为人类谋发展为导向，百年来的中国政治进程的主线，始终是中国共产党领导下探索中国自身的发展道路及其相应的政制构建。中国共产党的坚强领导，成为中国革命、建设和改革不断取得成功、中国政治实践获得可持续发展的最为重要的法宝。如果说中国模式能够为全球治理提供一种源自中国政治实践和道路探索的经验的话，那么"研究中国模式，核心就是要研究中国共产党"[1]。在郑永年看来，作为中国文化意识和中国政治实践共同产物的中国共产党，是中国的执政支柱。

从中国的近现代史来看，中国共产党作为中国的"执政支柱"，具有历史必然性。一方面，中国共产党作为现代性政党，是中国历史发展的必然。亨廷顿认为："在大多数现代化起步较晚的国家中并不存在自身能够通过调整而适应现代国家要求的那种传统政治制度。因此，为了尽量减少政治意识和政治参与的扩大酝酿成政治动荡的可能性，必须在现代化进程的早期就建立现代的政治体制，即政党制。"[2] 从其论述的语境来看，亨廷顿显然注意到了现代政党与领导革命的内在关联性，以及现代政党的出现对于民族国家防止革命失序的重要意义。就中国革命而言，传统的皇权统治制度已经难以通过自身的有效调整来获得治理的适应性，无法在晚清的"新战国"时代中有效应对来自内外部的危机和挑战。在救亡图存的危机意识之下，现代政党登上了中国的政治舞台。而中国共产党则在中国政治进程的激烈政党竞争中脱颖而出。另一方面，中国共产党由于其科学的指导思想，强有力的政治宣传、动员能力，高效的组织和执行能力，以及一大批卓越的领导人物，成功地领导了中国的革命、建设和改革，并获得了巨大成功，持续提升其治理效绩正当性。"与那些不存在有效执政支柱的发展中国家不同，中国的强大在于中共这一执政支柱的存在。"[3] 恰恰是中国共产党的坚强领导和有效执政，使得中国成为后发展国家中成功走出一条符合自身实际的发展道路，不断推进国家治理现代化和治理模式演进的国家之一。

---

[1] 郑永年：《中国模式：经验与挑战》，中信出版社2016年版，第83页。
[2] [美] 亨廷顿：《变化社会中的政治秩序》，王冠华等译，上海人民出版社2008年版，第334页。
[3] 郑永年：《中国模式：经验与挑战》，中信出版社2016年版，第69页。

（二）执政党推进是中国特色社会主义法治的本质特征

与世界其他法治国家的建设进路不同，中国的法治建设彰显出中国特色。就中国法治建设的领导力量和推进力量而言，执政党具有不可忽视的地位和功能。西方法治国家，以英美为代表，其法治建设是基于中世纪以来普通法的传统和基督教的教义，通过一定的司法自治和司法权与王权的斗争，以一种自生自发的态势逐步演化而来。现代英国法治的基本原则总体上就是"议会至上"和"法律统治"。在某种意义上，英国的法治模式可以说是司法推进型法治。美国的法治建设在承载英国普通法传统的基础上，伴随着殖民地早期的政治斗争发展而来。一方面，是殖民地司法系统通过司法能动，与英国议会围绕英国法案在殖民地的效力而展开政治斗争；另一方面，联邦政府作为中央政府，通过联邦司法权来控制地方（州）的政治力量以削弱地方的高度自治和打击分裂势力。美国这种特殊的政治国情，使得司法权在以三权分立为其宪法基本原则的政治境遇中，成为一种"更高"的权力，往往以一种不引人注目的方式来介入和影响美国的政治进程。例如：20世纪30年代联邦最高法院宣布罗斯福总统推行的以《工业复兴法》和《农业调整法》为代表的一系列国家复兴法案为无效；20世纪70年代绕过国会、以判决的方式将美国公民选举投票的年龄从国会规定的22岁降低为18岁；2000年，联邦最高法院又以裁判方式介入总统选举，使得民主党候选人戈尔败北；反恐战争期间，又以违反宪法精神的名义，宣布布什总统关于快速审判恐怖分子嫌疑人的法案为无效，等等。美国联邦最高法院虽然只是三权分立中的一个力量，却是隐藏于幕后的最具支配性的力量。可以说，美国塑造出的是一种司法支配型法治。

与美英法治建设和模式不同，中国在推进国家治理现代化进程中所确立的全面依法治国，是呈现出的典型特征，即执政党作为中国的"执政支柱"和最强大领导力量，成为中国法治建设蓝图的设计者和推进力。事实上，新中国成立之初，中国共产党就着手推进法律治理的步伐。在制定被视为"临时宪法"的《共同纲领》和1954年《宪法》的基础上，政务院又分别制定并通过了一系列有关政治、经济、文化方面的法律法规，如：《中央人民政府政务院及其所属机关组织通则》《县各界人民代表会议组织通则》《契税暂行条例》《中华人民共和国婚姻法》等。改革开放以来，中国重新回到法理型支配的治理模式。作为党和国家的第二代领导核心，邓小平同志强调指出，社会主义本质是解放和发展生产力，实现四个现代化与社会主义本质要求相一致。而建设现代化"必须发扬社会主义民主和加强社会主义法制"[1]。要健全社会主义法制，除使民主制度化、法律化之外，还必须做到"有法可依，有法必依，执法必严，违法必究"[2]。在全党加强法制建设的意识主导下，立法机关大规模推进立法，先后颁布了调整社会基本关系的法律，如1979年《刑法》、1979年《刑事诉讼法》、1982年《民事诉讼法》、1986年《民法通则》，以及最重要的是通过修改颁布了1982年《宪法》。随着改革开放的进一步发展，尤其是中国特色社会主义市场经济的建立，中国国家治理模式发生了第二次演进，即从法制演进为法治，即1997年党的十五大提出并且随后在1999年宪法修正案中表述的"依法治国，建设社会主义法治国家"。迈入21世纪，国际国内形势发生新的变化，执政党进一步推进治理模式演进，提出以全面依法治国和全面深化改革为本质特征的中国国家治理现代化命题，将全面依法治国作为四个全面战略布局中的重要构成，予以推进实施。2018年习近平提出关于全面依法治国新理念新思想新战略的命题，为全面依法治国、建设法治中国提供了根本的遵循，也标志着中国共产党领导中国人民全面依法治国的治理模式更加成熟。整个新中国法治建设历程都呈现出一个清晰的特点，即执政党领导人民建设法治。换言之，新中国法治建设，是一种政党推进型法治。通过执政党推进法治和治理现代化，也是中国作为后发展国家迈入制度和治理现代化的必然选择。2018年宪法修正案将"中国共产党领导是中国特色社会主义最本质的特征"写入宪法，为中国政党推进型法治的属性证成提供了更为坚实的规范性基础。

（三）坚持、加强和改善党的领导是全面依法治国获得成功的根本保障

在郑永年看来："在发展中国家，我们不仅要研究政党对民主政治的功能，而且还要研究政党在国家建设方面和参与管理社会变迁方面的功能。"[3] 研究中国国家治理现代化问题，更要关注领导党和执政党——中国共产党在中国国家治理的多重系统中所展现的多维度功能。"发展需要

---

[1]《邓小平文选》第二卷，人民出版社1994年版，第187页。
[2]《邓小平文选》第二卷，人民出版社1994年版，第147页。
[3] 郑永年：《中国模式：经验与挑战》，中信出版社2016年版，第88页。

领导者,需要推动者,必须有主体。中国共产党是中国发展的主体。"[1]如果说全面依法治国是新时代中国治理模式演进和全面深化改革的产物,那么全面依法治国的领导力量和推动力量,就是中国共产党。

党领导人民全面依法治国,提升国家治理现代化,不仅是改革的总目标,也是社会主义民主政治的根本要求。"发展社会主义民主政治,关键是要增强和扩大我们的优势和特点,而不是要削弱和缩小我们的优势和特点。"[2]中国共产党的领导是中国特色社会主义最本质的特征,中国特色社会主义制度的最大优势就是党的领导。习近平总书记指出:"坚持中国特色社会主义法治道路,最根本的是坚持中国共产党的领导……坚持党的领导,是社会主义法治的根本要求,是全面推进依法治国题中应有之义。"[3]究其原因主要有以下几个方面:

首先,作为中国共产党的指导思想,马克思主义及其中国化的最新成果为全面依法治国提供了思想保障。思想是行动的先导;正确的理念定位和科学的战略规划,是行动取得成功的前提保证。中国共产党之所以能够在中国革命、建设和改革中不断取得成功,最重要的原因就是中国共产党是一个由马克思主义武装起来的政党。马克思主义是指导中国共产党改造客观世界和主观世界的强大思想武器。更为重要的是,中国共产党在中国政治实践中能够始终自觉地将马克思主义的基本原理与中国政治的实际相结合,不断推进马克思主义中国化、时代化、大众化,在推进马克思主义发展的同时,为中国政治进程指明方向。在21世纪中国国家治理现代化的伟大实践中,作为马克思主义中国化的最新成果,习近平新时代中国特色社会主义思想则为全面依法治国的有效推进提供了最为科学和强大的思想指导和思想保障,使全面依法治国的战略规划和战略设计获得了真正的科学性、系统性和前瞻性。

其次,坚持、加强和改善党的领导,能够为全面依法治国提供稳定的外部环境。毛泽东同志在1954年9月15日第一届全国人民代表大会第一次会议开幕式的讲话中明确强调:"领导我们事业的核心力量是中国共产党。"在中国共产党的领导下,中国于百年来第一次实现了对外摆脱列强瓜分和亡种灭族的危机,对内消除军阀割据与兵燹战乱的梦想,并为创造

---

[1] 郑永年:《中国改革三步走》,东方出版社2012年版,第141页。
[2] 习近平:《习近平谈治国理政》(第二卷),外文出版社2017年版,第289页。
[3] 习近平:《习近平谈治国理政》(第二卷),外文出版社2017年版,第114页。

有利于国家发展的社会环境奠定了基础。改革开放初期,邓小平同志一再强调:"坚持四项基本原则的核心,是坚持共产党的领导。没有共产党的领导,肯定会天下大乱,四分五裂。历史事实证明了这一点。"[1]而当今世界面临前所未有之大变局,国家战略能力竞争愈发激烈。执政党的领导力、战略规划和战略执行力,关涉到国家安全稳定、民族伟大复兴和人民幸福生活。当推进以全面依法治国为主要内容和本质特征的国家治理现代化,成为应对和消除新时代国内国外、党内党外的各种问题和挑战的根本路径时,更要强调坚持和完善党的领导,维护稳定的社会秩序和政治环境。

再次,中国共产党对于政治和社会资源的有效整合能力是全面依法治国取得成功的必要保障。全面依法治国是一场重大的政治变革,是治国理政战略的全面提升。战略的效果取决于战略规划和战略设计的科学性、系统性和前瞻性,也受制于战略实施的有效性。要保证战略实施的有效性,必须具备强大的战略执行力和有效的战略资源供给。对于全面依法治国而言,中国共产党严密的组织体系是全面依法治国战略执行力有力的组织保障,同时,强大的政治宣传能力和社会动员与整合能力,是中国共产党自建党以来的两大卓越能力。通过有效的政治宣传和社会动员与整合,通过对社会精英的吸纳、对社会各种利益的协调、对社会资源的汲取和加工,为当下全面依法治国提供有效的战略资源供给。而这些能力和现实效果,是中国社会其他组织和机构所不具备和不可比拟的。

最后,在党的领导下扩大人民的政治参与性,强化了全面依法治国的基础性力量。党和人民的事业成功与否,关键在党,基础性力量则源自人民。在党的领导下持续扩大国家的政治开放性,力求使人民能够积极有效地参与到各项国家事务和社会事务的治理中,拓展中国式协商民主的范围和领域,激发人民的积极性和主动性,为中国特色社会主义民主政治和全面依法治国提供更加坚实的基础性力量。

三、增强"四自能力":加强和改善党领导全面依法治国的战略部署

坚持党的领导,是习近平全面依法治国新理念新思想新战略的核心内涵,而加强和改善党的领导,则是新理念新思想新战略的内涵要求,"要

---

[1]《邓小平文选》(第二卷),人民出版社1994年版,第391页。

改善党对依法治国的领导"[1]。

对于加强和改善党对全面依法治国的领导而言,首要的问题是执政党在新时代领导和执政过程中,应该塑造和具备何种品性,以确保对于全面依法治国的有效领导。这是加强和改善党对全面依法治国的领导的逻辑前提。用中央领导人的表述,就是为了使中国共产党始终成为中国特色社会主义事业的坚强领导核心,"全党必须警醒起来。打铁还需自身硬"[2]。全面依法治国是中国特色社会主义的一项伟大事业和一场严肃的治理改革。党要成为全面依法治国的坚强领导核心,首先就必须在新时代的实践过程中,不断塑造与之相适应的品性,即保持和发展党的先进性和纯洁性。这是加强和改善党对全面依法治国的领导的首要任务。

对于保持和发展党的先进性和纯洁性而言,执政党中央的战略部署是强化执政党治理,从严治党,通过党的自我净化、自我完善、自我革新、自我提高来实现这一伟大任务。

党的十八大提出增强党的自我净化、自我完善、自我革新、自我提高能力。十八大以来,习近平总书记在2014年庆祝中华人民共和国成立65周年招待会和2016年庆祝中国共产党成立95周年大会上再次发表重要讲话,强调党的自我净化、自我完善、自我革新、自我提高能力。2016年的《关于新形势下党内政治生活的若干准则》和《中国共产党党内监督条例》将其予以制度化。党的十九大报告则将其上升为执政党治理的基本方略。不难看出,"四自能力"体现了我们党在自身建设上的自觉性和能动性。只有通过增强党的自我净化、自我完善、自我革新、自我提高能力,保持和发展党的先进性和纯洁性,党才能肩负起推进国家治理现代化,增强和改进党对全面依法治国的领导。

在中央的顶层设计中,推进国家治理现代化的效果之一,就是加强和改善党的领导,即通过推进国家治理体系和治理能力现代化,"把各方面制度优势转化为管理国家的效能,提高党科学执政、民主执政、依法执政水平"[3]。就加强和改善党对全面依法治国的领导而言,在一定意义上,执政党的自我净化有助于巩固党对全面依法治国领导的根基;自我完善(尤其是党内民主制度的完善)有助于提升党对全面依法治国领导的民主

---

[1] 习近平:《习近平谈治国理政》(第二卷),外文出版社2017年版,第114页。
[2] 参见习近平总书记在2012年11月15日十八届中央政治局常委同中外记者见面上的讲话。
[3] 习近平:《习近平谈治国理政》,外文出版社2014年版,第92页。

性；自我革新（尤其是依法执政理念的确立）为党领导全面依法治国的法治化推进指明了方向；执政党的自我提高，则是提升党对全面依法治国领导的科学性的重要保障。

（一）自我净化是加强和改善党领导全面依法治国的逻辑前提

"打铁还需自身硬。"中国共产党要成为中国特色社会主义事业的坚强领导核心，首先就必须在发展过程中始终坚持自我净化。

1. 自我净化是执政党巩固执政基础，提升政治正当性的根本要务

对于任何现代政党而言，有效执掌国家政权，不断巩固执政基础和强化政党的政治正当性（又译合法性），进而实现政党的战略目标和执政利益，是现代政党一切工作的根本要务。巩固执政党的执政基础，关键在于执政党对于其政治正当性的获取和强化。换言之，强化政治正当性的根本路径，是持续获得并强化民众对于执政党的执政地位、执政宗旨、战略目标、方针政策和执政绩效的认同和肯定。实现执政党的执政利益和执政党的战略目标，是以巩固执政基础、强化政治正当性为必要条件的。因此，任何政党都需要唤起民众对其正当性的认同。

执政党的政治正当性的生成，基本上是三种路径共同合力的结果。首先，对执政党的政治正当性进行宪法确认。通过宪法文本确认中国共产党执政地位的政法实践源自1949年的《中国人民政治协商会议共同纲领》。《共同纲领》虽然没有直接描述或规定党的领导，但是在其文本中明确了"以工农联盟为基础，以工人阶级为领导"，间接肯定了党的领导的原则。在1954年《宪法》中，宪法文本则规定了"中国人民经过一百多年的英勇奋斗，终于在中国共产党领导下，在1949年取得了反对帝国主义、封建主义和官僚资本主义的人民革命的伟大胜利，因而结束了长时期被压迫、被奴役的历史，建立了人民民主专政的中华人民共和国"，以及"我国人民在建立中华人民共和国的伟大斗争中已经结成以中国共产党为领导的各民主阶级、各民主党派、各人民团体的广泛的人民民主统一战线"。现行《宪法》在2018年修改之前，也是在宪法序言中描述了中国共产党的领导，即"中国共产党领导中国各族人民，在经历了长期的艰难曲折的武装斗争和其他形式的斗争以后，终于推翻了帝国主义、封建主义和官僚资本主义的统治，取得了新民主主义革命的伟大胜利，建立了中华人民共和国"，"中国新民主主义革命的胜利和社会主义事业的成就，是中国共产党

领导中国各族人民，在马克思列宁主义、毛泽东思想的指引下，坚持真理，修正错误，战胜许多艰难险阻而取得的。我国将长期处于社会主义初级阶段。国家的根本任务是，沿着中国特色社会主义道路，集中力量进行社会主义现代化建设。中国各族人民将继续在中国共产党领导下，在马克思列宁主义、毛泽东思想、邓小平理论、'三个代表'重要思想指引下"，"已经结成由中国共产党领导的，有各民主党派和各人民团体参加的，包括全体社会主义劳动者、社会主义事业的建设者、拥护社会主义的爱国者、拥护祖国统一和致力于中华民族伟大复兴的爱国者的广泛的爱国统一战线，这个统一战线将继续巩固和发展……中国共产党领导的多党合作和政治协商制度将长期存在和发展"。2018年现行《宪法》进行第五次修改，其中极为重要的一项就是在宪法总纲第1条确立了中国共产党的领导是中国特色社会主义最本质的特征，进而完成了党的领导的宪法确认，从而在规范性文本的层面，完善了执政党的政治正当性的宪法确认。

其次，执政党通过有效的社会治理和经济增长来获得绩效正当性。所谓绩效正当性，就是政府或政党在国家防御、国内安全、公共福利、生态环境、劳动就业和经济增长等方面取得卓越的绩效。人民由于获得治理红利和发展红利，从而认同政党或政府的执政地位。改革开放以来，中国共产党在保持经济高增长的基础上，推动经济结构的转变和经济环境的优化，追求经济的高质量发展。人民生活水平普遍提高，并初步实现摆脱贫困的战略目标。同时，国防力量的有效增长，社会秩序的持续稳定，公共福利的长足发展，生态环境的逐步改善，使得中国共产党的政治正当性不断得以强化。

最后，人民对于党的作风和党的形象的心理认可。党的作风和形象，关系到政党的前途命运。这是现代民主政治的基本要求，更是奉行以人民为中心这一政治理念和原则的马克思主义政党的本质内涵。执政党实现执政兴国，关键是加强和改进党的领导，一个重要的前提条件则是人民对于党的作风和形象的肯定性评价。人民对于执政党的这种肯定性评价和执政党的政治正当性之间，呈正比例关系。换言之，人民对于党的作风和形象的肯定性评价越高，党的政治正当性就越高。

通过执政党的自我净化来强化执政党的执政基础、提升政治正当性，其机理在于：一方面，执政党的作风和形象越好，执政党的民众亲和力就越高。而亲和力是民众对于政党执政地位和身份产生政治认同的重要激励。另一方面，党的成员精神状态积极饱满，树立牢固的共产主义信仰和社会主义信念，真正掌握马克思主义及其中国化的最新成果，有效惩治和预防腐败，是其不断提升治国理政能力和应对国内国外各种风险和挑战的能力，实现执政的效绩正当性的重要条件。

2. 实现自我净化的基本路径是从严治党、依规治党

对于保持和发展党的先进性和纯洁性而言，党中央的战略部署是强化执政党治理，从严治党，推进执政党治理的规范化和法治化。

"全面从严治党永远在路上。一个政党，一个政权，其前途命运取决于人心向背。"[1] 正是鉴于世界各国大党治理以及中国共产党执政和党建的经验与教训，以习近平同志为核心的党中央才严肃指出："治国必先治党，治党务必从严。如果管党不力、治党不严，人民群众反映强烈的党内突出问题得不到解决，那我们党迟早会失去执政资格，不可避免被历史淘汰。"[2] 为此，以从严治党为问题导向，提出了严肃党内政治生活、加强党的作风建设、严厉惩治腐败和提高干部素质的四项要求。其中，严肃党内政治生活是全面从严治党的基础，是营造良好政治生态的根本所在；加强党的作风建设，是提升党的执政能力和政治正当性的重要路径；严厉惩治腐败是消除党面临的最大威胁、赢得民心和巩固执政基础的必要举措；提高干部素质则是党提升决策力、执行力和号召力的基本要件。

如何实现从严治党，是中国国家治理现代化的又一个重要课题。在以全面依法治国为本质特征的中国国家治理现代化的视域中，制度化、规范化和法治化成为逻辑必然。质言之，通过以党章为核心的党内法规来作为规范性依据，推进执政党治理的制度化、规范化和法治化。

早在1938年，毛泽东同志在《论新阶段——抗日民族战争与抗日民族统一战线发展的新阶段》的政治报告中，就指出："从中央以至地方的领导机关，应制定一种党规，把它当作党的法纪之一部分。一经制定之后，就应不折不扣地实行起来，以统一各级领导机关的行动，并使之成为全党的模范。"[3] 同时，刘少奇做了《党规党法的报告》。1978年12月13日，邓小平在中央工作会议上的讲话《解放思想，实事求是，团结一致向

---

[1] 习近平：《习近平谈治国理政》（第二卷），外文出版社2017年版，第63页。
[2] 习近平：《习近平谈治国理政》（第二卷），外文出版社2017年版，第43页。
[3] 毛泽东：《论新阶段——抗日民族战争与抗日民族统一战线发展的新阶段》，新华日报馆1938年版，第86页。

前看》中指出:"国要有国法,党要有党规党法。党章是最根本的党规党法。没有党规党法,国法就很难保障。"[1] 1992年党的十四大通过的新党章里,明确规定"维护党的章程和其他党内法规"。党的十八大以来,以习近平同志为核心的党中央在"四个全面"战略布局中,高度强调"党内法规"在"全面从严治党"这一伟大政治实践中的功能。2013年《中共中央关于全面深化改革若干重大问题的决定》在将完善社会主义制度,推进国家治理现代化作为改革总目标的同时,提出"紧紧围绕提高科学执政、民主执政、依法执政水平深化党的建设制度改革"。总体上形成了以党章为根本、若干相关具体法规制度为支撑的党内法规制度体系。党的十八大以来,党内法规理论与实践的发展,推动了社会主义法治理论的完善。在"完善的党内法规体系"是社会主义法治体系的重要构成的理论语境中,党内法规成为全面依法治国的规范性系统之一,对党内生活和党员行为形成强有力的指引、评价、教育和强制。

对于党内法规作为规范性系统而参与全面依法治国而言,当下最大的问题在于执行的有效性。法的生命在于执行。习近平同志在内蒙古考察时强调,"党内法规不少,主要问题在于执行不力,有的是缺乏执行能力,有的是缺乏执行底气。要强化法规制度执行,不能打折扣"[2]。全面依法治国,要求在推进从严治党,实现执政党治理的制度化、规范化和法治化过程中,提升党内法规的执行力,确保获得执行的实效。必须坚持以习近平全面依法治国新理念新思想新战略为指导,在加快党内法规体系建设的同时,强化党内法规执行监督机制,推进实施党内法规评估体系,通过全面从严治党以实现党的净化,夯实、加强和改善党对全面依法治国的领导基础。

3. 依规治党是加强和改善党领导全面依法治国的逻辑必然

在彰显我国特色政治发展道路的"政党—国家"体制之下,执政党自身的治理,本身就是国家治理现代化的必然要求。当全面依法治国成为中国国家治理现代化的基本要素时,执政党治理的规范化、制度化和法治化,就是逻辑必然。

---

[1]《邓小平文选》(第二卷),人民出版社1994年版,第147页。
[2]《习近平在内蒙古考察并指导开展"不忘初心、牢记使命"主题教育》,新华网:http://www.xinhuanet.com/politics/2019-07/16/c_1124761316.htm,最后访问日期为2019年11月25日。

党的十八届四中全会提出，全面推进依法治国的总目标是建设中国特色社会主义法治体系，建设社会主义法治国家。其根本内涵是，"在中国共产党领导下，坚持中国特色社会主义制度，贯彻中国特色社会主义法治理论，形成完备的法律规范体系、高效的法治实施体系、严密的法治监督体系、有力的法治保障体系，形成完善的党内法规体系"[1]。可见，党内法规已经是中国特色社会主义法治体系的重要组成部分。加强党内法规制度建设，不断完善党内法规体系，推进执政党治理的规范化、制度化和法治化，在一定意义上，既是"政党—国家"体制下推进中国国家治理现代化的逻辑展开，是新时代实现执政党自我净化的必然要求，也是党领导全面依法治国的内涵构成。

（二）自我完善是加强和改善党领导全面依法治国的必要条件

推进执政党的执政体系建设，实现执政党的自我完善，是提高执政党执政能力需要满足的首要条件，也是加强和改善党领导全面依法治国、实现依宪执政和依法执政的必要条件。只有不断推进执政党的自我完善，才能有效地提高执政党的执政能力，使其有力领导全面依法治国这一伟大的事业。通过执政党的自我完善实现加强和改善党领导全面依法治国，主要包括两个维度：一是政治思想理论的自我完善，二是体制机制的自我完善。

1. 执政党政治思想理论自我完善的最新成果：习近平全面依法治国新理念新思想新战略

习近平全面依法治国新理念新思想新战略是马克思主义国家治理观和法律观中国化的最新成果。正确的立场保障正确的实践，先进的理论指导有效的行动。坚持党对全面依法治国的领导，就必须坚持以马克思主义为政治指导思想，坚持马克思主义在全面依法治国中的指导地位。加强和改善党对全面依法治国的领导，就必须不断推进马克思主义的中国化。在全面依法治国作为中国国家治理现代化的基本方略和内涵要求的语境中，如何确保执政党实现有效执政和长期执政，并以之为基础加强和改善党对全面依法治国的领导，一个关键点就在于不断推进马克思主义经典作家的国

---

[1]《中国共产党第十八届中央委员会第四次全体会议公报》，人民出版社2014年版，第5页。

家治理观和法律观的中国化，实现执政党政治思想理论的发展和完善。而习近平全面依法治国新理念新思想新战略，就是新时代中国全面依法治国的根本政治思想指导，是马克思主义法律观中国化的最新成果，是执政党政治思想理论自我完善的重要成果。

　　加强和改善党对全面依法治国的领导，必须从时代性、整体性、人民性、实践性和旗帜性层面领会习近平全面依法治国新理念新思想新战略。首先，习近平全面依法治国新理念新思想新战略，是在全球政治经济秩序重构、中国特色社会主义进入新时代、中国社会主要矛盾产生新变化、执政党面临"四大考验"和"四种危险"、推进国家治理现代化成为全面深化改革的总目标、中国共产党肩负新的历史使命的背景下形成的，是在探索中国特色政治发展道路和推进中国国家治理现代化的伟大进程中发展起来的。作为全面依法治国的指导思想，习近平全面依法治国新理念新思想新战略反映出鲜明的时代性。其次，习近平全面依法治国新理念新思想新战略是一个逻辑严密的整体：一方面，全面依法治国的新理念、新思想和新战略，构成了一个"三位一体"的逻辑体系。其中，全面依法治国新思想是根本，全面依法治国新理念是关键，全面依法治国新战略是条件。另一方面，始终坚持党的领导、人民当家作主、依法治国的有机统一，是习近平全面依法治国新理念新思想新战略的重要理论构成。"三统一"的整体性、辩证性和逻辑性，是中国特色政治发展道路和中国国家治理模式的内涵要求。还值得注意的是，习近平同志关于全面推进科学立法、严格执法、公正司法、全民守法的战略，则是从法治运行的全过程（即法律的创制、执行、适用和遵守）对新时代全面依法治国的实施做出的战略要求。再次，"坚持法治为了人民、依靠人民、造福人民、保护人民"[1]，以人民为主体，是习近平全面依法治国新理念新思想新战略的一个核心要素。人民性是社会主义法治的重要特征。强调全面依法治国以人民为主体，意味着全面依法治国的重要功能和目标之一，就是使得人民在党的领导下，依照宪法法律规定，通过各种途径、形式和方式，实现对国家事务、经济和文化事业的管理。"要把体现人民利益、反映人民愿望、维护人民权益、增进人民福祉落实到依法治国全过程，使法律及其实施充分体现人民意

---

[1] 习近平：《习近平谈治国理政》（第二卷），外文出版社2017年版，第115页。

志。"[1] 归根到底，中国特色社会主义法治建设和全面依法治国，是以实现、维护和发展人民的根本利益和为人民谋幸福为核心价值的伟大事业。另外，习近平全面依法治国新理念新思想新战略具有鲜明的实践性。全面依法治国，不仅是中国国家治理现代性构建的必然要求，更是中国国家治理模式的深刻变革和实践创新。党的十八大以来，中国特色政治发展道路和国家治理模式建构进入新的发展阶段。习近平全面依法治国新理念新思想新战略正是在这个伟大的实践基础上形成并发展的，体现了理论与实际相结合，理念与战略相结合的特征。最后，旗帜性是习近平全面依法治国新理念新思想新战略的最鲜明特征。中国共产党的领导是中国特色社会主义最本质的特征。党的领导和社会主义道路，必然是习近平全面依法治国新理念新思想新战略的根本内涵特征。党的领导是中国特色社会主义法治的灵魂和精髓，是实现全面依法治国，建设法治中国的根本保障。

通过塑造以法治为特色的政党文化，引领中国政治文化建设，进而加强党对全面依法治国的领导。对于政治体系和国家治理模式的维系和发展而言，特定的政治文化是必要的基础和条件。政治文化对于国家治理体系和治理能力具有重要的影响，而且在一定程度上，制约着政治制度和治理模式的实际运作状况及其变革与发展。以全面依法治国为内涵要求的中国国家治理现代化能否取得成效，一个重要条件就是能否在中国成功塑造以法治为特征、以法治思维和法治意识为要素的政治文化。

政治思想和政治意识形态是一个国家政治文化结构中的核心要素。在"政党—国家"体制下，中国政治文化的塑造，往往受到执政党的政党文化的支配和影响。换言之，加强和改善党对全面依法治国的领导，有必要在全党塑造以民主法治为中心的政党文化，强化政党文化自信，进而引领中国形成以民主法治为中心的政治文化。这就要求执政党必须在坚持依法治国和依法执政的同时，自觉以宪法法律为行动指引，在宪法法律的框架内活动。各级党组织和广大党员、领导干部在依法治国中发挥先锋模范作用，"认认真真讲法治，老老实实抓法治"[2]。如果执政党不能自觉有效地形成以民主法治为中心、以法治思维和法治意识为要素的政党文化，"一些党员、干部仍然存在人治思想和长官意识，认为依法办事条条框框

---

[1] 习近平：《习近平谈治国理政》（第二卷），外文出版社2017年版，第115页。
[2] 习近平：《习近平谈治国理政》（第二卷），外文出版社2017年版，第116页。

多、束手束脚，凡事都要自己说了算，根本不知道有法律存在，大搞以言代法、以权压法。这种现象不改变，依法治国就难以真正落实"[1]。

2. 推进执政党体制机制的完善是党领导全面依法治国的重要保证

"全面推进依法治国，是我们党在治国理政上的自我完善、自我提高。"[2] 执政党主导推进的国家治理模式的演进和治国方略的完善，需要在制度建设上推进和实现执政党的自我完善。对于加强和改善党对全面依法治国的领导而言，制度建设上党的自我完善，重要的是解决好三个问题：党对全面依法治国的集中统一领导制度建设，党领导全面依法治国的顶层设计制度建设，以及确保党有效、有力领导全面依法治国的党内法规制度建设。党内法规建设问题，由于前文已有论述，在此不做赘述。

加强和改善党对全面依法治国的领导，必须推进党对全面依法治国的集中统一领导制度建设。习近平同志强调：全面依法治国，"要坚持党总揽全局、协调各方的领导核心作用，统筹依法治国各领域工作，确保党的主张贯彻到依法治国全过程和各方面"[3]。这就意味着，要全面依法治国，必须加强和改善党对全面依法治国的集中统一领导。

一方面，必须在全面依法治国过程中，始终坚持习近平全面依法治国新理念新思想新战略，在全党和全国形成以全面依法治国为中心的政党文化和政治文化。强调在全面依法治国的全过程树牢"四个意识"，并使之制度化和规范化，包括：坚持中国特色社会主义法治道路，坚持党领导人民建设社会主义法治国家的政治信仰，坚持法治中国的正确方向；自觉从党的执政兴国、国家的长治久安和人民的幸福安康的大局和全局来看待和认识全面依法治国，把立法、执法、司法和守法放到全面依法治国和国家治理现代化的大局中去思考和定位，做到正确认识、自觉服从和坚决维护党推进治国理政现代化的大局；在全面依法治国过程中，增强核心意识，更加紧密地团结在以习近平同志为核心的党中央周围，坚持、加强和改善党（特别是党中央）对全面依法治国的集中统一领导，在立法、执法、司法和守法各个环节自觉同党中央保持高度一致，更加扎实地把党中央关于全面依法治国战略部署的各项任务落到实处；在全面依法治国的过程中，要求

---

[1] 习近平：《习近平谈治国理政》（第二卷），外文出版社2017年版，第116页。
[2] 习近平：《习近平谈治国理政》（第二卷），外文出版社2017年版，第114页。
[3] 习近平：《习近平谈治国理政》（第二卷），外文出版社2017年版，第114页。

向习近平全面依法治国新理念新思想新战略看齐，向党中央关于全面依法治国的战略部署看齐，坚决响应、执行党中央关于全面依法治国的战略决策和部署。如前所言，国家治理现代化的本质要求是各项工作的制度化、规范化和程序化。在全面依法治国全过程树牢"四个意识"，并使之制度化和规范化，有助于加强和改善党对全面依法治国的集中统一领导。另一方面，必须推进确保党集中统一领导全面依法治国的组织制度建设。组建中央全面依法治国委员会，在某种意义上，就是加强和改善党中央对全面依法治国的集中统一领导，有效推进全面依法治国基本方略的重大改革。在中央全面依法治国委员会第一次会议上，习近平同志强调要健全党领导全面依法治国的制度和工作机制，继续推进党的领导制度化、法治化，把党的领导贯彻到全面依法治国全过程和各方面，为全面建成小康社会、全面深化改革、全面从严治党提供长期稳定的法治保障。通过健全党领导全面依法治国的制度和工作机制，实现党领导立法、保证执法、支持司法、带头守法。这是加强和改善党领导全面依法治国的必然要求。

加强和改善党对全面依法治国的领导，必须强化党谋划全局、领导全面依法治国的顶层设计制度建设。全面依法治国是党的十八届四中全会的核心议题，也是"四个全面"战略布局的重要一环。为了完善中国特色社会主义制度，推进国家治理现代化，实现党的建设新发展和中华民族伟大复兴，党中央通过顶层设计，做出"四个全面"的重大战略布局。如前所述，中国的法治模式属于政党推进型法治。这种法治模式的关键，在于执政党的科学有力的领导和积极有效的推进。这也决定了全面依法治国要取得成功，必须强化党谋划全局、领导全面依法治国的顶层设计制度建设。而中央全面依法治国委员会的成立，恰恰就是强化党领导全面依法治国的顶层设计制度建设的重要成果之一。习近平同志强调，中央全面依法治国委员会要管宏观、谋全局、抓大事，既要破解当下突出问题，又要谋划长远工作，把主要精力放在顶层设计上。换言之，作为党中央决策议事协调机构，中央全面依法治国委员会的职责在于强化全面依法治国的顶层设计、总体布局、统筹协调、整体推进、督促落实。

民主集中制的发展完善与党内民主的制度化，有助于提升党对全面依法治国领导的民主性。民主集中制是中国共产党最大的制度优势。"民主集中制是我们党的根本组织制度和领导制度，它正确规范了党内政治生活、处理党内关系的基本准则，是反映、体现全党同志和全国人民利益与愿望，保证党的路线方针政策正确制定和执行的科学的合理的有效率的制度。因此，这是我们党最大的制度优势。"[1] 作为中国特色政治制度的一项重要原则，民主集中制彰显了党的领导与人民当家作主的统一性，确保了执政党的方针政策制定的民主性和科学性。民主集中制也是党内民主发展所遵循的基本原则。党的十七大报告强调要以扩大党内民主带动人民民主。《中央党内法规制定工作五年规划纲要（2013—2017）》（以下简称《纲要》）则以推进民主集中制的制度化为要务。根据《纲要》的规定，"抓紧建立健全民主集中制的具体制度，着力构建党内民主制度体系，切实推动民主集中制具体化、程序化，真正把民主集中制重大原则落到实处"。而2014年中共中央政治局会议审议通过的《深化党的建设制度改革实施方案》则再次指出民主集中制的制度化和规范化问题。会议强调，党的组织制度改革，重点是坚持和完善民主集中制、严格党内生活，进一步健全和完善党内民主制度体系。

民主集中制的发展完善与党内民主的制度化，是执政党在制度建设领域的自我完善。党内选举制度体系、民主决策制度体系、民主监督制度体系等，对于提升党对全面依法治国领导的民主性而言，具有重要意义。

（三）自我革新是加强和改善党领导全面依法治国的内涵要求

1. 执政党的自我革新是推进中国政治改革的关键

改革，是中华文化传统中优秀的文化基因之一。正是凭借这个优秀文化基因，中华民族才一次又一次在各种危机和挑战中生存下来并得以发展。中国共产党作为中国人民和中华民族的先锋队，始终代表中国先进生产力的发展要求、中国先进文化的前进方向、中国最广大人民的根本利益，也必然继承和发扬着中华民族勇于改革和不断创新的优秀文化基因。

"改革开放是当代中国最鲜明的特色，是我们党在新的历史时期最鲜明的旗帜。改革开放是决定当代中国命运的关键抉择，是党和人民事业大踏步赶上时代的重要法宝。"[2] 改革，也是推进中国国家治理现代化的根本内涵要求。如前所言，中国共产党的领导是中国特色社会主义最本质的特征，因此，中国共产党的领导自然也是中国改革开放事业和中国国家治

---

[1] 参见2012年6月28日习近平同志在全国创先争优表彰大会上的讲话。
[2] 习近平：《习近平谈治国理政》（第二卷），外文出版社2017年版，第39页。

理现代化的最本质特征。执政党要成为领导中国改革的核心力量，就必须面对如何提升自身领导能力和执政能力的问题。诚如海外学者指出，优质民主政治的前提是社会改革有效推进和国家制度建设取得实效，而"要推进社会改革，必须进行政治改革。在中国，政治改革的核心又在于中国共产党的改革。无论怎样的政治改革，最终都可以回到执政党的改革"[1]。如果说以全面依法治国为中心的中国国家治理现代化是中国政治改革的一大亮点和重点，那么，推进国家治理现代化的政治改革，必须认真对待执政党的改革，即党的自我革新。

2. 执政理念的自我革新为党领导全面依法治国的法治化推进指明了方向

事实上，勇于自我革新，一直是中国共产党应对各种危机和挑战，并始终处于不败地位的一大法宝。从某种意义来看，中国共产党领导中国人民革命、建设和改革的伟大历程，也始终是中国共产党推进自我革新的历程。在新时代下，面对世情、国情、党情的深刻变化，更是要强调"坚决破除一切不合时宜的思想观念和体制机制弊端，勇于推进理论创新、实践创新、制度创新、文化创新以及各方面创新，通过革故鼎新不断开辟未来"[2]。加强和改善党对全面依法治国的领导，对于执政党的自我革新，也提出了新的要求，其核心就是执政理念的革新。加强和改善党对全面依法治国的领导，必须推进执政党的执政理念革新，塑造适应全面依法治国的执政理念。

执政党的执政理念是执政党基于对执政规律的认识和预测而形成的执政宗旨、执政理想和执政观念的总称。对于任何一个政党而言，执政理念往往包含三个要素，即为谁执政、靠谁执政和怎样执政。构成中国共产党执政理念的两个维度是：其一，为什么执政，即执政的宗旨、目的和价值；其二，怎样执政，即以执政宗旨、目的和价值为导向的路径、方略和方式。中国共产党作为执政党，其执政理念不仅在执政党的党章中得以表述和宣告，更是在作为治国安邦总章程的宪法中得以规定和确认。中国宪法的五大基本原则，在一定意义上承载和反映着党的执政理念：坚持党的领导原则是党的执政理念的根本，主权在民原则反映着党的"立党为公"和"执政为民"的执政宗旨，以实现人民幸福生活为最高目标的人权保障

---

[1] 郑永年：《中国改革三步走》，东方出版社2012年版，第61页。
[2] 习近平：《牢记初心使命，推进自我革命》，载《求是》2019年第15期。

原则彰显了党为人民谋幸福的执政价值追求,权力制衡原则和法治原则是党实现执政价值和执政宗旨的基本方略和路径。新时代党的执政理念的一个明显的发展,就是其执政方略和路径从党的十五大提出的"依法治国,建设社会主义法治国家",发展为党的十八届四中全会提出的"全面依法治国"理念。这种理念的演进发展,是执政党对于新时代执政方略和执政方式的认识发展和变革创新,是国家治理现代化的逻辑必然。全面依法治国作为新时代执政党执政理念的重要发展成果,"核心是坚持党的领导、人民当家作主、依法治国有机统一,关键在于坚持党领导立法、保证执法、支持司法、带头守法"[1],强调执政党依宪执政和依法执政在国家治理现代化中的重要地位,要求全党"增强依法执政意识,坚持以法治的理念、法治的体制、法治的程序开展工作,改进党的领导方式和执政方式,推进依法执政制度化、规范化、程序化"[2]。可见,凸显执政党依宪执政和依法执政的全面依法治国战略,作为执政党执政理念的创新发展成果,拓展了法治的理论内涵,丰富了法治的实践领域,为党领导全面依法治国的法治化推进指明了方向。

事实上,执政党在政治思想理论和体制机制上的自我完善,是执政党不断推进自我革新的理念创新成果和制度创新成果。而执政党自我革新的实现,则与执政党的自我提高具有深度的内在关联。

(四) 自我提高是提升党对全面依法治国领导的科学性的重要保障

1. "郑永年之问"与学习型政党的塑造

要对中国治理模式进行理论解释,就必须在理论上认真对待中国共产党在中国政治进程中的独特地位和功能。中国模式的成功塑造,离不开中国共产党卓越的执政能力和执政水平。中国共产党的这种执政能力源自何处,则是海内外研究中国模式的学者普遍关注的一个重要议题。"我们必须考察中国共产党是如何保持创新以适应不断变化的环境的。"[3] 笔者将这个问题姑且称为"郑永年之问"。在郑永年教授看来,"要理解中国共产党的生存和发展能力,我们必须理解它的学习、适应和变革能力"[4]。换

---

[1] 习近平:《习近平谈治国理政》(第二卷),外文出版社2017年版,第39页。
[2] 习近平:《习近平谈治国理政》(第二卷),外文出版社2017年版,第120页。
[3] 郑永年:《中国模式:经验与挑战》,中信出版社2016年版,第68页。
[4] 郑永年:《中国模式:经验与挑战》,中信出版社2016年版,第67—68页。

言之，始终强调学习，致力于塑造学习型政党，是中国共产党卓越执政能力的源泉和保障。

作为学习型组织理论的创始人之一，彼得·圣吉认为在知识经济时代，组织机构的竞争优势在于不断学习，尽可能比竞争对手获取、掌握和运用更多和更新的知识和信息。竞争力的提升与知识信息的获取和运用成正比关系。对于现代政党制度而言，学习型政党则是确保政党在政治竞争中处于优势地位，并且不断提升执政能力和执政水平的重要保障。

不断学习，是中国共产党的优良传统和一大特色。党的领导人一直以来都高度强调学习。延安时期，中国共产党就掀起理论学习的高潮。在延安在职干部教育动员大会上，毛泽东同志强调："要把全党变成一个大学校"，"我们要建设大党，我们的干部非学习不可。学习是我们注重的工作，特别是干部同志，学习的需要更加迫切，如果不学习，就不能领导工作，不能改善工作与建设大党"。在党的七大上，毛泽东同志就推荐了《共产党宣言》等5本书，其后在七届二中全会上陆续推荐书目，这些书成为新中国成立以后执政党"干部必读"的书目。党的十六届四中全会通过的《中共中央关于加强党的执政能力建设的决定》明确强调执政党的执政能力建设与学习型政党塑造的关联性，要求"重点抓好领导干部的理论和业务学习，带动全党的学习，努力建设学习型政党。围绕增强执政意识、提高执政能力，创新培训方法，提高培训质量，大规模培训干部"[1]。党的十八大以来，以习近平同志为核心的党中央提出"建设学习型、服务型、创新型马克思主义执政党的重大任务。把学习型放在第一位，是因为学习是前提，学习好才能服务好，学习好才有可能进行创新"[2]。学习型政党建设，成为中国共产党推进国家治理现代化的鲜明特色。学习型政党的塑造，恰恰是中国共产党获取卓越执政能力和执政水平的一个关键所在。

2. 执政党的自我提高是提升党对全面依法治国领导的科学性的重要保障

执政党中央对全面依法治国做了全面部署，提出重大举措180多项，涵盖了依法治国的各个方面。全面依法治国是一项伟大的事业，是治国理

---

[1] 参见《中共中央关于加强党的执政能力建设的决定》，人民网：http://www.people.com.cn/GB/shizheng/1026/2809350.html。
[2] 习近平：《习近平谈治国理政》，外文出版社2014年版，第403页。

政的基本方略，涉及政治、经济、文化、生态、军事、国际关系等领域。要实现党、国家、社会各项事务治理的制度化、规范化和法治化，就必须始终强调对党、国家、社会各项事务各个领域的学习。与此同时，在全面依法治国的顶层设计中，中央强调在增强"四个意识"，坚定"四个自信"的基础上，要把社会主义核心价值观贯穿到法治的全过程，即贯穿到立法、执法、司法、守法的各环节；执政党要支持人大、政府、政协、监察机关、审判机关、检察机关依法依章程履行职责；要压实地方落实全面依法治国的责任；要加强对工作落实情况的指导督促、考核评价。可见，加强和改善党对全面依法治国的领导，更是要注重和加强对法治的学习。

必须加强对马克思主义法律观和国家治理观的学习，尤其是加强对马克思主义法律观和国家治理观中国化的最新成果的学习。马克思主义是共产党人的根本指导思想。马克思主义法律观和国家治理观，包含着深刻的本体论和认识论，科学地阐明了人类政治法律实践的规律性，具有强大的生命力。中国共产党取得成功的一个重要原因，就在于坚持马克思主义基本原理同中国具体实际相结合，推进马克思主义的中国化并以之为指导。加强和改善党对全面依法治国的领导，不仅需要认真学习马克思主义经典作家的法律观和国家治理观，更重要的是必须认真学习马克思主义法律观和国家治理观中国化的最新成果：习近平全面依法治国新理念新思想新战略。

必须加强对全人类创造的、有益的法治理论观点和研究成果的学习。"法治是人类文明的重要成果之一，法治的精髓和要旨对于各国国家治理和社会治理具有普遍意义。我们要学习借鉴世界上优秀的法治文明成果。"[1]但是需要指出的是，各国的政治发展道路和治理模式，都是其本国政治实践、民族精神和文化传统共同作用的产物，学习借鉴不是理论的全盘接受，更不是制度的整体移植。加强和改善党对全面依法治国的领导，应当了解和知悉其他国家法治建设，尤其是国外执政党领导其法治建设过程中产生的有益经验和失败教训，以我为主，为我所用，思考和推进中国共产党对全面依法治国的领导。

必须加强对中国传统法律文明和法治文化的学习。作为历史悠久的文明国家，中国历史上产生了极为丰富的法律实践，并以之为基础形成了优秀的法律文明和法治文化。肇始于秦汉，成熟于隋唐，发展于明清的中华

---

[1] 习近平：《习近平谈治国理政》（第二卷），外文出版社2017年版，第118页。

法系，对世界部分国家的法律和治理实践产生过深远影响。儒家的法律文化对于亚洲国家的影响时至今日仍然存在，而先秦法家的法治思想，则更加应当注重发掘。笔者曾指出，先秦法家"不法古，不循今"的改革主义、"以法为教，垂法而治"的法治主义和"禁胜于身""令尊于君"的权力制约观，对于当下中国国家治理现代性的构建，具有重要的启示意义和借鉴价值。"要注意研究我国古代法制传统和成败得失，挖掘和传承中华法律文化精华，汲取营养、择善而用。"[1]

总体而言，习近平全面依法治国新理念新思想新战略是全面依法治国的根本指导和思想保障。坚持、加强和改善党的领导是习近平全面依法治国新理念新思想新战略的核心内涵。只有始终推进执政党的自我净化、自我完善、自我革新和自我提高，才能够加强和改善党对全面依法治国的领导，实现中国国家治理的现代性建构，为中华民族伟大复兴提供支撑和保障。

第四节　宪法序言、国家梦想与政制建构

任何类型的现代国家，无不寄寓于某种结构性的宪法规范之中。国家的生成创制及其演化，在一定意义上，是作为一国政制根基的宪法规范的统合与规训的状态和过程。随着人类政制文化的发展，"把未来政府据以创制和行为的根本原则写进文本之中，已成为适当的或必要的举措"[2]。宪法文本不仅在规范性的维度规制着国家与公民的关系、中央与地方的关系，以及国家机关与国家机关之间的相互关系，而且还在经验性或描述性的维度，揭示着特定国家的政治关系的现状[3]，尤其是阶级力量的对比关系。更为重要的是，现代国家的宪法文本往往凝练着制定该宪法的国家的梦想。特定国家的全体人民对于美好事物的憧憬、追求和渴望，即国家梦想，实质上是宪法文本的灵魂所在。国家梦想不仅体现为人们期望达到的一种类似于理想的高度，而且客观上规定着国家的根本任务、发展道路和

---

[1] 习近平：《习近平谈治国理政》（第二卷），外文出版社2017年版，第118页。
[2] See K. C. Wheare, *Modern Constitution*, Oxford: Oxford University Press, 1966.
[3] 关于宪法在规范性维度和经验性维度上的所具有的不同含义的讨论，可参见［德］迪特尔·格林：《现代宪法的诞生、运作和前景》，刘刚译，法律出版社2010年版，第1—3页。

模式。为了实现这种国家梦想及其所决定的国家根本任务，宪法文本往往规定了某种政治发展道路和政制建构。

值得思考的问题是，除当下哲学和政治学对"中国梦"的描述和阐发之外，作为我国政制结构中的核心制度和规范基石，现行宪法是否勾勒出了某种国家梦想？如果有，这种国家梦想的图景到底是什么？在宪法文本之中勾勒国家梦想的意义何在？为了实现其国家梦想，中国选择并确立了何种发展道路和政制建构，以及这种独特道路和政制建构的理论基础又是什么？为了回答这些问题，笔者将试图揭示中国现行宪法文本（主要是宪法序言）对于国家梦想的勾勒，并从政治正当性证成的角度考察宪法序言勾勒国家梦想的意旨所在，进而描述为了实现国家梦想而确立的发展道路及其政制建构，并基于文化相对论来证成作为地方性知识的"中国道路"及其政制建构的合理性价值。

一、凝练于宪法序言中的"中国梦"

自世界上第一部成文宪法1787年美国宪法制定以来，成文宪法国家的宪法典在宪法正文之前设置有以"序言"（"序文"或"前言"等）名义所确认的，用以描述国家历史、建国宗旨、制宪目标、制宪权来源和国家发展道路及其指导思想的叙述性文字，逐渐成了世界各国立宪体系的通行模式。全球超过三分之二的成文宪法国家的宪法典都设置了宪法序言或宪法前言。而在宪法正文之前设置宪法序言，也是新中国自成立以来在创制宪法和修改宪法过程中一直保持的传统做法。1949年9月29日通过的《中国人民政治协商会议共同纲领》以371个字构成"临时宪法"的序言。以后历次修宪均在宪法正文之前设置宪法序言，但是，笔者认为值得注意的是，以往学术界在探讨宪法序言时，并没有充分注意到国家梦想在宪法序言中的表述及国家梦想的宪法表述所具有的特殊功能的问题。更多的时候只是将国家梦想等同于或者包含于国家的根本任务或者国家的奋斗目标。[1] 那么，是否真的在宪法序言中存在所谓的国家梦想？这种梦想明确或隐含的主张又是什么？

---

[1] 用国家的根本任务来涵摄国家梦想的观点，可参见蔡定剑：《宪法精解》，法律出版社2006年版，第126页；董和平：《宪法学》，法律出版社2007年版，第98页。

(一) 国外部分国家宪法序言对国家梦想的表述

作为一个国家的全体人民对于美好事物的憧憬、珍视、追求和渴望,国家梦想往往贯穿于民族国家的发展历程之中,并在宪法文本中得以体现。凯尔森曾指出:"被称为宪法的那一文件的一个传统部分是一个庄严的导言,一个所谓的'序言',它表达了该宪法意图促进的政治的、道德的和宗教的各种观念……它具有一种与其说法学上的性质倒不如说是意识形态的性质。"[1] 在这里,凯尔森所谓的具有意识形态性质的有关政治、道德和宗教的观念,恰恰就是构成国家梦想的要素。在现代国家的创制逻辑中,宪法制定是关键性的环节。而宪法的制定,必须体现出制宪权主体(即人民)所渴望追求的某些关于政治、道德和宗教的特定美好事物,并以此作为制宪的原则和依据宪法所组建的国家的道德性要求和目的。从这个意义上看,以制定宪法、组建政府、创设并制约权力为主要内容的宪政体制的建构和运行,只是一种手段,仅仅具有工具性价值。而实现国家梦想本身,才具有目的性价值。各国历来的立宪运动,不是为了立宪而立宪,而是为了实现特定的国家梦想而立宪。从这个意义上看,"立宪梦"或是"宪政梦",都难以涵盖"中国梦"。

由宪法序言勾勒国家梦想的实践,起源于美国。作为世界上第一个制定成文宪法的国家,美国在其1787年宪法的序言中,就精要地描述出美利坚人民的国家梦想。该宪法序言以"我们合众国人民"开篇,指出"为建立更完善的联盟,树立正义,保障国内安宁,建立共同国防,促进公共福利,并使我们自己和子孙后代得享自由的福祉",特为美利坚合众国制定宪法。显而易见的是,美国宪法序言肯定了"宪法是人民制定的"这一命题,其核心就是在美国宪法序言中将制宪权主体定位为合众国人民。而人民之所以要制宪,是为了追求一系列在道德上具有良善性质的事物,包括正义、安宁、公共福利和自由。这些具有目的性价值的理念,便是美国制宪者表述的国家梦想。这种国家梦想在1787年9月17日华盛顿致大陆会议的文函中表述得更为明确:坚持制宪的"这种观点对每个真正的美国人都最有裨益,对联邦的稳固最有裨益;而联邦的稳固关系到我们的繁荣、

---

[1] [奥] 凯尔森:《法与国家的一般理论》,沈宗灵译,中国大百科全书出版社1996年版,第289页。

富足和安全，可能还关系到我们国家的存亡……我们最诚挚地希望，它能够促进我们如此亲爱的国家的持久利益，并且能够保护她的自由与幸福"[1]。在华盛顿看来，立宪的目的，就是为了实现"真正的美国人"都珍视的国家利益、自由和幸福。而就是这些价值所建构的国家梦想，不仅构成了对美国政治权力的道德约束，也为美国政治统治的正当性提供了道德上的证成。[2]

而后来1791年的法国宪法则将《人权与公民权利宣言》作为其宪法文本的序言，表达出制宪动机是对人权的保障，更是阐释了法国人民作为制宪者主体对于"自由""平等""博爱"等神圣人权理念的追求和珍视。这些理念构成了法国孜孜以求的国家梦想，也成了法国宪法明定的共和国口号。而1918年的苏俄宪法则是将《被剥削劳动人民权利宣言》作为宪法序言，旗帜鲜明地展示出新生苏俄政权的国家梦想就是反剥削、反奴役和求得人类的解放。

（二）实现中华民族的伟大复兴：中国作为文化共同体的国家梦想

那么，当代中国的国家梦想，在现行宪法序言中又呈现出何种图景？笔者认为，这种图景将呈现出两种面向，即作为历史文化共同体中国的国家梦想和作为政治法律共同体中国的国家梦想。

作为"世之经纬，国之大典"的根本法，宪法为国家的建构奠定了制度性根基和法律效力的渊源。而事实上，宪法所统合和规训的国家，不仅具有政治法律共同体的面向，也具有历史文化共同体的面向。任何一个民族国家，都或多或少会呈现出"政治国家"和"文化国家"两种不同面向。翟志勇指出，政治国家是文化国家的一个历史阶段或特定时空下的具体政治表现形式，而文化国家则是政治国家得以表现和形成的基础。作为政治共同体，国家可以更迭，作为文化共同体，国家则是延续的。二者之间的相互依存关系，构成了一个国家的整体意象。[3]

---

[1] [美]约翰·罗德哈梅尔：《华盛顿文集》，吴承义等译，辽宁教育出版社2005年版，第562—563页。
[2] 关于美国宪法序言以正义、福利和自由来论证权力的实质合法性的经典分析，参见喻中：《法律文化视野中的权力》，山东人民出版社2004年版，第103—109页。
[3] 翟志勇：《宪法中的"中国"——对民族国家与人民共和国意象的解读》，载《文化纵横》2010年第6期。

在中国现行宪法的序言中,"文化中国"在现行宪法序言第1段得到了经典的表述。序言对中国作为一种文化共同体而存在的事实予以了确认,即"中国是世界上历史最悠久的国家之一。中国各族人民共同创造了光辉灿烂的文化,具有光荣的革命传统"。而且更为重要的是,它还展示出作为文化共同体中国的政治表达,当下的政治中国通过对自身历史文化的肯定来实现"文化认同"。而政治中国之所以需要这种"文化认同",借用刘述先先生的话,即"如果自己不能肯定自己的传统,则在认同上面必然产生严重的脱序的问题"[1]。现行宪法序言所展示出的当下中国,是一个在历史文化上有着传续与统合的中国。其文化的特性之一就是历史与文化的交织。正是源远流长的历史,孕育了光辉灿烂的文化,而繁荣的文化又显衬出历史的厚重。而历史发展观念之下的变革(改革乃至革命)则成为这种历史文化传统中的重要因素。当下的政治中国并不是空中楼阁,而是中国渊源悠久且光辉灿烂的历史文化——革命传统延续的结果。现行宪法序言对于文化中国的描述,使得当下的中国并没有超脱于中国的政治国家历史谱系,而是保有了当下中国在文化上所延续和继受的正统性。

承认当下中国具有的历史文化共同体面向,则必然要面对曾经的汉唐盛世的辽阔疆域,明清华彩的繁荣社会,以及近代以来的民族危机、国家危亡。作为文化中国在当下的展现,当下的政治中国必须正视在历史文化共同体面向上所谓的中华民族复兴问题。宪法序言第2段指出:"一八四〇年以后,封建的中国逐渐变成半殖民地、半封建的国家。"此段描述揭示的一个不争的事实是,1840年以后,传统中国由于在制度竞争中丧失了以往的优势,自然经济占主导的生产方式落后于以工业革命为标志的资本主义生产方式,政治上的封建专制也无法取胜于资本主义的民主制度。鸦片战争和列强入侵,使中国沦为了半殖民地半封建社会,国家民族危在旦夕,社群民众难以聊生。刻画这种历史事实,是为了导出中国人民为复兴中华、"为国家独立、民族解放和民主自由进行了前仆后继的英勇奋斗"的正当逻辑及其革命实践。从这个意义上说,当中国人民统合于中华民族时,求得国家独立、民族解放和自由,实现中华民族的伟大复兴,就成为近代以来整个民族国家最大的梦想和面临的伟大历史任务。简言之,实现中华民族的伟大复兴,是中国作为历史文化共同体的最大的国家梦想。

---

[1] 景海峰:《新儒学与二十世纪中国思想》,中州古籍出版社2005年版,第291页。

（三）富强、民主、文明：中国作为政治法律共同体的国家梦想

现行宪法序言第5、第7、第8、第9、第10、第11、第12段，较为系统地描述了作为政治法律共同体的国家的根本任务、基本原则、指导思想、核心制度及基本国策。首先，宪法序言第5段通过"中国人民掌握了国家的权力，成为国家的主人"的表述，初步确立了人民主权在中国政制建构中的原则性地位。其次，宪法序言第7段通过明确中国革命与建设"在马克思列宁主义、毛泽东思想、邓小平理论和'三个代表'重要思想指引下"的表述，揭示出我国政治统治过程中的指导思想。再次，宪法序言将国家的根本任务定位为"沿着中国特色社会主义道路，集中力量进行社会主义现代化建设……不断完善社会主义的各项制度，发展社会主义市场经济，发展社会主义民主，健全社会主义法治，贯彻新发展理念，自力更生，艰苦奋斗，逐步实现工业、农业、国防和科学技术的现代化，推动物质文明、政治文明和精神文明协调发展"。与此同时，将国家的政治发展道路与核心制度规定为中国共产党领导下的社会主义道路。中国特色的社会主义道路要求以基于工农联盟的人民民主专政为国体，以人民代表大会制度为核心而建构的政治权力运行模式为政体，以改革开放为要务。最后，宪法序言第8、第9、第10、第11、第12段，将国家的基本国策确定为坚持与敌对势力作斗争、完成祖国统一大业、巩固和发展爱国统一战线、维护民族团结和促进各民族共同繁荣、坚持独立自主的对外政策等。而上述政治国家的根本任务、基本原则、指导思想、核心制度及基本国策的确定，都是围绕着同一个目标，即宪法序言第7段宣示的"把我国建设成为富强、民主、文明的社会主义国家"。这就是当下中国作为政治法律共同体的国家梦想。

需要指出的是，如前所述，当前中国宪法学界还没有充分关注宪法序言中的国家梦想问题，往往只用一种关于国家根本任务的概括式理解来涵盖国家梦想。但是这种认识是值得商榷的：首先，国家梦想是特定国家的人民对某些美好事物的珍视、渴望和追求。构成国家梦想的要素是由该民族国家的历史文化所塑造而成的，具有着民族的、历史的和文化的品性。国家梦想构成要素（诸如"自由"、"富强"或"正义"）具有宏观性突出、历时性较长、稳定性较高的特征。而国家根本任务的定位，往往受制于制定宪法时国内和国际的政治环境、社会经济环境、执政党的方针政

策、统治精英和领袖人物的政治判断等诸多因素。因此，国家的根本任务（诸如"无产阶级专政下的继续革命"或者"逐步实现工业、农业、国防和科学技术的现代化"）的定位，相较而言是微观具体的、阶段性的和变动性的。其次，国家梦想和国家根本任务之间存在决定与被决定的关系。国家梦想决定国家根本任务的定位，而根本任务的完成是为了实现国家梦想。最后，现行宪法序言对于国家根本任务的定位，是基于政治法律共同体的维度而做出的描述，这种描述也无法彰显中国作为文化共同体的国家梦想的内涵和主张。因此，国家根本任务是难以涵摄国家梦想的。

总而言之，在笔者看来，现行宪法序言中的国家梦想是政治共同体与文化共同体的结合。一部制宪史，就是一个国家梦想的勾勒史。一个宪政过程，就是一个不断实践国家梦想的历程。

二、宪法序言中的国家梦想与政治正当性证成

现代政治统治及其权力的展开，必须以宪法为规范性依据。因此，宪法无法回避政治统治及其权力的正当性论题。

（一）宪法序言关于权力正当性的自我证成方式的缺陷

在分析实证主义法学看来，权力源自以宪法为核心的实在法体系，其效力依据必然是一种规范而不是事实。因此，在分析实证主义法学的视域中，实在法体系及其创设的权力的效力源自"基础规范"、"承认规则"或笔者视为法体系的规范性根基的"基本必为性规范"[1]。但是，"基础规范"、"承认规则"或"基本必为性规范"的效力又从何而来，这是分析实证主义法学无法圆满解答的问题，只能将其视为一种逻辑预设以实现实在法体系和法学理论的逻辑自洽。中国现行宪法序言第13段，就以一种自我证成的方式，宣布"本宪法以法律的形式确认了中国各族人民奋斗的成果，规定了国家的根本制度和根本任务，是国家的根本法，具有最高的法律效力。全国各族人民、一切国家机关和武装力量、各政党和各社会团体、各企业事业组织，都必须以宪法为根本的活动准则，并且负有维护宪法尊严、保证宪法实施的职责"。这个主权者式的命令建构了"国家的根

---

[1] 关于这个问题的探讨，可参见钱锦宇：《法体系的规范性根基——基本必为性规范研究》，山东人民出版社2011年版，第二章。

本法具有最高法律效力"和"必须以宪法为根本的活动准则"之间的逻辑关联。这个命题意味着，宪法、依据宪法制定的其他法律，以及依据上述法律所建构的政治统治和权力运行机制，都是具有正当性的。然而，这种自我证成只是分析法学视域中的正当性证成的封闭式方式，并没有圆满地回答政治权威的渊源和权力的最终正当性依据何在。而麦考米克和魏因贝格尔的制度法理论试图通过"制度事实"来弥合事实与规范之间的鸿沟，进而为分析法学的规范性逻辑假设寻求事实依据的努力也无功而返。[1]

然而，政治正当性理论的提出，为"为何要服从权威和权力"的政治哲学难题提供了一种可能的答案。在政治正当性理论看来，政治统治及其权力，要获得效力和权威，必须具有正当性。形式正当性和实质正当性的具备，是政治统治及其权利获得效力的必要条件。喻中教授敏锐地意识到"宪法序言为宪法、为源自于宪法的其他法律，并进而为所有的源自于法律的权力提供了最终的合法性论证"[2]。而在笔者看来，正是宪法序言包含的对国家梦想的表述和规定，证成了政治统治及其权力的正当性，进而为政治统治和权力建构出要求被普遍服从的权威性。

（二）基于历史文化共同体梦想的正当性证成

现代政治哲学的一个普遍认识就是，仅仅依靠强制力或者暴力，是无法获得真正的正当性的。对于政治制度或行动的正当性证成而言，存在区别于暴力证成主义的另外两种路径，即沃尔特·乌尔曼所谓的自上而下的正当性证成和自下而上的正当性证成。自上而下的正当性证成，指的是通过借助某种普遍的原则（如自然法）或者超级意志（如上帝或神）来证成政治制度或行动的正当性。正是在相信现存的政治制度或行动符合了上述外在价值原则或者超级意志的基础上，它们才获得其正当性的有效证成。相反，自下而上的正当性证成，即把政治制度或行动的正当性归之于公民或民众的认可和赞同。被统治者的意志表达（认可）是正当性的根据和原因。有国内学者将这种以公众认同为基础和条件的正当性证成，视为现代政治正当性理论的特征[3]，但事实上，无论是在自上而下还是在自下而上

---

[1] 关于这个问题的探讨，可参见钱锦宇：《基础规范与制度事实——法效力证成中的"休谟难题"》，载《法律方法》第12卷。
[2] 喻中：《法律文化视野中的权力》，山东人民出版社2004年版，第100—101页。
[3] 周濂：《现代政治的正当性基础》，生活·读书·新知三联书店2008年版，第12—13页。

的正当性证成路径中，只有通过被统治者的认同（或者赞同），而非暴力，政治权威或正当性才有可能得到证成。

由于当下的中国具有历史文化共同体的面向，因此，唤起国民对当下中国作为历史文化共同体的认同来证成其政治统治及其权力的正当性，是一种有效途径。文化中国的特征就在于传续与统合悠久灿烂的历史文化。而历史文化传统作为一种合理反思的经验之积累，在进化过程中，"规范性传统的稳定性已经演化得类似于物种稳定性"[1]，因而往往能够得到民众强有力的认同。而在任何政治组织社会的治理结构中，对于政治制度和行动而言，只有当其有效性必须被承认或者认可，它们才具有真正意义上的政治品性。公众的认可是政治制度或行动获得其正当性的唯一路径。正如迈克尔·沃尔泽强调的，"我们不能说因为政府是正当的，所以公民就应该遵守义务，而更应该说是因为公民的认可，所以政府才是正当的"[2]。现行宪法序言正是通过对悠久历史和光辉灿烂文化的追忆和向往，唤起民众的一种文化荣誉感和归属感，进而在"民族复兴"的文化中国梦想的号召下，使得国民力量得以凝聚。同时，宪法序言将当下的政治中国描绘为文化中国在当下的政治表现，揭示出文化中国与当下政治中国在历史文化上的内在关联，指出当下的政治中国在历史文化上的传承与延续，从而试图唤起国民对其作为承载传统文化延续机体的认同，进而证成当下政治中国的统治及其权力的正当性。由此可见，宪法序言描述悠久而灿烂的中国历史的第一自然段，并非只是简单地"为了增强中国人民的自尊心和自豪感"[3]。

（三）基于政治法律共同体梦想的正当性证成

如前所述，现行宪法序言所勾勒的"中国梦"，不仅是中国作为历史文化共同体的"民族复兴梦"，也是中国作为政治法律共同体的"富强、民主、文明梦"。在现代政治过程中，承认政治制度或行动的权威，具体反映在对具有权威性的制度或者行动所包含的道德原则和价值理念的认可

---

[1] [美]爱德华·希尔斯：《论传统》，傅铿、吕乐译，上海人民出版社2014年版，第261—218页。

[2] Michael Walzer, *Obligation: Essays on Disobedience, War and Citizenship*, Cambridge: Harvard University Press, 1982. p. 12.

[3] 蔡定剑：《宪法精解》，法律出版社2006年版，第127页。

之中。沃尔泽也明确指出，对社会价值原则的认可，也是对那些言传身教这些价值原则，或者是执行这些价值原则的人的认可。[1] 而现行宪法序言所确立的"富强"、"民主"和"文明"，即经济持续增长、社会走向繁荣、国家实现富强、人民得以富足、政治治理民主、人权获得保障、自由、平等、人格尊严和追求幸福，就是当下中国的共识性价值。经过国民对这些特定的共识性价值和原则的认可，当下政治中国的政治统治及其行动本身就获得了正当性。现行宪法序言正是通过明确宣告这种国家梦想来获得国民的认同，进而实现并强化其政治统治及其权力的正当性的。

值得注意的是，西方政治家也注意到通过重建国家梦想来消解西方政治所面临的正当性危机。在晚期的资本主义结构中，政治制度或行动正面临着"正当性危机"已是一个不争之事实。哈贝马斯在批判晚期资本主义的危机模式时，指出困扰晚期资本主义社会的危机不仅仅是业已被经济学家和社会学家所证明的经济危机，正如当下新冠肺炎疫情的全球暴发和之前金融风暴所带来的全球范围的严重经济消退（而中国却由于其稳定的经济增长而成为例外），而且还包括社会文化系统产生的动机危机，以及源自政治统治系统的合理性危机与正当性危机。所谓的正当性危机就是一种认同的危机。在政治领域中，它表现为民众逐渐丧失对统治权力的认同和忠诚。如果民众对政治统治和权力的认同感与忠诚度降低，不足以维持在一种必要水平之上，那么正当性危机就随之出现。总体而言，在哈贝马斯的理论视域中，"合法性危机是一种直接的认同危机。它不是由于系统整合受到威胁而产生的，而是由于下列事实造成的，即履行政府计划的各项任务使失去政治意义的公共领域的机构受到怀疑"[2]。而克服政治结构中的"正当性危机"的一种有效途径，就是重新塑造国家的梦想，重新唤起民众对于国家梦想的政治认同，即通过民众意志的有效表达和通过这种表达机制而获取并证立的认同来证成统治正当性，解决政治的正当性危机。只有经由国民对于国家梦想的认同才能重构服从权威的义务感，并使政治生活转换为对规则与程序的支持。正如有的美国政治家（如共和党人兰德·保罗）就试图通过"重建美国梦"来为今天的美国寻求一条发展之路。

---

[1] Michael Walzer, *Obligation: Essays on Disobedience, War and Citizenship*, Cambridge: Harvard University Press, 1982. p. 5.

[2] [德] 尤尔根·哈贝马斯：《合法化危机》，刘北成、曹卫东译，上海人民出版社2000年版，第65页。

（四）基于效绩的正当性证成

现行宪法序言在第4、第5、第6段描述了作为政治共同体的国家的伟大革命与建设历程，即彭真同志所谓的"中国现代史上的四件大事"："一九一一年孙中山先生领导的辛亥革命，废除了封建帝制，创立了中华民国……一九四九年，以毛泽东主席为领袖的中国共产党领导中国各族人民，在经历了长期的艰难曲折的武装斗争和其他形式的斗争以后，终于推翻了帝国主义、封建主义和官僚资本主义的统治，取得了新民主主义革命的伟大胜利，建立了中华人民共和国……中华人民共和国成立以后，我国社会逐步实现了由新民主主义到社会主义的过渡。生产资料私有制的社会主义改造已经完成，人剥削人的制度已经消灭，社会主义制度已经确立……中国人民和中国人民解放军战胜了帝国主义、霸权主义的侵略、破坏和武装挑衅，维护了国家的独立和安全，增强了国防。经济建设取得了重大的成就，独立的、比较完整的社会主义工业体系已经基本形成，农业生产显著提高。教育、科学、文化等事业有了很大的发展，社会主义思想教育取得了明显的成效。广大人民的生活有了较大的改善。"显而易见，一方面，宪法序言所描述的这"四件大事"所形成的脉络，就是中国人民不断实现其国家梦想的历程。正是通过这种对历史事实的选择与排列，"一般性的历史知识或历史事件就演化成或上升为'任何人都无法否认'的历史逻辑与历史哲学"[1]。这"四件大事"的发生，是中国朝着"民族复兴梦"和"富强、民主、文明梦"而前进的历史见证。更为重要的是，除辛亥革命推翻帝制以外，其他三件大事（即取得新民主主义胜利并建立中华人民共和国、完成社会主义改造而确立社会主义制度、国家建设取得伟大成绩）都是中国共产党领导全国人民实现的。这就为中国共产党作为执政党的正当性提供了论证。因为，"几代人时间的长期持续的有效性，也可以给予一个政治系统合法性"[2]。中国共产党执政的正当性，就在于其领导人民取得的上述伟大历史业绩获得了人民的普遍认同，就在于其带领人民不断追寻和逐步实现"中国梦"而获得人民的普遍认同。另一方面，宪法序言之所以要描述从晚清帝制到国民政府，再到中华人民共和国的这种革命历程，也是为了表明中国作为历史文化共同体在保持历史延续的同

---

[1] 喻中：《法律文化视野中的权力》，山东人民出版社2004年版，第116页。
[2] [美]西摩·马丁·李普塞特：《政治人：政治的社会基础》，张绍宗译，上海人民出版社1997年版，第59页。

时，也作为政治法律共同体而存在。政治国家的更迭，并没有脱离文化中国的谱系。当下政治中国的正当性，既源自"光荣的革命传统"作为内驱力所导致的政治共同体的更迭，也源自文化上所继受的正统性。

由此可见，国家梦想承载着立宪目的和建国宗旨，它不仅规定并制约着国家的基本原则、核心制度和根本任务，还为政治统治及其权力提供正当性证成。因此，从这个意义上看，国家梦想是宪法文本的灵魂所在。

三、宪法文本确立的中国道路及其政制建构的理论基础

现行宪法的序言，宣示了当下中国的光荣与梦想。而实现国家梦想则是当下中国最大的政治。宪法序言不仅勾勒了这种国家梦想，而且还为实现这种梦想确立了系统的政制建构。现行宪法序言第7段表述了一个理念，即走"中国特色社会主义道路"是实现中国国家梦想的必由之路。

（一）实现"中国梦"的中国特色社会主义政制建构

当下中国政制建构，必然要体现出中国特色社会主义的性质。宪法文本首先确立的就是人民民主专政的国家性质。现行《宪法》第1条规定："中华人民共和国是工人阶级领导的、以工农联盟为基础的人民民主专政的社会主义国家。""社会主义制度是中华人民共和国的根本制度。禁止任何组织或者个人破坏社会主义制度。"政权性质或"国体"是国家制度中的核心问题，因为它关注的是社会各阶级在特定国家中的地位和力量对比关系，反映出民主与专政、统治与被统治的关系。人民民主专政的国家性质决定着国家的各种制度和基本国策，决定着公民在国家中的地位。其次，现行《宪法》第2条规定："中华人民共和国的一切权力属于人民。人民行使国家权力的机关是全国人民代表大会和地方各级人民代表大会。"这不仅表明当下政治中国奉行人民主权原则为基本政制原则，而且确立了当下政治中国的政权组织形式（即"政体"）是人民代表大会制度。以人民代表大会制度作为基本政治制度，反映出我国组织国家政权机关、实现国家权力的形式就是人民普选产生代表，由代表组成各级人民代表大会及其常设机关，基于人民代表大会产生一府（政府）、一委（监察委）、两院（检察院和法院），政府、监察委、法院和检察院由人民代表大会产生、对人民代表大会负责、受人民代表大会监督的模式。这种模式由现行《宪法》第3条予以确立。再次，现行《宪法》第4条确立了民族区域自治制度，即"各民族一律平等……各少数民族

聚居的地方实行区域自治,设立自治机关,行使自治权。各民族自治地方都是中华人民共和国不可分离的部分"。从次,现行《宪法》第 5 条将当下政治中国的治国方略定位为法治,即"中华人民共和国实行依法治国,建设社会主义法治国家"。"法治条款"写入现行宪法,标志着现代政治中国必须借助法律统治这一基本方式来展开国家治理、实现国家梦想。这也是中国人民总结正反两方面的历史经验而得出的政治结论。历史经验告诉国人,依凭领袖个人意志来展开国家治理,是难以真正且圆满实现国家梦想的。另外,现行宪法在其序言中确立了中国共产党领导的多党合作和政治协商制度。这是具有中国特色的一项基本政治制度,其内涵丰富:中国共产党是执政党,各民主党派是参政党。作为执政党,中国共产党执政的实质是代表工人阶级及广大人民掌握人民民主专政的国家政权。各民主党派是参政党,具有法律规定的参政权,即参加国家政权,参与国家大政方针和国家领导人选的协商,参与国家事务的管理,参与国家方针、政策、法律、法规的制定和执行。中国共产党和各民主党派合作的首要前提和根本保证是坚持中国共产党的领导和坚持四项基本原则。其合作的基本方针是:长期共存,互相监督,肝胆相照,荣辱与共。最后,现行《宪法》第 31 条对特别行政区作出专门规定,把"一个国家,两种制度"体现于国家的根本法之中。近代以来,实现国家统一就是文化中国的国家梦想,而"一国两制"在宪法的确立,并以之为宪法依据来解决香港、澳门和台湾问题,是邓小平同志丰富政治智慧的高度体现,也为实现"民族复兴梦"奠定了重要的政制基础。

(二) 作为地方性知识的中国特色社会主义政制建构

如前所述,实现"中国梦"要依靠中国特色社会主义道路,以及与此相适应的中国特色社会主义政制建构。这种政制建构的独特性就源自中国本土的地方性知识体系和知识观念。吉尔兹就指出政治"跟所在地方性知识有关联"[1]。事实上,任何一种法律制度和政治制度,并非是作为一种超脱本土的历史性和现实性文化脉络的规则与原则相叠加的体系。相反,它们的根基就是一套所谓的"地方性知识"。政制建构所依据和包含的知识,总是在本土(特定的地域和文化情境)之中产生并得到辩护的。现行

---

[1] [美]克利福德·吉尔兹:《地方性知识:阐释人类学论文集》,王海龙、张家瑄译,中央编译出版社 2000 年版,第 222 页。

宪法序言对于当下中国国家梦想的勾勒，离不开对"本土中国"文化观念、民族心理和政治实践的整体把握和提炼。而实现这种梦想的特色社会主义道路及相应政制建构，如人民代表大会制度所呈现的国家权力金字塔形结构、民族区域自治制度建构的"民族地方的建立—自治机关的设立—自治权的行使"模式，以及一国两制设定的特殊中央地方关系等具体政制，其生命力也并非是出于某种普遍性价值标准和原则，而是源自中国本土政治实践经验和政治智慧。

那么，这种作为地方性知识的政制建构是否具有合理性呢？其答案是不言而喻的。自20世纪中叶亚非拉民族解放运动兴起以来，以"西方文化中心论"为实质核心的世界主义（或"价值普世主义"）受到了挑战。如何评价各个地区和民族的文化价值就成了一个关涉现实的理论难题。事实上，文化多样性的存在对于人类社会发展而言具有着不可或缺的价值。就政治而言，每一种政治文化及以此为基础的政制建构，都具有其独创性和充分的价值，每个民族的政治文化都有象征该民族文化中最主要特征的"文化核心"。任何一种具体的政制建构，如果脱离了蕴含其生长的本土文化语境，就显得毫无意义。不可否认，任何一种地方性知识或本土文化都有它自身的品性，它们在价值上都是平等的。正如对于每一个人而言，不能因为血缘、性别、宗教信仰、家庭背景、身心健康状况、教育背景和财产状况等因素存在差异而否认其具有平等的人格和尊严。正是由于文化的平等品性，文化判断标准才是相对的，因而也不存在绝对的文化价值。反观中国特色社会主义政制建构和发展模式，我们认为，与西方的政制建构相比较，二者之间并不存在优劣之分。从文化相对论的角度看，西方的民主政制建构也仅是源自英美国家的一种"地方性知识"，并不具有所谓的绝对"普世性"。以往那种西方政治思潮和西方政治实践所塑造和推行的关于西方民主政制建构的理想图景以一种"政治文化中心主义"进行扩张时，就遮掩了世界政治文化和政制建构的多样性存在及其所具有的珍贵价值。每一类型的现代民族国家的政制建构，都是以实现其民族国家的国家梦想为依归的。问题的关键在于他们能否有效地实现其各自的国家梦想，而不是采取何种具有"普世价值"的发展道路和治理模式。因此，评价某种特定政制建构，必须将其置于所处的文化语境和价值系统中进行。新中国成立多年来的政治实践也表明，中国正在不断朝着民族独立、民生改善和民权发展前进，这就是一个不断实现"中国梦"的伟大历程。

| 第二章 |

善治、参与民主与中国国家治理的实践

第一节　中国参与民主的理念诉求与制度建构

在人类政治文明的发展历程中，任何统治类型和模式都必须认真对待正当性问题。政治统治—权力的正当性，不仅关涉到统治权力或公权力的渊源及其正当边界和范围问题，关涉到权威与政治义务的证成问题[1]，而且在一个既定的社会形态中，正当性往往是获得社会秩序、经济效率和司法公正的必要条件。

在对待政治统治的正当性问题上，哈贝马斯强调，晚期资本主义社会存在着巨大的、以正当性危机为核心的政治危机倾向。而其他类型社会形态（如社会主义社会）的政治统治，尽管并不存在哈贝马斯所指出的那种由资本主义社会"确保生产资料私人占有的形式民主"与民众认同之间的矛盾而产生的正当性危机，但也仍然存在如何证成统治正当性的问题，以及不断证成并巩固政治统治的正当性与公权力产生、运作的正当性的现实需要。

本节所关注的，并不是西方国家政治统治对正当性危机的解读和解决，而是一种以中国自身问题的阐释为出发点的思考。总体而言，本节所关注的问题是，如何依靠作为文化理念的民主[2]——尤其是公众参与的民主理论去证成和巩固当下政治统治的正当性。

首先，在这个分析过程中，如何在新的历史条件下不断证成和巩固社会主义民主政权的正当性，始终是本节所要思考的问题。在民主成为一种全球化趋势、社会主义民主政治成为由中国共产党所领导的中国人民的必然政治选择的发展背景下，对这个问题的回答，在一定意义上，就是如何

---

[1] 在有的西方学者的语境中，统治的正当性（Legitimacy）与正当的权威（Legitimate authority）是可以交替使用的，二者在很大程度上是一回事。See Robert L. Simon, *The Blackwell Guide to Social and Political Philosophy*, Hoboken: Wiley-Blackwell, 2002, pp. 17-23.

[2] 政治学家 Richard Balme 就曾在其文章《为什么要公众参与？——超越专家统治论的代议制政府》中明确指出，"民主最终是一个文化问题"。参见蔡定剑主编：《公众参与：欧洲的制度和经验》，法律出版社2009年版，序。

不断发展和完善社会主义民主政治，推进社会主义政治文明。因为，我们不可回避的是，在当今社会进程中，民主已经成为一种政治正当性的评价标准。

其次，需要注意的是，正如哈贝马斯所揭示的那样，西方原有的以代议制民主为代表的民主理论及其制度模式，已经不足以有效地维系民众对统治权力的认同和忠诚，换句话说，以代议制民主制度为政治统治的资本主义社会已经面临着政治统治正当性危机的挑战。因此，我们所要面对的问题，不再是简单地借鉴西方代议制民主理论与制度的合理因素，而是一方面，我们有学术义务去梳理中国本土的政治统治正当性证成的传统学术资源，力图从相关的学术思想中创造性地转化、提炼出一种能够有益于建构或者支持新的能够证成政治统治正当性的民主理论模式；另一方面，为了避免和克服自由主义（代议制）民主理论包含的精英主义和对公众参与排斥的民主悖论，我们有必要在批判与借鉴西方自由主义（代议制）民主的基础上，建构一种能够证成统治正当性的社会主义政治民主结构，即在坚持人民代表大会作为根本政治制度和民主制度主体地位的同时，发展多种民主形式，尤其是要强调并扩大公民的有效政治参与。这种公民的政治参与，不仅仅是公众对民主选举的参与，也在于公众对民主决策、民主管理和民主监督的普遍参与。应当说，这样一种全新结构的民主制度，能够为新时期社会主义政治统治和权力运作提供合法性证成。总体而言，如果人民代表大会制度确立了我国政治统治的正当性，那么以公众参与为条件和关键的新型参与民主理论机器模式就在巩固和扩大这种正当性。

一、统治正当性及其民主证成

（一）正当性的词源

对于中国学界而言，尽管我们有着共同的问题意识和独特的话语体系，但是为了批判借鉴西方的研究成果，我们总是面对如何准确翻译西方学说关键词的问题。目前困扰中国政治哲学和法哲学的一个重要的问题，就是对西文"Legitimacy""Légitimité""Legitimität"的准确翻译。其原因在于，这不仅关涉如何在中文的语境中理解"Legitimacy"等词的含义问题，而且更为重要的是，以"Legitimacy"等词语为关键词和逻辑起点，在西方政治哲学和法哲学的学术思想源流中形成了一个特定的问题域和学说史，即关于既定政治组织社会结构中统治者和被统治者之间关系，或者说是支配与服从关系的评价问题。而"Legitimacy"等词的准确翻译，就直接影响到能否在中文的语境中准确定位、理解和阐发西方这门重要的学说和理念。

然而，英文"Legitimacy"等词语，在中文的翻译中却存在普遍的混乱。以英文"Legitimacy"为例，不同的译者根据其不同的语境和思维前见，将"Legitimacy"或者翻译为"合法性"，或者翻译为"正当性"。造成这种翻译混乱的原因大致有二：其一，"Legitimacy"本身就包含有"合法性""正当性""正统"的含义，而且还包含"正常""常规""准确""符合法律规定"等含义；其二，英文"Legitimacy"与"Legality"极为容易产生混淆。这种混淆在德文、法文中也同样存在。据国内学者考证，"Legitimacy/Légitimité/Legitimität"很多情况下被译为"合法性"，也有译为"正当性"，"Legality/ Légalité/Legalität"则更杂乱一些，或为"合法律性"，或作"合法性"，还有译为"正当性"。甚至还有两者被张冠李戴和李戴张冠的情形。[1]

如此看来，要把握"Legitimacy"的含义，就必须首先在学理上划清"Legitimacy"与"Legality"的界限。而"Legitimacy"本身的多义性，以及"Legality"词性与"Legitimacy"的相近性，使得这种翻译更加困难。

实际上，立基于政治哲学和法哲学的立场，考察"Legitimacy"的中文译法是"正当性"，还是"合法性"，以及"Legitimacy"与"Legality"各自的中文含义，有必要将其置于政治哲学和法哲学本身的渊源与流变的脉络之中。在《卢梭与韦伯》中，法国学者 J. G 梅吉奥（J. G. Merquior）指出，在古典拉丁语里，"lēgitimus"的意思有两种：一是"合法的，法定的（gesetzmäßig）；来自法律的（gesetzlich）"；二是恰当的（gehörig），正确的（richtig）。而在中世纪，以圣·奥古斯都和圣·托马斯·阿奎那为代表的政治与法律哲学所建构的"Legitimacy"概念，成为衡量政治统治是否具有正当资格或品质的标准，因为现实中神圣的教皇权力与世俗的君主统治，及其各自派生的权威，客观上需要在理论上得到证成或正当化。这种需求就激发起对权力的有效性与"legitimacy"问题的理论分析。"Legitimacy"也就开始特别关涉对政治统治和公权力的正当性，以及政治权威的有效生成的评

---

[1] 参见刘毅：《"合法性"与"正当性"译词辨》，载《博览群书》2007年第3期。

价问题。而在当时，这种证成必须借助于"上帝意志"而完成。伴随着近代启蒙运动的兴起，评判统治合法性的标准或准则，就从先前的"理性"或者"上帝的意志"，转换成某种包含着道德准则的自然法。古典自然法观念的出现，促使"Legitimacy"的含义定型化。在韦伯的理论视域中，自然法有三种作用：规范作用，也就是为制定法提供一个道德基础，并指导和约束法律的制定和实施；正当化（legitimizing）作用，即为制定法提供一种价值理性的正当性证明；革命性作用，即创造新的法律和社会秩序。[1]因此，在这个意义上，将"Legitimacy"翻译为"合法性"也不为错，只是必须指出，这里"合法性"中的"法"所指涉的对象是有所限定的，即仅仅就自然法而言，而并非包含其他世俗法律在内的一般意义上的法律。

但是问题在于，在古典自然法理论所建构的自然法—世俗法的规则二元结构中，还包含着另外一种"合法性"，即考察人类具体制度、行动与世俗法律（或实在法）的关系。这就是"Legality"所描述和阐释的问题。换句话说，中文"合法性"，根据不同的语境，既可以对应"Legitimacy"，也可以对应"Legality"。因此，将"Legitimacy"翻译为"合法性"，容易造成理解上的混淆。而根据刘毅先生的观点，中文"正当"一词的现代用法，其新意是指，人们基于特定价值尺度对社会秩序、政治法律制度以及人的思想行为等所作的正面判断。也就是说，符合某种价值标准的制度或行为即是正当的，或者说具有正当性。这种含义和用法恰好对应"Legitimacy"在西语中的意义，所以，以"正当性"对译"Legitimacy"应无异议和歧义。而"合法性"在现代汉语中的一般意义是指某种制度或行为是"符合（现行）法律的"，从法理学或思想史的角度看，能够大致清楚地表达法实证主义意义上的"Legality"的含义。所以，以"合法性"对译"Legality"也是适宜的。[2]

那么，正当性到底指的是什么？它在政治统治中的适当边界和地位又是什么？正当性的政治意义何在？它是否具有前提条件？这些条件是什么？

（二）政治统治的正当性与正当性权威

根据社会学家莫里斯·泽尔蒂奇（Morris Zelditch）的观点，在人类的

---

[1] 参见刘毅：《"合法性"与"正当性"译词辨》，载《博览群书》2007年第3期。
[2] 参见刘毅：《"合法性"与"正当性"译词辨》，载《博览群书》2007年第3期。

文字记录中，最先描述政治统治的合法性问题的是古希腊人修昔底德。[1]在其名著《伯罗奔尼撒战争史》中，修昔底德记录了雅典人和米洛斯人的战争过程：公元前416年，为了征服不臣服于雅典的米洛斯人，雅典将军克里奥米德斯和提西亚斯率兵对米洛斯岛发动了远征。在发动攻击之前，雅典人派遣使者与米洛斯人进行谈判，试图迫使米洛斯人不战而降。他们给米洛斯人提供了两个选择：或者屈服于雅典的统治，或者选择毁灭。雅典人强调："我们都知道，当今世界通行的规则是，公正的基础是双方实力均衡……强者可以做他们能够做的一切，而弱者只能忍受他们必须忍受的一切。"尽管米洛斯人已经意识到"拒不向你们投降，那么结果就是战争；反之，如果听从你们的要求，我们就会沦为奴隶"，但是他们还是认为，"这只是一种权宜之计——因为你们强迫我们置正义的原则于不顾，而只是从利害关系着眼"。[2] 最终，米洛斯人答复："我们不会为眼前利益而使我们生养安息已达700年之久的城邦丧失自由。"不久，雅典人攻克米洛斯城，开始行使统治权。

这篇对话之所以在政治哲学史中极其重要，原因就在于它关涉到一个人类社会政治过程的重大问题，即如何证成特定政治组织社会的权威统治—服从的正当性问题。

面对这个疑问，雅典人秉持的是一种"暴力证成"理论。他们认为，暴力本身就是政治组织社会中的统治—服从关系的天然证明。之所以强者的统治是正当的，是因为正义是一个实力对比的问题，强者的意志与行动就具有天然的正当性。正如米洛斯人指出的那样："假如你们不让我们谈论正义，而只要我们服从你们的利益……"这种将暴力与正当性相融合的思想观念，对当时的希腊人来说，是并不陌生的。公元前5世纪，智者学派完成了哲学与宗教的分离。其中，色拉西马库斯就认为，正义与正义的事物，本质上是他人的利益，即强者、统治者要求的利益。任何政权拥有力量后，就会制定符合自己利益的法律，并将这种法律称为正义的法律。而卡里克利斯（Callicles）在指出人们制定的法律（他称之为"约定"）与

---

[1] See Morris Zelditch, "Theories of Legitimacy", in John T. Jost & Brenda Major, *The Psychology of Legitimacy: Emerging Perspectives on Ideology, Justice, and Intergroup Relations*, Cambridge: Cambridge University Press, 2001.

[2] 参见［古希腊］修昔底德：《伯罗奔尼撒战争史》，徐松岩、黄贤全译，广西师范大学出版社2004年版，第312—319页。

自然的法律并不相同的基础上，强调按照自然的法律要求，正义就是强者统治弱者。因此，用暴力来证成统治—服从的正当性，是一种可供选择的路径。与此相反，米洛斯人似乎并不接受雅典人关于通过暴力的正当性证成。在米洛斯人的发言中，似乎隐含着一个统治正当性与暴力的分离命题：即使暴力能够支持一种权威，但也绝非是正当的权威。对米洛斯人而言，暴力征服如何具有道德正当性，从而转换为一种无须暴力的权威统治，才是他们真正关注的问题。

米洛斯人虽然被武力征服，但是米洛斯人关于政治统治正当性的追问却并未消失，而且成为人类政治哲学数千年来的经典论题。

那么，政治统治正当性的确切含义是什么？总体而言，政治正当性就是民众与统治权威之间关系的评价（西方学者往往将这种关系称为"被统治者与统治者的关系"）。统治的正当性关涉到政治权力和其遵从者证明自身的存在和行动为正当的过程。在某种意义上，它就是对统治权及其模式的认可问题。[1]

正当性权威及其统治模式，是马克斯·韦伯的支配社会学理论的主题。

支配社会学（Sociology of Domination）是马克斯·韦伯以人类社会的"统治—支配"为研究对象形成的独特社会学理论。韦伯的支配社会学涉及人类社会不同支配类型的本质、结构、存在条件与变迁、功能形态，以及其正当性基础等理论问题。由于社会行动的一切领域无一例外地深受（关涉权威与权力的）统治—支配结构的影响，因此，支配社会学成为韦伯全部人类社会学的核心。韦伯的支配社会学理论是建构在两个理论基石之上的。其一是"支配"；而另一个就是"正当性"。而支配社会学会是描述和证明三种具有正当性基础的统治或支配模式，即传统型（Traditional）、卡理斯玛型（Charisma，即个人魅力型）和法理型（Legal-rational，又译为科层型或官僚型支配）。与此相对应的三种统治支配模式是，传统型支配、卡理斯玛型支配，以及法理型支配。

传统型权威是一种最古老的政治统治权威模式，其正当性通过习俗、惯例、经验等因素来证明。传统型权威支配有三种具体体现，即族长制、

---

[1] [法]马克·夸克：《合法性与政治》，佟心平、王远飞译，中央编译出版社2002年版，中译本序。

世袭官僚制与封建制。传统权威支配的社会组织,统治者往往依照传统形成的组织规则来治理臣民,民众对上级的服从来自传统赋予上级的固有权势和尊严。

在韦伯的理论视域中,"卡理斯玛"表示某种人格特质或魅力。具有此种特质的人会被认为超凡脱俗,禀赋着超自然以及超人的,或者至少是特殊的力量或品质。人类社会发展史中,某些人,如原始社会的先知、祭师或者战争英雄等,由于被认为具有某种类型的卡理斯玛而成为该社会共同体的领袖。因此,作为一种人类社会统治支配模式,卡理斯玛型权威并不依赖于等级秩序或者法律规范,而是依赖于被支配者对卡理斯玛领袖的无限信仰和尊崇。纯粹的"卡理斯玛支配,就其本质而言,是与'规则'不兼容的"[1]。由于韦伯认为统治支配模式是否具有合法性,取决于该统治支配要求服从的命令在事实上是否获得被支配者的接受和认可。因此,卡理斯玛型支配具有最为纯粹的合法性权威。[2]

而韦伯所谓的法理型支配,如前所述,就其形式上的最显著特征而言,是一种科层统治(又译为"官僚"统治),它与传统型统治一样,最有利于社会秩序的维系和统治的延续。但是在韦伯看来,在一个现代国家,实际统治秩序的展开,必然地和不可避免地要诉诸科层政治治理。这就意味着,权力、权利和义务的配置出于法律制度的安排,官员不带偏见和情感地履行公务。在法理型支配结构中,传统的权威、习惯,或者领导人的意志都不能成为统治的根基或本源。相反,法理型支配要求服从的对象并不是个人或者习俗惯例,而是"被视为道德约束的法规。人们按照法律行事,是因为把法律看作'正当的'"[3]。权威与权力的正当性,就在

---

[1] [德]马克斯·韦伯:《经济与历史 支配的类型》,康乐等译,广西师范大学出版社 2004 年版,第 358 页注释④。

[2] 还有些像哈特关于法律"内在观点"的理论。哈特认为,只有从"内在观点"才能完全解释法律的权威、行动的理由和守法的义务。持有"内在观点"的人之所以遵守法律,是因为他(们)认为法律具有正当权威。而持"外在观点"的人遵守法律是考虑到违法所带来的不利后果。而韦伯在论述统治支配类型的正当性的时候,就强调法理型支配和传统型支配之所以被服从,具有正当性,是因为人们对不服从的后果的预测。而卡理斯玛型支配的服从,完全处于共同体成员的自愿,卡理斯玛支配的正当性,是他们崇信的产物。

[3] [英]弗兰克·帕金:《马克斯·韦伯》,刘东、谢维和译,四川人民出版社 1987 年版,第 125 页。

于它们是否符合既定的、合理的、"为理性所界定"的法律规则。[1] 这种界定法律规则的理性，在韦伯的观念中，包括目的理性或价值理性（或者两者并立）。[2]

（三）公众的认同与基于民主的政治正当性

关于政治正当性与权威，现代政治哲学的一个普遍的认识就是，仅仅依靠强制力或者暴力，是无法建立真正的权威的。权威不能仅仅等同于暴力或强制性的关系，尽管后者是权威的要素之一。"因为要求遵从的话语依赖于说话者先前已有的权威，而并不取决于其随后出现的造成不必要效果的权力。"[3] 也就是说，人们在现实中遵守法律规则，与其说是因为权威所包含、指涉的强制或暴力威慑，不如说是因为人们基于对权威的信仰或尊重。只有这样，才能够理解汉娜阿伦特所谓的如下判断："如果要给权威下一个完整的定义，那么就必须使其既区别于依靠武力的压服，又区别于运用论争的说服。"[4] 这就是为何米洛斯人不认可雅典人在暴力支持下的统治正当性阐释。

事实上，在任何政治组织社会的治理结构中，统治权利只有当其有效性被承认或者认可时，才具有真正意义上的权利特性。而义务性安排，就是对权利有效性的承认。权利—义务体系是人们所达成的谅解和协议。[5] 这种谅解与协议的基础，就是缔约参与人对它们的承认和认可。公众的认可是统治正当性的唯一证成。正如迈克尔·沃尔泽所强调的，"我们不能说因为政府是正当的，所以公民就应该遵守义务，而更应该说是因为公民的认可，所以政府才是正当的"[6]。韦伯所描述的上述三种统治—支配模

---

[1] 参见［德］马克斯·韦伯：《支配社会学》，康乐、简惠美译，广西师范大学出版社2004年版，第20页。
[2] 参见［德］马克斯·韦伯：《经济与历史 支配的类型》，康乐等译，广西师范大学出版社2004年版，第308页。
[3] ［英］米勒、波格丹诺主编：《布莱克维尔政治学百科全书》，邓正来等译，中国政法大学出版社2002年版，第47页。
[4] ［英］米勒、波格丹诺主编：《布莱克维尔政治学百科全书》，邓正来等译，中国政法大学出版社2002年版，第47页。
[5] ［法］马克·夸克：《合法性与政治》，佟心平、王远飞译，中央编译出版社2002年版，第14页。
[6] 参见 Michael Walzer, *Obligation: Essays on Disobedience, War and Citizenship*, Hoboken: Harvard University Press, 1982, p. 12.

式都具有正当性,其根本原因就在于,这些统治—支配模式在某种条件下,或者在某个历史时期,都曾经或者正在获得公众(或者被统治者)的普遍认同。而在现代政治过程中,对统治权威的认可,就具体反映在对具有权威地位的人或者他们奉行的价值原则的认可。沃尔泽也明确指出,对社会价值原则的认可,也是对那些言传身教这些价值原则,或者是执行这些价值原则的人的认可。[1] 经过对这些特定的人或价值原则的认可,权威统治就获得了正当性。

值得注意的是,哈贝马斯却指出了政治哲学的一个重要问题——统治的合法性危机。在哈贝马斯的理论视域中,"合法性危机是一种直接的认同危机。它不是由于系统整合受到威胁而产生的,而是由于下列事实造成的,即履行政府计划的各项任务使失去政治意义的公共领域的机构受到怀疑"[2]。

而克服当下的政治结构中的"正当性危机"的有效途径,就是诉诸源自民众的认同,即通过民众意志的有效表达和通过这种表达机制而获取并证立的认同,来证成统治正当性、解决政治的正当性危机。在民主社会中,正是公众的"赞同建立了义务感,并使政治生活成为了对规则与程序的追寻"。而民众或公众认同的表达机制,就是民主的制度安排及其实践过程。

民主一词源于希腊文"demos"(即民众)和"kratia"(即统治或者权威)。其原初含义就是民众的统治或者人民的权威。民主包含人民主权和民智政府的内在要求。前者是在民主体制下,人民拥有超越立法者和政府的最高主权;后者是由全体公民——直接或通过他们自由选出的代表——行使权力和承担公民责任的政府。这是民主政体区别于其他政体的最为显著的特征。总体而言,民主要求在一定的阶级范围内,在以平等为原则的指导下,实行少数服从多数、多数尊重少数的原则,由民众来共同管理国家事务。

民主政体的理想形式在近代社会初期表现为社会契约论。[3] 早期的契

---

[1] Michael Walzer, *Obligation: Essays on Disobedience, War and Citizenship*, Hoboken: Harvard University Press, 1982, p. 5.

[2] [德]尤尔根·哈贝马斯:《合法化危机》,刘北成、曹卫东译,上海人民出版社2000年版,第65页。

[3] 参见[英]米勒、波格丹诺主编:《布莱克维尔政治学百科全书》,邓正来等译,中国政法大学出版社2002年版,第202页。

约论代表人物洛克、卢梭等人就强调人民主权的观念和人民统治的正当性。但值得注意的是，在民主理论中，正是洛克和卢梭，各自开创了不同的民主理念和体系，即基于自由的民主和基于平等的民主。"从洛克到弗里德里希·哈耶克和米尔顿·弗里德曼的自由民主派，一直将注意力集中在研究民主中的自由和自由选择的作用上，因而认为资本主义的自由市场契约关系既是民主政治生活的模式又是不可或缺的先决条件。从卢梭到C. B. 麦克弗森的平等民主派则强调平等和社会正义在民主中的作用，因而赞成将民主政体建立在政治和法律的平等的基础上，而政治和法律的平等又是以公有制为基础的。"[1]

在自由的民主派看来，现代政治中的民主，必须是保护人类自由的一系列原则和行为方式，是自由的体制化表现。以多数决定为原则的民主，同时又以尊重个人与少数人的权利为必要条件。所有民主国家都在尊重多数人意愿的同时，极力保护个人与少数群体的基本权利。为了实现民主政府的首要职能（即保护公民的言论和宗教自由等基本人权，保护公民受法律的平等保护权利，保护人们组织和充分参与社会政治、经济和文化生活的机会），民主国家必须定期举行全体公民参与的自由和公正的选举。民主使政府遵循法治，确保全体公民获得平等的法律保护，其权利受到司法体制的保护。而这些原则与价值就包含在一国的宪法之中。当有一个强有力的宪法来限制民主体制自身可能产生的专断的倾向和潜在的可能性，这就是所谓的立宪民主。在立宪民主制国家中，民主社会奉行容忍、合作和妥协的价值观念。公民不仅享有权利，而且负有参与政治体制的责任，而他们的权利和自由也正是通过这一体制得到保护。

自 18 世纪以来，民主不再仅仅作为一种政治统治模式（政体形式）而存在，由于民主自身转换成一种社会价值，其也就成为评价政府体制的一个重要的（价值）标准。符合民主要求的政府总是被赋予了"正当性"的评价。其原因就在于，民主机制的运行，在某种意义上，就是民众（公众）意志的表达，而这种公众意志的表达，就是一种认同的形式。从这个意义上来说，在现代政治结构和环境中，经过合法选举产生的政府，就是具有正当性与合法性的政府。正是民主选举——民主监督机制为政治统治

---

[1] [英] 米勒、波格丹诺主编：《布莱克维尔政治学百科全书》，邓正来等译，中国政法大学出版社 2002 年版，第 204—205 页。

提供了有效的正当性辩护。可以说，现代政治的正当性，来自反映民众意志、体现民众认同的民主制度的有效运行。

二、中国公众参与的角色定位与功能诠释：政治正当性的巩固与强化

自1949年以来，在作为我国执政党的中国共产党的领导下，社会主义民主建设取得了巨大的发展，尤其是改革开放以来，社会主义民主政治就是政治文明建设的重要主题和内容。

人民代表大会制度是我国的根本政治制度。我国的国家性质是人民民主专政国家。我国宪法关于"中华人民共和国的一切权力属于人民"，以及"人民行使国家权力的机关是全国人民代表大会和地方各级人民代表大会"的规定，确立了国家制度的核心内容和基本准则，体现了国家权力的归属问题。为了最为有效的保障和实现人民主权原则，中国共产党人领导人民确立了人民代表大会制度。人民代表大会制度是按照民主集中制原则，由选民直接或间接选举代表组成人民代表大会作为国家权力机关，统一管理国家事务的政治制度。

人民代表大会制度的优越性，具体表现在：首先，人民代表大会制度为人民当家作主创建了最好的组织形式，有利于保证国家权力体现人民的意志。人民代表大会制度是适合我国国情的根本政治制度，它直接体现我国人民民主专政的国家性质，是建立我国其他国家管理制度的基础。人民代表大会制度彻底否定了中国历史上社会政治生活中少数剥削阶级对人民大众的政治压迫与特权，实现了人民当家作主。人民不仅有权选择自己的代表，随时向代表反映自己的要求和意见，而且对代表享有监督权，有权依法撤换或罢免那些不称职的代表。其次，人民代表大会制度有利于保证中央和地方的国家权力的统一。在国家事务中，凡属全国性的、需要在全国范围内做出统一决定的重大问题，都由中央决定；属于地方性的问题，则由地方根据中央的方针因地制宜地处理。这既保证了中央集中统一的领导，又发挥了地方的积极性和创造性，使中央和地方形成坚强的统一整体。最后，人民代表大会制度有利于保证我国各民族的平等和团结。依照宪法和法律规定，在各级人民代表大会中，都有适当名额的少数民族代表；在少数民族聚集地区实行民族区域自治，设立自治机关，使少数民族能管理本地区、本民族的内部事务。

以人民代表大会制度为核心的我国社会主义民主制度的确立，标志着我国政治正当性的证成。人民通过人民代表大会制度，能够直接或者间接地参与到国家和社会事务的管理与决策过程中，有效地表达人民自己的意志，真正实现人民当家作主。各级人民代表大会真正代表人民的利益，按照人民的意志制定法律法规、决定重大事项、选举和任免国家机构工作人员，从根本上保证了人民在国家生活中的主人翁地位；同时，民主选举、民主决策、民主管理、民主监督，既保证、组织人民群众投身中国特色社会主义建设、管理国家和社会事务、管理经济和文化事业，又保障了人民享有的民主、自由和人权。总体而言，人民代表大会制度，以及人民通过人民代表大会制度而行使国家统治权力的行动，使得我国的政治正当性得到有力的证成。

需要指出的是，社会主义民主政治和政治文明的建设，是一个不断推进、发展和完善的过程。社会主义政治正当性也需要不断地得到巩固和强化。如何巩固和强化政治统治正当性，也是我们在新的历史时期必须认真对待的问题。社会主义政治正当性的证成，不仅需要人民代表大会制度提供的根本支持，而且还需要在完善人民代表大会制度的同时，不断丰富民主形式，扩大公民的有序政治参与，保障人民依法实行民主选举、民主决策、民主管理和民主监督。基于民主的选举、决策、管理和监督，是公众参与最为重要的内容和形式。只有通过扩大公民的政治参与，才能够进一步巩固我国的政治正当性。

那么，以公众参与为核心的参与民主理论，具有着何种内涵？它如何能够契合我国"一切权力属于人民"的社会主义民主理念及其制度实践，并强化我国社会主义政治正当性？在通过公众参与而强化我国的政治正当性的过程中，传统文化中是否存在可资利用的智识资源？新时期我国的公众参与民主的定位和结构性安排是什么？这些问题都是我们应当认真思考和对待的。

（一）参与民主的缘起："精英化"的代议制民主对民主的背离

以参与民主理论为支撑的公众参与运动，是试图弥补西方长久以来在统治模式结构中占据支配地位的代议制民主理论的缺陷而产生的，即代议制民主理论及其实践已不足以证成当下的政治统治的正当性。

以自由主义为理论基础的代议制民主，是西方近代以来的主流民主模式，其部分基本要素形成于中世纪。代议制民主的出现，是对古代直接民主政治的一种否定。古希腊城邦的政治形式，是古代世界典型的直接民主制，但这种直接民主随城邦的解体而消逝。近代的自然法学说和民主思想家，尽管在一定意义上承认国家权力源自契约的订立者——人民，但在他们的制度或理论设计中，人民并非直接掌握国家权力。（在这一点上，卢梭是个显著的个例，卢梭坚持直接民主的方案。他认为，人民的主权是不能代表的。在抨击英国的代议制时他曾指出，英国人自以为是自由的，他们大错特错了。他们只有在选举国会议员期间，才是自由的。议员一旦选出之后，他们就是奴隶，他们就等于零了。[1]）在创建代议制民主的那些政治家的心目中，"暴民"政治是一个必须避免和防止的政治危害。在西方政治传统里，"多数暴政"与君主专制都是一种专断权力的运作模式。因此，他们强调由人民选举出代表掌握国家权力，由代表执行人民的意志。公民的统治权力就体现在选举代表的过程之中。这种思想在19世纪的英国思想家约翰·斯图尔特·密尔的代表著作《代议制政府》中得到完整体现。作为当时代议制民主研究的集大成者，密尔指出，代议制政府是最为理想的政治形式，在代议制政府中，主权或者最高政治权力来自社会整个集体。[2] 公共权力的使用应以社会共同体的同意为基础，其目的就在于维系社会秩序，促进被统治者的福利及发展公民的美德和智慧。[3] "被统治者同意原则"和"最大多数人的最大利益原则"是政府和法律统治的基本原则。但是，不同于公民直接行使统治权的直接民主政治形式，代议制民主是一种间接的民主形式，即通过选举权的扩大，由各等级或社会团体选派的代表组成立法机构，行使共同体的政治统治权力，而每个公民都有可能被要求参政，担任公共职务并行使治权。[4] 在约瑟夫·熊彼特的理论视域中，代议制民主就是他所谓的"民主政治的古典学说"，即为现实共同福利作出政治决定的制度安排，其方式是使人民通过选举选出一些人，让他们集合在一起来执行他的意志，决定重大问题。因此，共同福利和人

---

[1] 参见[法]卢梭：《社会契约论》，何兆武译，商务印书馆1980年修正版。
[2] 参见[英]J. S. 密尔：《代议制政府》，汪瑄译，商务印书馆1982年版，第43—44页。
[3] 参见[英]J. S. 密尔：《代议制政府》，汪瑄译，商务印书馆1982年版，第19—27页。
[4] 参见[英]J. S. 密尔：《代议制政府》，汪瑄译，商务印书馆1982年版，第43页。

民意志是代议制民主的两个重要价值。[1]

很多后世学者认为,代议制民主的出现,解决了一个困扰民主制度拥护者的难题,即在理论上必须承认人人平等,但在实践上,只能由少数精英掌握国家权力。但是,笔者所要强调的是,代议制民主的产生,并没有实质性地解决这一多数民主与少数统治的难题。这一点在密尔的论述中已经初见端倪。密尔在建构其代议制民主理论的过程中,专门讨论了选民的意志与代表的意志的关系问题。他强调,尽管人民保有对政治权利的最终控制权,但是为了实现建立政府的目的,选民不应当坚持将绝对符合他们的意见作为代表保持其席位的条件。议会议员应当比选民具有更高的智力,以及更多的特殊业务的经验。尽管他们受益于选民的智慧,但他们却在一定程度上不应受选民判断的约束。[2] 实际上,正如国内学者胡伟指出的那样:"密尔的目的不在于如何扩大公民的参与,而在于如何使精英统治获得一种合法的大众化基础,即寻求一种理想上最好的政府形式。"[3] 这意味着,在密尔的理论中,一方面扩大公民通过选举而进行的政治参与,另一方面又为精英统治而辩护。这就表明,密尔的民主理论仍然存在着多数公众的民主和少数精英的统治之间的矛盾。而对这种矛盾中精英统治一方的扩大和在理论层面的绝对化,使得代议制民主理论分化为新旧两种形态。约瑟夫·熊彼特就是代议制民主新理论的代表人物之一。

熊彼特首先批判了传统代议制民主理论,他认为人们具有各不相同的偏好,并不存在所谓的共同福利,而且人民也并非是自身利益的最佳判断者,政治现实感的削弱,阻碍了人民意志的真正形成。只有"多数人的意志"而不存在"人民的意志"。因此,应当将代议制民主的理论重点,从传统意义上强调"人民享有统治权",附带"选举代表",转换成强调"选举代表",附带"人民享有统治权"。这样一来,民主的定义就成为"为作出政治决定而实行的制度安排,在这种安排中,某些人通过争取人民选票取得做决定的权力"[4]。这种新的民主理论强调,投票的首要功能

---

[1] 参见 [美] 约瑟夫·熊彼特:《资本主义、社会主义与民主》,吴良健译,商务印书馆1999年版,第370页。
[2] 参见 [英] J. S. 密尔:《代议制政府》,汪瑄译,商务印书馆1982年版,第171—181页。
[3] 参见 [美] 卡罗尔·佩特曼:《参与和民主理论》,陈尧译,上海人民出版社2006年版,推荐序言。
[4] [美] 约瑟夫·熊彼特:《资本主义、社会主义与民主》,吴良健译,商务印书馆1999年版,第395—396页。

是产生政府，淡化民主概念中对政治领导人予以源自选民的控制的传统概念，突出政治家对统治权力的主动性，将民主政治定义为"政治家的统治"。[1] 民主不再是人民的治理，而仅仅是人民批准的（精英）治理，即一种精英主义的民主观。

但是，无论是密尔的代议制民主，还是熊彼特的代议制民主理论，都存在着一个问题，即具有"精英"模式的代议制民主，造成了"统治"与"公众参与"的分离，而这种分离偏离了民主的原初含义。

作为一种人类实践理性在社会生活中的产物，民主制度的发展，是一个从直接民主到代议制民主的发展历程。直接民主是以享有统治权的人民的直接参与政治为特征的。中世纪以后，伴随着启蒙运动、资产阶级革命和源自宗教改革的平等理念的兴起和发展，人们重新要求通过民主制度而平等地分享治权。但这种民主已经不再是小国寡民的直接民主制，而是为了适应领土面积庞大、人口众多且生活形态复杂的近现代国家而产生的代议制民主制度。这种民主制也需要以公民的政治参与为条件，但是不同之处在于，从共和主义民主转化而来的自由主义民主强调公民的政治参与是一种保护性措施，通过选举投票来控制代表的行动，维护市民社会的自由和财产。这种政治参与只是一种最低限度的政治参与，公众的参与性就体现在定期的投票行为上。

但无论如何，在民主的理想模式中，公众的参与是民主统治得以运行的基础和条件。而民主的特征，就应该是林肯在葛底斯堡演讲中所描绘的"民有、民治和民享"。当人们把民主作为人民的统治来对待，则"民有和民享"的实现和体现，就必须借助于"民治"这一程序性制度安排的途径，通过人民对政治生活的积极参与，实现对国家和社会事务进行普遍的治理。可以说，公众层面的参与应当是民主理想的核心范畴。这一点从民主的词源学含义也不难看出。如果没有公众对政治的参与，那么"Democracy"就不是人民的统治，而是贵族统治或者君主统治了。

然而，正如参与民主理论家佩特曼所指出的那样：以熊彼特等人为代表的新民主理论家将少数精英对政治生活的积极投入和多数民众对政治生活的冷漠和回避，视为现代民主政治得以稳定运行的必要条件和主要特

---

[1]〔美〕约瑟夫·熊彼特：《资本主义、社会主义与民主》，吴良健译，商务印书馆1999年版，第415页。

征。佩特曼甚至认为，在熊彼特的民主理论中，源自公众的参与没有特殊或者关键性的地位。民主理论的核心是少数领导者。[1] 而贝雷尔森通过对现实政治运作的观察也得出结论：民主的成功运行所普遍需要的特定条件并不符合"普通公民"的行为，大多数人在投票时并未显示出对政治事务产生持续的兴趣。[2] 达尔甚至认为现存的政治参与水平的提高对于民主体系的稳定是有害的。在萨托利看来，民主体系一旦建立，民主理想就必须最大程度的弱化，公众对于政治的积极参与可能会导致极权主义政治统治。[3] 由此可见，在当代主流的民主理论中，公众参与已经不再是民主的核心要素，民主政治甚至排斥除投票—控制之外的其他形式的公众政治参与。如果说精英主义代议制民主也有"参与"问题，那么他们的参与仅是选民对决策者的选择。因此，在精英主义代议制民主中，民主的原初含义已经发生改变。精英的政治参与取代了人民的政治参与，成为民主的核心要素，民主政治已经不再关注公民个人身上体现的政治品质。人类的民主理想已全然被抛弃。自由主义民主理论中的公众政治参与，是保障民主制度得以运行的最低限度的参与，公众的参与仅被限制在定期的选举投票的行为中。正是通过这种最低限度的参与，使得"民主统治"获得被统治者最低限度的认同，从而在形式上获得一种统治的正当性证成。但这种政治认同，由于其基础极为薄弱，而缺乏稳固的基础。

总体而言，当代西方的统治正当性危机，仅仅依靠原有的民主理论是远远不够的。正是为了解决这种政治理论和现实的困境，佩特曼等人在沿袭卢梭和密尔及科尔的理论传统的基础上，开创了参与民主理论模式。而以公众参与为核心的参与式民主理论，对于以人民代表大会制度作为根本政治制度、以"一切权力属于人民"为最高原则的我国政治结构而言，无疑具有理论上的借鉴和启示意义。参与民主理论中的积极要素可以丰富我国的人民代表大会制度理论，完善人民当家作主这一政治原则在政治理论层面的表达体系。

---

[1] 参见［美］卡罗尔·佩特曼：《参与和民主理论》，陈尧译，上海人民出版社2006年版，第5页。
[2] 参见［美］卡罗尔·佩特曼：《参与和民主理论》，陈尧译，上海人民出版社2006年版，第5页。
[3] 参见［美］卡罗尔·佩特曼：《参与和民主理论》，陈尧译，上海人民出版社2006年版，第9—10页。

（二）建构中国公众参与的传统智识资源：从目的之公重返制位之公

由诸多结构性要素（如政治制度）组成的"现代社会，本由多世遗传共业所构成。此种共业的集积完成，半缘制度，半缘思想……政治及其他一切设施，非通过国民意识之一关，断不能有效"[1]。而国民的意识的形成和塑造，往往受到特定民族的传统文化的深厚影响。传统的惯性所产生的力量是巨大的。一种新生制度，如果能够得到源自制度性文化传统的一定程度的支撑，那么这种制度得到民众认同的可能性就更大。而获得更广泛的民众认同，就意味着该制度的正当性基础的确立与巩固，以及该制度的低成本运行。建构以公众参与为核心的中国式参与民主，应当努力汲取、提炼和转化传统文化资源中的积极因素，并以之作为参与民主制度建构可供利用的资源。

梁启超先生把我国传统政治思想的特色概括为三大主义，即世界主义、社会主义和民本主义。而正是由于民本主义在我国政治统治中的绵延存续，使得清末资产阶级革命能够一举推翻专制统治，建立民主共和政治。在一定程度上，民主共和政治与我国传统政治文化中的民本主义存在相合之处。正如梁启超先生所言："我国有力之政治理想，乃欲在君主统治之下，行民本主义之精神。此理想虽不能完全实现，然影响于国民意识者既已甚深。故虽累经专制摧残，而精神不能磨灭。欧美人睹中华民国猝然成立，辄疑为无源之水，非知言也。"[2]

胎息于《尚书》，孕育于孔子，建构于孟子，传续于荀子的民本主义，是儒家政治哲学的核心。[3] 中国传统政治文化中的民本主义，是从天治主义和天意政治中发端的。[4] 不同于西方的古代政治，自有史时代，中国的一神观念已获确立，表现为"天"或"天命"的统治。神意政治转化为

---

[1] 梁启超：《先秦政治思想史》，天津古籍出版社2004年版，第9页。
[2] 梁启超：《先秦政治思想史》，天津古籍出版社2004年版，第7页。
[3] 参见金耀基：《中国民本思想史》，法律出版社2008年版，第3页。
[4] 据梁启超先生考据，天意政治观念盛行于商周之际，《汤誓》《大诰》《康诰》《多士》《多方》等篇中对"天""天命"等推崇至极。而至周厉王和幽王之世，人们开始对"天"和"天命"表示怀疑。春秋战国时期，这种质疑则达到极致，如主张"天道远，人道迩"，以及"天地不仁"等。这种情势直至汉代才有所改正。汉儒董仲舒借用墨家天志学说以阐释儒家思想，从而创建"天人合一"理念，使得天意政治得以复兴，成为中国传统政治思想中的一个独特观念。参见梁启超：《先秦政治思想史》，天津古籍出版社2004年版，第35—36页。

"天意政治"。这里的"天"是有意识的人格神，礼和法均出自天，天的意志能够转换成为人类生活的理法，并指导、规范人类的社会交往行动。这种理法就是天道，而人们的社会交往行为（如政治生活）应当遵循这种天道。这种政治理念和制度，就是梁启超所谓的"天意政治"[1]。

天意政治的核心就是在现实政治过程中执行天的意志。那么由谁来执行天的意志呢？在中国古代政治统治结构中，是由一个"受命于天"的人来宣达、执行天的意志，这就是"作民父母以为天下王"的"天子政治"。但是需要注意的是，"天子"并非是永永尊戴的。其原因就在于"天命靡常"。当某些条件成就，如天子不承担其相应的政治义务的时候，天命就会转授，所谓"皇天上帝，改厥元子"。因此，作为人世间最高统治者，"天子"的地位并非是绝对的，人人皆有取而代之的可能性。难怪当时人们喊出"王侯将相，宁有种乎？"那么，谁能够最终体现天的意志呢？先秦的儒家将目光转向了作为被统治者的民众，试图沟通天民之际，托民意以释天意。这就形成一种独特的政治模式，即由世间最高统治者天子来代天进行政治统治，而天的意志就是民众的意志。《尚书》曾云，"天视自我民视，天听自我民听"，"民之所欲，天必从之"，"天畏棐忱，民情大可见"。《易传》亦云"顺乎天而应乎人"。由此开启了贯穿中国数千年政治统治的民本主义。

总体而言，在金耀基先生看来，经过儒家理论化和系统化建构之后的民本主义，其内涵大体包含以下几个方面：

（1）人民是政治的主体，或者说人民是政治结构中的最高主权者。这种政治主体观念是在民众与君主的政治关系结构中进行阐发的。与法家以君主为政治主体不同，以孔孟为代表的儒家将人民视为政治主体。由孟子开创、荀子继承的"民贵君轻"观念就是此种观念的一个体现。孟子主张"民为贵，社稷次之，君为轻"。荀子则进一步主张"天之生民，非为君也；天之立君，以为民也"。而黄宗羲秉承先秦"天下非一人之天下也，天下之天下"的观念，明确提出"天下为主，君为客"的主张。这种以人民为政治目的和政治主体的观念，实为儒家民本思想之基调。

（2）既然儒家民本思想将人民当作政治的目的和本体，则在逻辑上作为统治者的君主的职责就自然归结为"保民"和"养民"。儒家强调重义

[1] 梁启超：《先秦政治思想史》，天津古籍出版社2004年版，第27—29页。

轻利，君主必须趋公共之利而非私家之利；主张贵王贱霸，以德服人，非以力服人。这意味着只有敬天保民、重义轻利和以德服人的统治者，其统治才能获得正当性。

（3）君主统治必须得到人民的同意。民有民职，君有君职。君主如若违背其君职，则"人民例得起而易置之。是即体现天意以'改厥元子'也"[1]。"改厥元子"的方式并不排除人民进行革命的正当权利。儒家的"独夫放伐"论就主张，面对桀纣之君，"汤武革命，顺乎天而应乎人"。孟子则强调"贼仁者谓之贼，贼义者谓之残，残贼之人，谓之一夫。闻诛一夫纣也，未闻弑君也"[2]。可见，民本主义政治观是一种逻辑较为严密的理论体系，其理论结构可以简单地表述为：人民是政治的主体和政治的最高价值。君主的职责就是保民养民。一旦君主违背其天职，人民就有革命的正当权利。

参照当今欧美民主理念，纵观我国古代民本主义，可以发现，在儒家传统政治思想结构中，很多观念要素是与西方民主理念的"of the people"（民有/政为民政）和"for the people"（民享/政以为民）相同或相近的。[3] 这些观念包括：国家政治以人民为本体，人民是政治的最高价值；政治国家为人民的公共之国，国家统治者的职责在于谋求社会公利。然而，至于"by the people"（民治/政由民出）一义，儒家民本主义却未能创立与之对应之理论。故在中国古代政治思想结构中，贯穿其间的政治法则是人民主权，民贵君轻，天下为主君为客；价值法则是以人（民）为本，即民惟邦本，本固邦宁；在程序法则方面，则是实行君主专制/君权

---

[1] 梁启超：《先秦政治思想史》，天津古籍出版社2004年版，第39页。
[2] 参见金耀基：《中国民本思想史》，法律出版社2008年版，第11—16页。
[3] 萨托利在《民主新论》中强调，由于英语"of"具有多重含义，因此导致了"of the people"具有如下的理解：人民的统治，自治的人民，人民是统治的对象，统治源自人民，统治经由人民的选择，统治受人民的指导等。（参见[美]乔·萨托利：《民主新论》，冯克利、阎克文译，东方出版社1998年版，第38页）而我国传统的民本主义，至少包含"统治源自人民"和"统治经由人民的选择"，却不具备"人民的统治"的含义。至于我国民本主义是否能包含"自治的人民"一义，存在争议。从梁启超先生的部分论述看来，他似乎持一种肯定的态度。他认为，正是由于民本主义之存在，不干涉主义殆占全胜，因此"秦汉以降，我国一般人民所享有之自由权，比诸法国大革命以前之欧洲人，殆远过之……我国民惟数千年生活于此种比较的自由空气之中，故虽在离乱时，而其个性之自动的发展，尚不致大受戕贼。民族所以能永存而向上，盖此之由"。参见梁启超：《先秦政治思想史》，天津古籍出版社2004年版，第6页。

统治的模式，政出于君。[1] 因此，尽管"我先民极知民意之当尊重，惟民意如何而始能实现，则始终未尝当作一问题从事研究。故执政若违反民意，除却到恶贯满盈群起革命外，在平时更无相当的制裁之法。此吾国政治思想中之最大缺点也"[2]。

值得注意的是，宋儒陈同甫（陈亮）在以"得乎丘民而为天子"之民本学说的基础上，提出了"制位之公"与"目的之公"的理论。他认为，天下为公，实有二义，即制位之公和目的之公。君主之位由人民创制，此即制位之公。太古之时，后王君公皆由天下人推举产生，并非其自相尊异而据乎民上。这种由民推举君主的制度，最符合天下为公的理想。太古以后，君主地位日渐稳固，人民逐步丧失推举君主的权利，君主产生的方式继而被禅让和世袭所取代。自此，"君位有定位，听命有常所，非天下之人所得而自制也"。但是，尧、舜、禹创造君职，均是本着利民之心而制之，为政以利民，也符合天下为公的大义。目的之公是统治之根本，是君主统治得以稳固的条件。[3]

陈亮的"目的之公"和"制位之公"理论，是在与朱熹进行王霸之辩时提出的。他认为，汉唐以来的统治，尽管并非符合制位之公，但还满足目的之公这一统治正当性的必要条件。因此，汉唐统治并非为私心而取天下。陈亮的上述观点，实际上是重申了民本主义。他充分强调统治的目的之公，而不反对君主制位的"非公"，在客观上调和了民本主义与现实君主专制政治的冲突，保证了在专制结构中民本理念的地位，以及民本主义对专制统治的钳制和消解之功能。将"目的之公"作为统治正当性不可或缺的条件，"表面上似降低论政之标准，实际上则提高君主之理想也"[4]。

如果按照陈亮的民本观点来分析，尧、舜、禹三代之后的民本主义，实际上是一种剥离创制之公的民本主义。为实现利民的目的，这种民本主义发展出了相适应的德治主义。在金耀基先生看来，当民本主义与德治主义相涵摄时，则为治；当二者相分途殊辙时，则为乱。只有将古有的民本思想涵摄西方的民治观念，以实行民主政治，才能摆脱中国历史上政治一

---

[1] 夏勇：《中国民权哲学》，生活·读书·新知三联书店2004年版，第18页。
[2] 梁启超：《先秦政治思想史》，天津古籍出版社2004年版，第40—41页。
[3] 参见萧公权：《中国政治思想史》，河北教育出版社1999年版，第392—393页。
[4] 萧公权：《中国政治思想史》，河北教育出版社1999年版，第394页。

治一乱的历史循环。[1] 因为，民本主义最为真实和有力的保障，是不能建立在君主专制的不确定基础之上的。换言之，要真正和稳定地实现民本主义，必须将民权作为程序法则，引入政治过程之中。夏勇先生就主张，传统的民本主义孕育了民权观念，民权基于民本并以民本为表达形式。但是却缺乏作为制度操作概念的民权。因此，为成就一种可行的程序法则，需要创造性地嵌入一种积极的民权，即民治制度，以及一种消极的民权，即自由权利。从而最终创造一种"民惟邦本、权惟民本、德惟权本"的新民本学说。[2]

那么，在今天建构中国的以公众参与为核心的参与民主的过程中，如何从传统政治思想宝库中创造性地转化出可供利用的智识资源呢？在笔者看来，中国参与民主的建构，就是在民本主义中寻求公众参与的政治定位，将参与式民主奠基于民本主义，进而塑造一种以人民代表大会制度为主体，以参与式民主为重要组成部分的民主形式。这种以人民代表大会制度为主体，以参与民主为重要组成部分的民主结构，应当说是间接民主与直接民主的有益整合，能够最大限度地证成政治统治正当性，体现"制位之公"的统治模式。

（三）马克思主义语境中的参与民主与政治统治正当性的巩固和完善

如前所言，政治统治正当性的证成，是通过位于该统治模式结构中的民众的认同而得以完成的。因此，在理想的层面上，只有凭借一种能够最广泛地获取民众认同的制度安排和政治程序，才能够有效地确立政治统治的正当性。而在现代政治文明社会，只有凭借民众对政治统治的持续有效地参与，才能够不断地巩固政治统治的正当性。

作为执政党，中国共产党已经明确地认识到，必须通过发展和巩固社会主义民主政治来证成政治正当性。中国共产党在第十七次全国代表大会的报告中，明确宣布："人民民主是社会主义的生命。发展社会主义民主政治是我们党始终不渝的奋斗目标……要健全民主制度，丰富民主形式，拓宽民主渠道，依法实行民主选举、民主决策、民主管理、民主监督，保

---

[1] 参见金耀基：《中国民本思想史》，法律出版社2008年版，第22页。
[2] 参见夏勇：《中国民权哲学》，生活·读书·新知三联书店2004年版，第55页。

障人民的知情权、参与权、表达权、监督权。"[1] 而发展和巩固社会主义民主政治的制度安排和途径，在十七大的报告中，就表现为在以人民代表大会制度为根本政治制度的前提下，在"各个领域扩大公民有序政治参与，最广泛地动员和组织人民依法管理国家事务和社会事务、管理经济和文化事业"[2]。

1. 始终以扩大和保障公民的有序政治参与为民主政治的核心要素和基本原则

就民主的原初理念和含义而言，民众的参与是民主的基本要素。古希腊城邦的民主模式就是一种以公民的直接政治参与为运行条件和机制的民主。《伯罗奔尼撒战争史》中曾记载伯里克利的民主观：我们的制度之所以被称为民主政治，因为政权在全体公民手中。而要通过这种人民手中的政权以实现"民有/政为民政"和"民享/政以养民"，就必须保证"民治/政由民出"。而"政由民出"的前提性条件，就是民众对政治的参与。"参与"在古典民主理论中，是一个不可获取的概念。正如西方学者指出的那样，"大众政治参与作为民主的最初基础，已经成为了民主的实质性组成部分"[3]。究其原因，就在于民主的正当性不在于集体意志本身，而是体现在集体意志的形成过程之中。一项集体决定之所以具有令全体成员都信服的效力，是因为它是在每个成员自由表达意见后形成的，而不是仅仅依据法律程序和多数决规则所产生的"一致意见"[4]。而公众的政治参与，是集体意志得以形成的必要条件和核心要素。在民主理论家科恩的理论视域中，民主就是民治，因为在这种制度下人民参加决定一切有关全社会的政策。民主是一种社会管理体制，在该体制中社会成员大体上能直接或间接地参与或可以参与影响全体成员的决策。因此，民主决定于参与。民主的广度决定于受政策影响的社会成员中实际或可能参与决策的比率。[5] 为了体现民主的真正含义，贯彻一切权力属于人民的宪法原则，保证人民当家

---

[1] 胡锦涛：《高举中国特色社会主义伟大旗帜 为夺取全面建设小康社会新胜利而奋斗》（单行本），人民出版社2007年版，第28页。

[2] 参见胡锦涛：《高举中国特色社会主义伟大旗帜 为夺取全面建设小康社会新胜利而奋斗》（单行本），人民出版社2007年版。

[3] 理查德·巴尔姆：《为什么要公众参与？——超越专家统治论的代议制政府》，载蔡定剑：《公众参与：欧洲的制度和经验》，法律出版社2009年版，第3页。

[4] 参见蔡定剑主编：《公众参与：欧洲的制度和经验》，法律出版社2009年版，第5页。

[5] 参见[美]科恩：《论民主》，聂崇信、朱秀贤译，商务印书馆1988年版，第10—12页。

作主的权力的实现，中国共产党强调在新的历史时期，准确地把握住两个重点，即一方面坚持和发展人民代表大会制度，另一方面"扩大公民的有序政治参与"，以坚持并巩固我国的政治正当性。在这两个重点中，公民的政治参与，始终是核心要素和基本原则。

在新时期，中国社会主义民主制度建设中公民政治参与的特征，总体表现为：

首先，我国的公众参与是一种广泛的政治参与。西方参与民主理论视域中的公众参与模式，基本上是一种对代议制民主的补充形式。为了解决代议制民主制度的缺陷，即由于精英主义代议制民主对普通民众个人政治积极性和主动性的压制所产生的社会政治生活中普遍存在的不平等，以及对微观层面上民主的忽视，佩特曼等当代政治学家在20世纪60年代复兴了卢梭以来的参与民主理论。但是多数的当代参与民主理论家自身也承认参与民主制度自身的边界和限度，强调参与民主是一种对代议制民主的有益补充，试图通过这种参与民主来解决西方精英主义的代议制民主统治的正当性危机。与此不同的是，新时期我国的社会主义民主制度建设，强调的是一种公民对政治过程的广泛参与。一方面，这种政治参与表现在公民在人民代表大会制度结构中的积极参与。包括公民积极依法参与人民代表和其他公职人员的选举和被选举过程，人民代表依法行使国家权力，公民对人民代表的监督等。另一方面，这种政治参与还表现在人民代表大会制度之外，公民通过其他合法途径参与国家事务和社会事务、管理经济和文化事业，如立法听证制度、基层民主自治制度等。而这两方面的政治参与都是以公民的"参与"为核心要素和条件的，体现的都是由"参与"所塑造的集体意志的形成过程。可以认为，我国的社会主义民主政治所要建构的是一种以公众参与为核心的新型参与民主政治。这种新型参与民主的外延要比西方国家新兴的参与民主的外延要广泛得多。

其次，我国的公众参与是一种公民的有序政治参与。在执政党的理念中，我国的公众参与已经被提升到"以人为本"的高度。如前所述，在我国的传统民本主义结构中，以人为本是其价值法则。而新民本主义主张，要实现"天下为公"的民本理念，就必须创造性地嵌入"民治/政由民出"，以这种"制位之公"来保障"政为民政"和"政在养民"这一"目的之公"。在我国马克思主义民主政治结构中，实现"民治/政由民出"，不仅是坚持和完善人民代表大会制度，扩大民主程度，丰富民主形式，创造性地结合人民代表大会制度和公众直接参与民主管理,还必须强调公民对政治过程参与的有序性。有序参与是中国参与民主的内在规定性。脱离参与的有序规定性,就是一种"参与失序"或"过度参与"。因此,在社会主义初级阶段,我国的现实国情决定了在我国建构以"参与"为核心要素的社会主义民主政治,必须强调党的领导。我国的新民主主义革命和社会主义建设实践,证明了由代表中国先进生产力的发展要求、代表中国先进文化的前进方向和代表中国最广大人民的根本利益的中国共产党来领导公民的政治参与,保证公众的政治参与规范化、有序化、制度化、合法化,是实现一种现实而合法的有序政治参与的必要条件。因此,实现公民政治参与的有序化途径,包括在其正当性受到证成的政治权威的领导。对社会主义中国而言,这个政治权威就是中国共产党。另外,公民的政治参与的有序化在法治国家还需要受到法律(尤其是程序法)的规范。1999年我国已经将"依法治国,建设社会主义法治国家"写入宪法,把法治理念上升到宪法的高度。在宪法和法律的范围内进行公民的政治参与,才是合法与有效的政治参与。

2. 我国以公众参与为核心的新型参与民主的功能

我国以公众参与为核心的新型参与民主的功能,首先表现为通过公众参与,培养公民责任感和社会主义的主人翁意识。在早期的参与民主理论家看来,公民参与民主与公民个人的心理态度和品质密切相关。在卢梭的整个政治哲学中,公民对政治过程的参与"不仅仅是一套民主制度安排中的保护性附属物,它也对参与者产生一种心理效应,能够确保在政治制度运行和在这种制度下互动的个人的心理品质和态度之间具有持续的关联性"[1]。卢梭关心的是政治制度对人类心灵的影响,甚至是人性的救赎,其政治理想就是通过公民对政治的参与,推动个人的负责任的社会行动和政治行动。由于参与需要合作,而合作的目的就要求人们必须超越个人私利的思考,注重更为宽泛的社会事务。参与制度的活动逻辑是,个人"被迫"根据其正义感考虑事物,而这种公民行动的结果就是,个人学会了如何成为一个合格的公民。公民对政治的参与越是频繁,就越有能力参

---

[1] [美] 卡罗尔·佩特曼:《参与和民主理论》,陈尧译,上海人民出版社2006年版,第22页。

与。[1] 甚至有论者认为，"参与民主理论中参与的主要功能是教育功能，最广泛的教育功能，包括心理方面和民主技能、程序的获得"[2]。正是通过政治参与，公民以合作的目的做出一种负责的社会行动，这就使行动者能够区分并控制他的私欲和冲动，学会公共生活（尤其是政治生活），从而最终培养和强化公民的责任感。公共政治参与不仅是履行公民的政治责任，也是公民自我尊重的体现。公民的公共合作精神，正是欧陆共和主义的基本要素，也是社会获得政治稳定的一个重要条件。在社会主义社会中，扩大公民的有序政治参与，能够强化人们当家作主的社会主义国家主人翁意识，培养公民的政治能力，坚定其社会主义民主意识，形成一种更为强大的社会凝聚力。

其次，我国以公众参与为核心的新型参与民主的功能，还表现为通过公民的政治参与，提高政府决策的质量。亚里士多德曾表示，多数人的判断总是优于一个人的判断，民主统治能够消除危及城邦幸福与和谐的个人情欲和兽欲。人类的立法实践也往往表明，公民参与程度越大，立法质量越高。在我国，正是通过公众广泛参与立法过程，如出席人民代表大会会议、参加立法听证、合法抗议等活动，政府的立法质量才得以提升。2007年厦门的PX事件、2009年的广东番禺垃圾场事件，都反映出公众参与对政府决策的有利影响。2007年，厦门市民反对有污染和没有通过环评的PX项目落户在自己的城市，通过网络表达各自的担忧和愤怒，随后又通过大规模的"散步"来抗议厦门市政府有违行政程序的做法。在持反对意见的专家的帮助之下，他们最终取得了胜利；PX项目最终放弃了厦门，迁址漳州古雷半岛。而在2009年反对兴建垃圾焚烧厂的活动中，"厦门经验"同样被番禺人所吸收。他们在论坛上开了专门的版块，吸引网友对垃圾焚烧问题进行讨论，活跃的ID不断地上传相关资料，给其他人的讨论尽可能地提供了材料的支撑。正是大量受过良好教育的年轻居民积极参与讨论公共事务，使得政府改变或者进一步思考原先的决策，促使政府决策朝科学化和民主化发展。

再次，中国的新型公民参与能够有效地保障公民的人权和自由。即使在精英主义的代议制民主理论中，政治参与的这一功能也未被忽视。密尔等人就认为，代议制民主最为重要的一项功能就是为民众提供一种保护性

---

[1] 参见 [美] 卡罗尔·佩特曼：《参与和民主理论》，陈尧译，上海人民出版社2006年版，第24页。

[2] [美] 卡罗尔·佩特曼：《参与和民主理论》，陈尧译，上海人民出版社2006年版，第39页。

机制。通过选民参与政治选举,进而对政治领导人施加一定程度的控制。在精英主义代议制民主中,被选举者因担心失去职位而确保维持政府权力不为私用,使政府的职能定位于获取公共的利益。"参与只有一种保护性的功能,它确保每一个公民的私人利益得到保护。"[1]而在西方参与民主理论家看来,公众参与本身也是权力的再分配模式。"通过这种再分配,使那些当前被排除在政治和经济过程之外的弱势公民能真正被包含进来,能够参与到谈判和决策中来,使他们的利益得以保护。"[2]

在社会主义中国的新型参与民主理论结构中,民众的政治参与,更是体现和发挥出一种对公民人权和自由的保障功能。通过民众的政治参与而保护人权和公民自由,也是我国"人权入宪"在民主制度层面的要求。2004年我国宪法修正案明确规定"国家尊重和保障人权"。为了多维度、多途径地实现对人权的尊重和保障,党的十七大报告强调扩大公民的有序政治参与,通过民主选举、民主决策、民主管理和民主监督来切实保障公民的尊严和基本权利。

最后,新型参与民主制度的建构和运行,能够有效地证成政治统治的正当性。按照我国以公众参与为核心的新型参与民主制度,不断发展和完善人民代表大会制度是确立政治统治正当性的根本途径,与此同时,扩大公民在其他领域的政治参与,引导公众有序、合法、有效率地参与政治过程,能够进一步巩固政治统治的正当性。一方面,人民代表大会制度在根本上保证和支持其他领域的人民当家作主、公民的政治参与;另一方面,其他领域的公民政治参与,又支持和推动人民代表大会制度不断向前发展。质言之,在社会主义民主政治中,政治正当性的获得,根本上是源自人民的认同。人民正是通过以有效积极参与为条件的集体意志的形成,对政治统治进行认同。正如我国学者所指出的那样:"执政党视野中的公众参与,在外在形式上表现为人民的需求、政治的制度、治理的途径、公民的权利、国民的认同,但归根到底是政治合法性资源。以公众参与为代表的民主合法性与历史合法性、绩效合法性相较之所以具有不可比拟的优越性,其根本原因并不在于民主合法性是对历史合法性和绩效合法性的简单替代,而是在于民主合法性具有可再生性和可持续性。"[3]

---

[1] [美]卡罗尔·佩特曼:《参与和民主理论》,陈尧译,上海人民出版社2006年版,第18页。
[2] 蔡定剑主编:《公众参与:欧洲的制度和经验》,法律出版社2009年版,第23页。
[3] 王锡锌主编:《公众参与和中国新公共运动的兴起》,中国法制出版社2008年版,第80页。

总体而言，以参与作为核心理念和制度，能够诠释性地建构一种我国政治统治正当性的新型社会主义参与民主政治。这种参与民主政治，是以不断坚持、发展和完善人民代表大会制度为主体，以扩大其他领域的公众有序政治参与为重要组成部分的民主结构模式。在这种民主结构中，无论是主体还是组成部分，都是以公众的积极政治参与为核心要素和必要条件的。只有这样，才能建构一种能够承担政治统治正当性证成任务的民主模式。这种新型社会主义参与民主政治，并非西方参与民主的简单复制，而是具有着更高的真实性和广泛性。它的建构，立基于一切权力属于人民的社会主义民主理念和强调"政为民政""政以养民""制位之公"的民本主义的传统政治观念之上，是以公众参与为平台，整合民本主义、西方民主模式和社会主义人民民主的产物。也正是因为这样，我国的政治统治正当性才能得以有效地证成。

第二节　国家治理、合作网络和公民参与

自 20 世纪 80 年代以来，政治治理的概念一经肇起，就成为一种能够创造性解释政治国家与市民社会之关系的强势政治理论和话语，对世界主要大国的政治实践和理论表达产生了持续且深远的影响。中共中央在十八届三中全会上做出的《中共中央关于全面深化改革若干重大问题的决定》，就明确将中国全面深化改革的总目标定位为"完善和发展中国特色社会主义制度，推进国家治理体系和治理能力现代化"。以国家治理现代化为核心的政治现代化建设，作为执政党的改革总目标，不仅表明执政党在新形势下对中国社会的转型发展做出的新判断和对社会政治发展规律获得的新认识，也标志着中国政治支配（political domination）的话语发生从"统治"到"治理"的转向。而保证国家治理现代化这一改革目标得以实现的重要条件和伟大力量，就是全体中国人民的共同参与。正如习近平同志在《切实把思想统一到党的十八届三中全会精神上来》的重要讲话中所指出的那样："必须坚持以人为本，尊重人民主体地位，发挥群众首创精神，紧紧依靠人民推动改革。没有人民支持和参与，任何改革都不可能取得成功。无论遇到任何困难和挑战，只要有人民支持和参与，就没有克服不了

的困难，就没有越不过的坎。"[1]

国家治理体系和治理能力现代化的基本特征之一是法治。[2] 在法治的语境中，作为政治话语的"人民"必然会转换为作为法律话语的"公民"。法治国家结构中的国家治理现代化建设，最终要依靠公民的参与和支持。要理解这个命题，就应当认真对待如下三个问题：为何需要提出国家治理的观念，国家治理为何需要公民的参与，以及公民如何参与国家治理。为了回答上述问题，笔者将首先指出治理观念的提出源自西方代议制民主的异化和政府公共责任的蜕化，其次在阐明国家治理理论内涵的基础上，分析国家治理需要公民参与的三个原因，最后描述公民参与国家治理的途径、条件和限度。

一、治理理念的中国表达

在世界民主政治理论视域中，2011年9月美国爆发的"占领华尔街"运动，在西方政治发展史上占据着重要位置。因为"占领华尔街"运动不仅反映出当下美国社会严重的两极分化、贫富差距，以及由此引发的政治利益对抗和政治诉求分化，而且还对西方传统代议制民主理论与实践造成了深度冲击。抗议民众在运动中所提出和表达的"We are the 99%"（"我们才是99%"）的政治口号，折射出了当下西方代议制民主的异化，以及相伴生的政府责任严重蜕化问题。

（一）代议制民主的异化与政府公共责任的蜕化

在人类社会制度文明的建设发展历程中，民主政治是人类取得的最宝贵的政治经验和智识资源。民主政治制度在逻辑上是社会契约理论在政治支配模式中的具体制度安排和落实。作为西方启蒙运动中社会契约理论最

---

[1] 习近平：《切实把思想统一到党的十八届三中全会精神上来》，载《求是》2014年第1期。
[2] 国内学者指出，"治理现代化意味着国家治理要更加科学、更加民主、更加法治……推进治理能力现代化，必须强调按照社会主义民主和法治要求"。参见许耀桐、刘祺：《当代中国国家治理体系分析》，载《理论探索》2014年第1期；俞可平在"推进国家治理和社会治理现代化"学术研讨会所做的《沿着民主法治的道路，推进国家治理体系现代化》主题发言，也指出国家治理体系现代化的五个标准是法治、公共权力运行的制度化和规范化、民主化、效率、协调。参见凤凰网：http://news.ifeng.com/exclusive/lecture/special/zhiliyantao/content-5/detail_2013_11/30/31690131_0.shtml，访问时间为2014年7月28日。

重要的两大旗手,卢梭所倡导的人民主权观念和洛克所高扬的自然权利观念,引导和推动了资产阶级革命的不断发展,其本身又是资产阶级革命所确立的最伟大的智识成果。社会契约论表达的"天赋人权→人赋政权"逻辑命题,最终消解了"君权神授"的神圣预设,摧毁了欧洲封建专制统治政治理论的逻辑基础。资产阶级革命的胜利,实现了资本主义民主在政治理论和实践两个维度对绝对君主专制的替代。

各主要资本主义大国在政治统治的制度安排上,基本上都选择了代议制民主。究其原因,一方面,英、法等欧洲主要资本主义大国自中世纪以来就存在包含代议制性质和特征的三级会议的政治传统。如公元5至7世纪,在英伦岛上由盎格鲁—撒克逊人所建立的7个王国中,已经建立了由国王和贵族代表组成的"贤人议会",13世纪的金雀花(安茹)王朝就建立了由国王、贵族代表、教士代表和各郡、城市和镇的代表组成的"大议会"。法国自中世纪以来,也有不定期召开由教士(第一等级)、贵族(第二等级)和市民(第三等级)三个等级的代表所组成的等级代表会议,共商国是的传统。欧洲资本主义大国的政治传统,为资产阶级革命胜利后选择代议制政治,提供了不同于绝对君主制的有效路径和智识资源。另一方面,代议制民主是在人口众多、幅员辽阔的大国建设民主制度的唯一选择。尽管卢梭极度推崇古代雅典城邦国家所实施的直接民主,但是对于英、法、美等资本主义大国而言,众多的人口和幅员辽阔的领土在客观上使得实施直接民主的成本过于高昂,其民主运行(如投票选举方式)的技术手段也根本无法降低直接民主运行的成本,因此,只有选民选举代表组成国家机关实施政治支配的代议制民主,才是可能的最优化的制度安排。最后,对于美国而言,代议制民主的确立,也是其制宪者所秉持的政治怀疑主义对于直接民主的排斥所致。在美国制宪过程中,始终弥漫着对于以公众参与为特征的直接民主的怀疑,以及对于以精英统治为要求的间接民主(或代议制民主)的偏好的气息。马萨诸塞的代表格雷就指出,直接民主在所有政治罪恶中最为败坏。莫里斯否认大多数贫苦穷人能够成为自由的可靠而忠实的守卫。马里兰的代表则认为,如果普通民众能得以参与选举公职人员,那么其所做出的选择可能是最差的。在这种氛围下,美国宪法建构了世界上最为复杂的代议制民主制度。

然而,代议制民主产生了一个困境,就是虽然理论上承认人人政治平等,但实践上却是由少数精英掌控国家权力。代议制民主自其理论倡导者密尔开始，所关注的就不是公民如何能够广泛参与政治支配结构，而是如何为精英统治寻求源自民众的认同而产生的政治正当性基础。面对改变不了的代议制民主结构中公众参与和精英统治相分离的现实，能改变的就只剩下理论了。以熊彼特为代表的新代议制民主理论家创造了精英主义民主观，即必须将代议制民主理论的重点，从传统意义上的"人民享有统治权"（因而附带"选举代表"）转换成"选举代表"（附带"人民享有统治权"）。在熊彼特的理论语境中，民主就被理解为"为作出政治决定而实行的制度安排，在这种安排中，某些人通过争取人民选票取得做决定的权力"[1]。投票的功能就是产生政府，选举一结束，民主就终结。民主政治被塑造为政治家对统治权力展现主动性的"政治家的统治"[2]。萨托利则认为，民主政治体系一经确立，民主理想就必须最大程度予以弱化，因为公众对于政治的积极参与，可能会导致极权主义政治统治的产生[3]。达尔甚至认为，公民政治参与水平的提高，将有害于民主体系的稳定性。在这一点上，占领华尔街运动的参与者完全看到了精英主义代议制民主的本质。事实上1%的政治精英的统治在合法的程序之下取代了作为99%的人民的政治统治，留给多数的只是通过公民参与投票这种最低限度的政治参与，这使得精英统治获得被统治者最低限度的认同，从而在形式上证成其精英统治的正当性。这就是代议制民主在理论与实践上的异化。

与代议制民主的异化相伴生的是政府公共责任的蜕化。精英主义代议制民主在公众参与和精英统治相分离的基础上，已经偏离关注谋求共同体成员的公共福祉和促进其全面发展这两个创制政治共同体的原初目标和根本责任。相反，代议制民主的异化，使得当下西方的民主政治更多地致力于精英统治利益的维护和政治统治秩序的维系。"占领华尔街"运动的起因，不仅是作为多数的被统治者对于美国代议制民主异化为精英统治这一现实的失望和不满，更是作为多数的被统治者对于美国政府所承担的公共责任的蜕化感到愤懑。金融利益集团利用美国政治统治早已被捆绑在金融

---

[1] [美] 约瑟夫·熊彼特：《资本主义、社会主义与民主》，吴良健译，商务印书馆1999年版，第395—396页。

[2] [美] 约瑟夫·熊彼特：《资本主义、社会主义与民主》，吴良健译，商务印书馆1999年版，第415页。

[3] [美] 卡罗尔·佩特曼：《参与和民主理论》，陈尧译，上海人民出版社2006年版，第9—10页。

行业的运行之上这一现实,一方面要求国会用全体纳税人的税收以政府拨款的形式挽救大金融企业,进而维系金融稳定和社会稳定,最终维系精英政治统治;另一方面大金融企业高管层却继续内部高额分红。政党分赃制包含的钱权交易使得社会公共福利沦为一个政治交易或政治斗争的工具。可见,政府的公共责任在代议制民主异化的背景下,也从人类是否获得发展以及如何获得发展这一实体性问题变为统治过程如何得以正当性展开这一程序性问题。异化后的代议制民主统治为人们展现的,往往是"一旦选择了政体,政治的逻辑便认为,重点必须大幅度地转向需要什么来维护政府形式,而不再仅仅是什么因素推动人类发展"[1]。究其实质,这种政府责任的蜕化,是一种从人类发展至上主义蜕化为政治统治至上主义的政治"价值萎缩"图景。同时还值得注意的是,政府公共责任的蜕化,客观上也使得政府公信力受到削弱。"当理性官僚制的公共责任被化约成政治统治的工具时,官僚制的精神开始背离公共责任,伴随公共责任坍塌的则是信任这一行政伦理出现了危机。"[2] "占领华尔街"运动中美国民众与政府的对抗,已经反映出了这种政府的信任危机。

(二) 从"政治统治"话语转向中国式"国家治理"话语

"占领华尔街"运动表明,西方大国已经迫切需要重构一套政治支配模式及其政治话语。而对于中国而言,西方精英主义民主统治的异化和所带来的社会危机具有重要的警示意义,值得我们做出认真镜鉴、反思和批判。同时还需要注意到,随着中国改革开放以来的实践发展,中国社会中的多元利益群体已然形成,各种利益冲突日益明显,且改革发展的红利还未惠及全体社会成员,贫富差距加大,不公平现象突出,不稳定因素急速增多,生态环境急剧恶化,党和政府的公信力在有的地方受到明显消解,这些现象都需要执政党不断改善和提高国家政治支配体系和能力,以应对社会转型带来的各种严峻挑战。在这种客观情势之下,政治治理的观念成为东西方国家共同关注的焦点。

作为一种重要的政治话语,政治"治理"自20世纪90年代在西方学界再度勃兴以来,目前还并没有一个普遍为全球所接受的关于治理的概

---

[1] [美]詹姆斯·W. 西瑟:《自由民主与政治学》,竺乾威译,上海人民出版社1998年版,第113页。
[2] 张凤阳等:《政治哲学关键词》,江苏人民出版社2006年版,第313页。

念。联合国发展计划署认为:"治理是基于法律规则和正义、平等的高效系统的公共管理框架,贯穿于管理和被管理的整个过程,它要求建立可持续的体系,赋权于人民,使其成为整个过程的支配者。"[1] 而较为权威的全球治理委员会则将治理界定为:各种公共的或私人的个人和机构管理其共同事务的诸多方式的总和。它是使相互冲突的或不同的利益得以调和并且采取联合行动的持续的过程。它既包括有权迫使人们服从的正式制度和规则,也包括人们同意或以为符合其利益的非正式制度安排。[2] 而十八届三中全会所提出和表述的国家治理理论,是执政党基于中国国情所创造和发展的具有如下特征的中国式政治治理:

首先,中国式国家治理是"以人为本"的国家治理。西方传统的政治"统治"观念及其话语的核心是统治至上主义,它所强调的是对于政治统治利益的维护和统治秩序的维系。而国家治理观念则强调政治必须回归到对公共利益的诉求,以人类发展目标为其终极关怀。在当下中国政治语境中,国家治理的核心观念是"以人为本,尊重人民主体地位",所有的国家治理能力、方式和方法,"都要站在人民立场上把握和处理好涉及改革的重大问题,都要从人民利益出发"[3]。在中国式政治治理的结构中,"以人文本"的核心价值细化为"公平正义"和"人民福祉"这两条治理原则。国家治理必须"以促进公平正义、增进人民福祉为出发点和落脚点"。从根本上说,国家治理树立"以人为本"的理念,是马克思主义关于共产主义制度和价值是实现"每个人全面而自由的发展"这一理论在政治支配结构中的要求和体现。

其次,中国式国家治理是单一权威在顶层设计的主导下展开协同共治的国家治理。传统的政治统治观念排斥多元权威主体的并存,政府作为单一的权威主体,对于政治支配结构和过程享有绝对的支配力。政治支配的展开完全处于政府的控制之下。中国的国家治理观念则强调国家治理过程中多元主体的协同共治。参与国家治理的主体,除了执政党、政府,还包括社会公共机构和私人机构,其权力只要获得公众认同,也可以在不同层面上展开治理。中国的国家治理观念也不同于西方当下的治理观念。后者以权威多元化

---

[1] UNDP, Public Sector Management, Governance, and Sustainable Human Development: A Discussion Paper, Department of public Afairs, 1995, 9.
[2] 参见俞可平:《民主与陀螺》,北京大学出版社 2006 年版,第 81 页。
[3] 习近平:《切实把思想统一到党的十八届三中全会精神上来》,载《求是》2014 年第 1 期。

和社会中心论为特征。而中国的国家治理观念要求国家治理的展开必须依靠执政党的单一权威领导及其顶层设计。单一权威的国家治理特征，源自政治稳定的本质要求。因为政治稳定和政治的有序化，是保证中国改革不断纵深推进并取得成功的必要条件。当然，在中国国家治理结构中，执政党的角色更多的是"单一的掌舵人"，而非"唯一的划桨人"。只有在执政党有效且正确的领导下，才能凝聚全国最广泛的力量，同心协力，协同共治。

再次，中国式国家治理是法律规制下的国家治理。中国的国家治理必须以法治为必要条件，即国家治理的展开，必须以宪法和法律作为最高行动准则，让体现执政党领导人民共同制定的宪法和法律所体现的意志成为国家治理的最高权威。在这种最高权威面前，任何人不得享有法外特权。而法律之下人人平等的原则，为国家治理所要求的协商对话提供了条件和制度保证。

最后，中国式国家治理是多向度的动态协商合作的国家治理。传统的政治统治在政治支配过程中呈现出的是一种权力自上而下的单向度运行，其展现的是权力意志独断的判断，而中国的国家治理观念则要求一种不同治理主体之间的平等互动型协商共治。治理目标的实现有赖于执政党顶层设计之下的合作网络中不同主体的多向度合作。

二、国家治理需要公民参与

如前所述，法治国家结构中的国家治理现代化建设，最终依靠公民的政治参与。公民参与不仅应当是国家治理的核心概念，也是国家治理的根本性要素。原因就在于，公民参与不仅能够为国家治理的展开提供正当性证明，而且通过公民参与，有助于实现不同利益群体之间的沟通和对话，协调保护少数群体和弱势群体的利益，还能通过公民参与来建构有效的治理合作网络，强化国家治理的效果。

（一）通过公民参与证成国家治理的正当性

政治正当性是对政治支配关系的道德证成。现代政治过程的展开和政治权力的运行，都会受到正当性（又译为"合法性"）的追问。内化于政治过程和政治权力中的权威，在本质上要求获得被统治者或受支配者的普遍服从。但是当人们否定了暴力具有天然的道德性之后，服从权威的理由到底是什么或者权威的正当性何在就成为一个难题。因此，正当性问题始终是以马克斯·韦伯为代表的现代政治理论家的核心议题。而对于国家治理而言，究其性质，本身也是一种政治行为、政治过程和政治支配，自然也离不开正当性的追问和证成问题。

那么如何证成国家治理的正当性呢？从亚里士多德，经由马克斯·韦伯，再到乌尔曼，政治理论家基本上都把政治制度或行动的正当性渊源定位为公民或被统治者的认可与赞同。通过认同得以表达的被统治者的意志，是所有政治行动和过程的正当性依据，也是被统治者服从权威的理由。缺乏被统治者的服从，任何政治行为和过程都将是无效的，最终是失败的。这种以公民或被统治者的认同为条件和基础的正当性证成，可以被视作现代政治正当性理论的特征。质言之，只有通过公民或被统治者的认同（赞同），而非受迫于暴力的现实或潜在的威胁，政治权威的正当性才能获得证成。因此，国家治理的正当性只能通过公民或被统治者的集体认同而得以证成。

要确保国家治理的正当性获得证成，根本上需要公民通过参与国家治理的行动来表达其对国家治理的认同。鉴于国家治理包括依据宪法和法律等正式规则展开的正式治理和依据自治规则、团体章程等非正式规则展开的非正式治理，一方面需要公民以实现其积极自由为直接目的，行使选举和被选举的政治权利，通过投票选举来产生民意代表，以完成和实现一种最低限度的（即最基本的）政治参与。这种通过选举而完成的最低限度的公民参与，支撑着以人民代表大会制度为核心的我国民主治理模式的正当性。在人民代表大会制度的运行模式中，一府（政府）两院（检察院和法院）由人大产生，对人大负责，受人大监督。国家治理层面的正式治理，其正当性就源自公民参与人大选举的广泛性和普遍性。另一方面，公民应当秉持参与民主的理念，通过更为广泛的渠道，参与到国家治理的非正式治理结构之中。当今主要大国的政治改革，已经不再单纯地主张"政府的归政府，社会的归社会"，而是通过以多种形式的放权让利为主要内容的行政改革，将原有的一些政府的公共责任转移给私人组织或公民自愿性团体，较为典型的就是政府购买社会服务。因此，在一定意义上，要全面而有效地证成国家治理的正当性，就必须强调公民对于非正式治理结构的积极且普遍的参与。需要强调的是，公民参与对于国家治理的正当性证成所具有的重要性，不单纯在于客观上公民对国家治理形成的外在认同形式，还在于公民通过自身的治理参与而形成的一种心理认同，对于国家治理的正当性所持有的一种发自内心的信念或确信。总而言之，只有唤起并凭借公民的最大限度的参与，国家治理的正当性才能有效地获得证成并不断得以巩固。这个过程不仅是通过公民参与来显示国家治理的正当性获得证成，也是公民通过参与来塑造对于国家治理的正当性信仰。

（二）通过公民参与实现特定利益的协商对话和保护

国家治理的一个重要任务就是要"使相互冲突的或不同的利益得以调和"[1]。社会结构中不同利益的调和，有赖于不同利益群体之间的协商对话，以及基于协商对话而达成的一定程度的共识。不同利益群体是由具有不同利益诉求的公民所组成，因此，公民的有效参与，是保障国家治理推动和实现不同利益群体展开协商对话并达成一定共识的必要条件。不同利益群体的公民参与不同维度和形式的国家治理，展开利益协商和价值对话，在结果上有助于超越多元利益和观念的相互冲突与矛盾，消解传统政治统治的权力独断带来的潜在危害性，进而实现国家治理的目的。在过程主义协商理论家看来，协商对话本身就具有目的性价值，因为通过协商对话获得的妥协结果，比单纯奉行多数决原则的投票行为具有了更多的政治正当性和政策妥当性。而对于结果主义协商民主理论而言，协商对话的最佳效果是通过集体协商追求"共同之善"以整合社会。但是无论是过程主义还是结果主义协商民主理论，都认为通过协商对话而达成某种具有建设性意义的共识，是协商对话的根本性价值所在。在社会急剧转型时期，"多元社会背景下自利泛滥和共识崩溃的危急局面，使得呼唤政治共同体和普遍共识的主张，具备震撼性的力量和强烈的道德感召力"[2]。从这个意义上说，通过公民参与国家治理，实现利益对话和协商，达成建设性共识，是具有重要意义的。

国家治理的另外一个任务就是要实现并保护少数群体或弱势群体的利益。基于"以人为本"的核心价值，中国式国家治理以谋求"公平正义"和"人民福祉"为治理原则。在权利公平、机会公平和规则公平的社会公平保障体系框架内，国家治理不仅要保障和实现公民平等地享有自由和分享机会公平，而且必须要保护少数群体或弱势群体的利益免受侵害。在民主政治的运行环境中，社会强势群体在逻辑上和实践中能够在多数决原则

---

[1] UNDP, *Public Sector Management*, *Governance*, *and Sustainable Human Development*, Department of Public Afairs, 1995, 9.
[2] 张凤阳等：《政治哲学关键词》，江苏人民出版社2006年版，第247页。

作用下表达其价值诉求和利益主张，但是少数群体或弱势群体的话语主张和利益诉求在代议制民主运行中往往无法得到有效的表达，甚至会产生多数压制少数的可能。这种情形势必损害"公平正义"治理原则。同时，少数群体或弱势群体的利益受到侵害，根本上也是违背"人民福祉"治理原则的。因为部分的利益受到侵害，整体的利益就无法圆满实现。其实，公众参与本身也是某种意义上的权力再分配模式，"通过这种再分配，使那些当前被排除在政治和经济过程之外的弱势公民能真正被包含进来，能够参与到谈判和决策中来，使他们的利益得以保护"[1]。因此，应当建构有效的激励机制和制度环境，强化公民，尤其是社会少数群体或弱势群体的公民及其团体对于国家治理的政治参与，在协商对话过程中表达自身的价值要求和利益主张。确保在法治框架内，通过少数群体或弱势群体公民的政治参与，确立在国家治理过程中对待社会弱势群体的分配原则，正如有学者指出的那样："必须平等地关怀弱势群体的每一位成员……在利益分配上，应当对社会弱势群体实施补偿性保障的分配原则，以倾斜性分配政策弥补该群体广泛存在的相对匮乏感和剥离感。"[2]

（三）通过公民参与建构治理合作网络，强化国家治理效果

为了实现谋求政治共同体的公平正义、公共利益和全体成员全面发展的根本目标，国家治理的展开必须凭借一个包含集体行动的多个治理主体在内的相互依存型合作网络。在这个合作网络中，由公民参与而形成的非政府治理主体与政府之间基于平等的地位而建构合作关系。"公共事务的完成是相互依存的管理者通过交换资源、共享知识和谈判目标而展开的有效的集体行动过程。公共管理已经演化成由政府部门、私营部门、第三部门和公民个人参与者组成的公共行动体系。"[3] 治理合作网络的最大特征就是政府不再以全能统治和全面管制为要务，而是在认同"掌舵而非划桨"理念的基础上，强调"作为公共治理的主体，政府总要与不同的利益团体进行沟通"[4]，允许非政府治理主体在公民不断参与治理的推动下分

---

[1] 蔡定剑主编：《公众参与：欧洲的制度和经验》，法律出版社2009年版，第23页。
[2] 魏治勋：《"中国梦"与中国的社会正义论》，载《法学论坛》2013年第4期。
[3] 张凤阳等：《政治哲学关键词》，江苏人民出版社2006年版，第320页。
[4] 姚尚建：《利益清除中的政府回归——基于公共性重塑的讨论》，载《哈尔滨工业大学学报（社会科学版）》2013年第4期。

享某些政府权力和管理职能。这种新型的治理合作网络，既能摆脱传统的国家统治主义观念下政府单向度行使权力带来的权力滥用和寻租的潜在风险，又能克服以"绝对社会中心主义"为特征的激进公民社会治理观念包含的无政府主义倾向。归根到底，治理合作网络的建构，依赖于公民对于国家治理的有效参与。公民参与治理的程度、范围和效果，将直接制约着治理合作网络的顺利建构和有效运行。

与此同时，公民参与国家治理，是国家治理效果得以提升和强化的重要条件。治理效果的取得取决于多重因素，但其中首要的两个要素就是治理政策的质量和治理政策的实施。首先，通过公民政治参与，有助于提升治理决策的质量。一方面，治理政策的质量往往与治理者在政策形成过程中享有的相关信息量成正比关系。传统的政治统治实践强调决策者进行调查研究的重要性，就是为了收集掌握影响决策的有效信息。而在国家治理展开过程中，除了调查研究之外，公民参与国家治理合作网络的行动本身就能够为各个相关治理主体提供丰富的信息，从而有助于各个治理主体做出高质量的治理决策。另一方面，西方哲学家亚里士多德就曾指出，多数人的判断总是优于一个人的判断。公民参与国家治理，客观上为实现政治决策所要求的群策群力提供了可能性。其次，包括国家治理在内的所有类型的政治支配，在一定意义上，都是对人们行为的不断规范和对于人际关系的持续性调整。因此，国家治理效果的获得，最终有赖于被治理者的合作。除了暴力驱使被治理者采取顺从型合作之外，更为重要的合作形式，是被治理者基于自身对治理的认同和承认治理的正当性，采取的服从型合作。在服从型合作模式中，治理往往能取得最佳效果。而如前所述，公民对于国家治理的直接参与，有助于公民形成对治理的认同，进而建构一种对于政治权威的服从型合作，最大限度地保证国家治理效果的实现。

三、公民参与国家治理的首要条件、途径和限度

国家治理需要公民参与。离开公民参与，既无法理解也无法实现国家治理。公民参与国家治理有其规定性，即以公民美德为条件，以法治和有序为限度，以正式治理和非正式治理的全方位参与为途径。

（一）公民美德是公民参与国家治理的首要条件

在国家治理的结构中，公民不仅仅是一种身份和资格，更是一种政治实

践的责任。正是对国家治理的政治参与，使得公民真正成其为公民。自古典共和时期以来，公民就是一个实践性概念，其首要特征就是"参加司法事务和治权机构"[1]，承担公共责任的政治实践。在古典共和主义看来，参与国家治理本身是一种善，要实现这种善，公民需要具备所谓的公民美德，即神圣的"公民身份感，公民为了促进公共利益以及促使政治权威负责而参与政治过程的愿望，公民在个人选择中表现出的自我节制与担当公民责任的愿望"[2]。正如昆廷·斯金纳所指出的那样：高尚的美德是每个公民个人为了有效投身公共事业所必备的品质，"如果要问，依靠什么样的品质、什么样的天赋或能力，我们才有望确保我们的自由并增进共同利益，那么答案就是：依靠美德"[3]。在这个意义上，国家治理需要公民参与，实质上意味着作为对公共事务进行治理进而追求公平正义和人类福祉的一种政治过程和行动，国家治理需要富有公民美德的公民的有效参与。自由主义政治理论将全部政治共同体成员都预设为追求自身利益最大化、坚决捍卫自由权利而享受消极自由的人。这种理论塑造下的公民，更强调对政府权力的制度性制约而不是对共同体政治治理的参与。而发端于欧陆的古典共和主义理论则强调"美德对于维护自由的重要性，主张爱国主义和公共生活的欲求（而非私人生活的偏好）对于共和国的不可或缺性，以及公共利益优先于个人利益的观念"[4]。正是公民美德所包含的政治参与愿望和公共责任感，为公民参与国家治理提供了强大的心理动力。缺失公民美德的自利型公民，仅只是具有一个公民的法律身份，而没有获得公民的实践性内涵，从而无法推进国家治理的展开。因为除非人们秉持基于公民身份而产生的公民责任感，时刻意识到公民自身的参与政治治理的责任，才有可能防止代议制民主的异化、政府公共责任的蜕化导致的政治败坏。换言之，只有公民践行参与政治治理的积极自由，才能真正保存消极自由带来的福祉。

---

[1] [古希腊]亚里士多德：《政治学》，吴寿彭译，商务印书馆1965年版，第111页。
[2] 刘诚：《现代社会中的国家与公民——共和主义宪法理论为视角》，法律出版社2006年版，第96页。
[3] [英]昆廷·斯金纳：《消极自由观的哲学与历史透视》，载达巍等编：《消极自由有什么错》，文化艺术出版社2001年版，第117页。
[4] 钱锦宇：《司法审查的能与不能：从"麦迪逊式困境"的重新解读及其解决说起》，载《环球法律评论》2007年第5期。

（二）公民参与治理以正式治理和非正式治理的全方位参与为途径

公民参与国家治理是全方位参与。如前所述，国家治理的法治原则要求治理必须以规则为基础，在法治的框架内展开。根据治理所依据的规则，国家治理可以分为依据宪法和法律等正式规则展开的正式治理和依据自治规则、团体章程等非正式规则展开的非正式治理。中国社会主义民主制度建设的顶层设计，是在不断发展和完善中国人民代表大会制度的基础上，扩大公民在其他领域的政治参与，并引导公民有序、合法、有效地参与政治治理。因此，公民对于国家治理的参与，一方面是通过参加人民代表的选举，再由人民代表选举产生同级行政机关、司法机关以及上一级人民代表，实现权力自下而上的授予。在国家治理结构中，政府作为治理主体进行治理，其权力最终就是从公民参与政治选举而获得的。正是公民对于选举政治的参与，使得正式治理在获得正当性权力的基础上得以展开。另一方面，强化公民对于其他领域的政治参与，其中较为重要的几种途径还包括：积极参与到基层群众自治组织的治理当中，以行动保障居委会和村委会的基层群众社区自治权的实现；公民积极参与社会志愿者组织的活动，提升社会志愿者组织的群众性基础，融入对于社会的治理；公民参与民间仲裁和调节机构，创制民间纠纷解决机制，在法律的引导和框架内，积极介入民间纠纷的解决，化解矛盾，维护社会稳定；推动媒体参与治理，强化媒体对于治理决策的制定和实施的监督。作为除行政权、立法权和司法权之外的"第四种权力"，媒体对政治进行的影响日益深远，应当引导媒体参与国家治理，尤其是要推动借助数码科技和网络而兴起的自媒体（如微博、微信等）对于政治治理的参与，发挥其监督和批评的职能，全方位扩大公民的合法有序参与，打造治理合作网络。

（三）公民参与治理要以法治和有序为限度

保守自由主义理论家对于公民参与民主统治的主张和理论，都抱有一种怀疑甚至是否定的态度。在他们看来，公民参与往往等同于直接民主，认为提倡公民参与的民主理论都是西方新左派的激进主义观点，公众主导的政治决策并不必然就是正确的或公正的。他们担忧公民参与政治治理，会由于过度多元的利益主张难以达成共识而导致治理失序，也可能由于多数利用其强势话语地位来操纵政治进程和政治议题，导致忽视和损害少数群体的正当利益。哈耶克、诺齐克等人就认为，如果将参与民主视为解决全部政治难题的理论进路，将会导致多数人暴政、集体意志至上主义、平均主义等极权专制主义或者无政府主义的产生。其实，公民参与国家治理，并不是要颠覆和取代代议制民主，相反，它只是要修正代议制民主的异化，并防止政府公共责任的蜕化。而且需要指出的是，公民参与治理，是以有序和法治为其限度的。在国家治理所展开的不同利益群体的对话协商过程中，要防止过度参与所造成的参与失序。稳定的政治秩序是公民得以参与治理并取得治理效果的保障。无序参与将妨碍整个治理合作网络功能的正常发挥，并导致治理合作网络的最终瓦解。在执政党的顶层设计中，公民参与国家治理始终是以有序为特征的。在中国式国家治理的合作网络中，单一权威主体必须发挥引导和组织合作治理的功能，保证国家治理的有序性。与此同时，公民参与国家治理，是以法治为限度，在法治的框架内对政治治理进行的参与。在我国的政治文明建设过程中，实现"依法治国，建设社会主义法治国家"，已经成为一项伟大的历史任务，并被载入宪法。在宪法和法律的范围内进行公民的政治参与，才是合法有效的政治参与。在公民参与治理的过程中，要通过依法参与实现有序参与，并奉行公平正义的法治理念，在治理决策的制定和实施方面切实维护社会少数群体或弱势群体的利益，防止简单多数决原则导致的多数人暴政现象的产生，协调公共利益和个人利益的冲突，以最大限度地促进人民的福祉，最终实现社会公平正义、所有政治共同体成员得以全面发展的治理目标。

第三节　公众参与背景下的政府信息公开

善治的构建离不开公民的有效参与，而公民参与的有效性，离不开政府信息公开制度的支持。

建设一个透明、公正、负责、高效和有限的政府，已经成为当下中国知识界与民众的基本共识，也是改革开放40多年来中国政府不断推进着的改革的方向。在这种政治共识的现实化和改革目标的实现过程中，政府信息公开制度的创设及其有效实施，具有十分重要的价值。究其原因，不透明的政府权力及其运行，是导致官僚主义、玩忽懈怠、低效低能和权力滥用的温床，而且更为重要的是权力运行的不透明，难以获得民众的认同，进而无法证明其政治正当性。因此，要实现政府的公正、负责、高效和限权，首先就需要实现政府的透明。这也是为何法学专家指出政府信息公开必然作为"推进政治体制改革、落实依法治国的实际宪政措施而理应在21世纪备受重视"[1] 的根本原因所在。

我国的《政府信息公开条例》（以下简称《条例》）自2008年5月1日起开始施行。《条例》的制定与实施，"表明中国对知情权的保护和政府信息公开制度建设正在走上有序与快速发展的轨道，也使与之密切相关的信息法制问题，成为影响中国人权与社会发展和法治建设的重大问题之一"[2]。尽管我国的政府信息公开取得了显著成绩，如政府主动公开信息的情形明显增多，政府依照公民、法人或者其他组织的申请而公开信息也迈出可喜步伐，实现了政府信息公开与电子政务的结合，以及通过信息公开推动政府机构积极践行为民服务的宗旨等，但是也存在全国各地发展不均衡、制度不配套、缺乏有效的协调指导和监督、公众参与不足等问题。[3]

一、实施《政府信息公开条例》过程中存在的问题

（一）《条例》实施过程中需强化信息发布综合协调效果

政府部门之间的信息发布缺乏协调性。导致这种协调性不足的一个原因是缺乏规范性的协调机制。很多地方政府并没有以规范性文件的形式来确立政府信息公开协调机制，并未对政府信息资源作统一的规范化管理，这在客观上阻碍了政府信息的流通和共享，也凸显出政府信息公开制度规划的匮乏和综合协调机制的缺位。导致协调性不足的另一个原因是主管机构缺乏能够有效展开组织与协调的高度权威。

（二）《条例》实施过程中公众参与的不足

公众参与程度的高低，是直接影响《条例》实施效果的重要因素。这

---

[1] 赵正群：《政务公开政策的法理基础》，载《学习与探索》2001年第4期。
[2] 赵正群：《中国的知情权保障与政府信息公开制度发展进程论析》，载《南开学报（社会社会科学版）》2011年第2期。
[3] 参见周汉华：《〈政府信息公开条例〉实施的问题与对策探讨》，载《中国行政管理》2009年第7期；赵正群、朱冬玲：《政府信息公开报告制度在中国的生成与发展》，载《南开学报（社会社会科学版）》2010年第2期。

不仅是因为社会公众提出信息公开申请是政府机构启动政府信息公开程序的法定要件，而且社会公众对于政府机构的信息公开工作的评议，是监督政府信息公开工作的重要保障和有效手段。然而，很多地方，公众对于政府信息公开工作的参与度并不高。造成这种社会公众参与度低的原因，首先，政府信息公开制度的社会宣传并不理想。其次，社会公众对于政府机构认真执行政府信息公开制度还持有一种怀疑的心态。最后，多数受访政府机构缺乏畅通的公众参与渠道。这在客观上限制了公众对于政府信息公开工作的有效参与，并减弱了源自社会公众的对政府信息公开工作实施的外部监督。

（三）人事编制的缺乏和相关制度的衔接配套不完善

《条例》在实施过程中，还存在人事编制的缺乏和相关制度的衔接配套不完善的问题。首先，或者是单位没有独立编制人员从事政府信息公开工作，或者是从事政府信息公开工作的人员编制不足。值得注意的是，部分政府信息公开工作人员并不熟悉相关法律规定，其业务技能还有待提高。从事政府信息公开工作的人员很多是兼职，一些部门在承担原有职能的同时，还必须承担烦琐复杂的信息公开工作，信息公开工作机构的人员编制远不能适应工作需要。特别是在欠发达地区的地方政府，对于政府信息公开工作的重要性认识不足、人才匮乏、财政短缺、信息公开工作的专业培训不到位等因素，严重地影响着政府信息公开工作的顺利展开。其次，将政府信息公开制度与档案制度进行有效衔接的工作还有待推进。

（四）救济效果不佳

政府信息公开制度在实施过程中，总体上缺乏救济指引机制，而事实上政府实际受理相关复议和参加诉讼的比例并不理想。对于举报、复议和诉讼，被申请信息公开的政府机构也经常利用《条例》第17条来规避其所承担的信息公开义务，即以所申请公开的信息属于"国家秘密"为由拒绝向申请人公开相关信息。扩大解释"国家秘密"这一内涵和外延极其模糊的法律概念成为政府规避法定义务的"合法"手段。而实践中却缺乏有效的第三方审查机制来规制和监督政府机构评判所申请公开的信息是否属于"国家秘密"的标准和行为。这也严重制约了《条例》预期效果的实现。

二、改善政府信息公开制度实施的对策研究

政府信息公开是对政府管理方式的深刻变革，也是一项建构限权政府、回应社会主义法治国家内在要求的制度性安排。因此，如何不断推动和改善政府信息公开制度的实施，全面落实《条例》并实现其法益，其重要性自不待言。

（一）建立权威的规范化指导和有效的综合协调机制

曾担任英国宪法事务部大臣和首届司法部大臣的福克纳勋爵（Falconer of Thornton）就指出："影响（英国《信息自由法》）实施的三个因素是：缺乏领导；对负责信息公开的官员支持不足；没能认识到信息自由法的实施不是一个事件，而是一个长期的承诺与投入的过程。"[1] 源自高度权威的领导或指导，对于政府信息公开制度的实施而言，是不可或缺的。因此，国务院有必要发布政府信息公开目录和年度报告的规范性范本（或模板），并鼓励各地方政府机构在参照权威范本或模板的基础上，结合各自的行政区域或行政领域的特色完成编制任务。值得注意的是，我国政府信息公开制度研究专家赵正群教授不仅建议学习美国司法部编制"报告指南"并提供统一的"报告文本模板"以指导各级行政机关开展政府信息公开工作的经验，而且还进一步提出了一种官方指导和民间参与的互动模式，即"可以既有具有行政指导性'官方版本'，也可以有参考性的'非官方版本'，包括学者建议稿、公益组织稿等，以利于集思广益"[2]。与此同时，应当尽快以规范的形式建立政府信息公开的协调机制。通过规范和统一的协调机制，理顺政府部门之间的关系，明确了职责和责任，就会防止互相推诿，有利于政府信息公开的准确性。另外，还需要建立、细化和严格实施妨害政府机构之间相互配合与协助完成政府信息公开的有效追责机制，防止政府机构工作人员在政府信息公开过程中的玩忽懈怠和推诿导致的信息公开不及时、不准确和不完整，从而保护公众的知情权利益。

---

[1] See House of Commons Constitutional Affairs Committee, Freedom of Information Act 2000—Progress Towards Implementation, vo1. 2, November 30, 2004. http://dca.gov.uk.foi/bkgmdact.htm#top.

[2] 参见赵正群、朱冬玲：《政府信息公开报告制度在中国的生成与发展》，载《南开学报（社会社会科学版）》2010年第2期。

（二）推动社会公众对于政府信息公开工作的参与

首先，应当采取切实措施加强对政府信息公开制度的社会宣传。如通过电视、广播、互联网、报纸和街头宣传等形式，让社会公众充分了解政府信息公开制度的具体内容和功能，尤其是政府信息公开制度的实施对于实现信息民主和公民知情权的重要性。事实上，只有通过宣传唤起公民要求实现知情权的热情和自觉，才能凝成一股推动政治透明、行政公开的压力和合力，以推动透明政府的建设。其次，在摒弃"民可使由之，不可使知之"的封建观念、树立和强化"透明政府"之下的"为人民服务"这一公职理念的前提下，政府应当尽可能地展示其实施政府信息公开制度的决心和行动，通过真正践行政府信息公开制度的要求来回应社会公众的质疑，逐步消除社会公众的疑虑。而值得注意的是，2013年昆明发生的市民游行反对"PX项目"事件，充分表明公众的疑虑和不信任源自行政的神秘化。而实施政府信息公开，尤其是政府机构主动公开信息，是政府摆脱信任危机和防止决策失误的重要保障，也是保证行政与决策风险最小化的有效机制。最后，政府应当建立并完善社会公众参与政府信息公开制度实施的制度性渠道。例如不仅要建立对政府信息公开工作的社会评议机制，而且要真正使之得以落实。同时还需强化政府信息公开工作报告在编制过程中社会公众的参与度，提高政府信息公开工作评议打分工作中社会公众打分的分值比例，使社会公众成为推动和监督政府信息公开工作的首要力量。时机成熟，还可仿照美国公益性非政府组织自2003年以来持续发布的"奈特开放政府系列调查报告"，以民间报告形式来监督政府信息公开工作的效绩。[1]

（三）完善人事编制和相关制度的配套

政府信息的有效公开，有赖于资源的有效供给。资源的短缺往往是限制各国实施政府信息公开制度的重要因素。英国负责信息公开的宪法事务部指出，地方政府部门的最大问题是资源的缺乏。他们没有充足的时间、金钱或人力，从而难以组织信息的公开。而美国《信息自由法》的实施也

---

[1] 关于美国"奈特开放政府系列调查报告"的内容及其政治功能的深入研究，可参见赵正群、董妍：《公众对政府信息公开实施状况的评价与监督——美国"奈特开放政府系列调查报告"论析》，载《南京大学学报（哲学·人文科学·社会科学版）》2009年第6期。

没有与更多的资源配套。[1] 在我国西部地区，由于经济相对落后，有限的财政税收和公职人员编制很难满足政府信息公开工作的需求。因此，应当考虑由中央财政划拨专项资金，以资助西部经济落后的政府机构严格贯彻《条例》的规定，使其有能力指定专门机构和配备具有相应编制的专职工作人员负责政府信息公开工作。同时，国外的经验表明，定期考核和培训负责政府信息公开工作的公职人员，使其满足该项工作的要求，是保障《条例》得以有效实施的条件。在德国，缺乏对相关人员的培训，导致了政府信息公开制度在实施过程中产生出诸多问题，比如曲解法律规定、无理拒绝申请等。[2] 而英国则较为重视通过培训而储备有关政府信息公开的人才。因此，有必要实施对政府信息公开工作能力培训的制度化管理。另外，在相关制度配套方面，除了继续加强将政府信息公开制度与保密制度相衔接的工作，还应当推进将政府信息公开制度与档案制度进行有效衔接的工作。一方面，在档案划定密级时尽量避免不属于保密范围的信息被划为保密；另一方面，依据《档案法》和《档案法实施办法》中关于"国家档案馆保管的档案一般应当自形成之日起满三十年向社会开放"和"经济、科学、技术、文化等类档案，可以随时向社会开放（除需要控制使用的部分外）"的规定，扩大解释"经济、科学、技术、文化"，尽可能将不属于国家秘密的相关政府信息列入可以向社会公开的范围。

（四）完善相关救济制度

有权利就必然有救济。法律确立公民知情权的同时，也必然要求有相应的救济制度，否则这项权利就没有任何意义。对于救济制度的完善，首先，要求政府在实施政府信息公开制度的过程中，提供对于相关救济的指引和支持。在政府信息公开工作中，政府提供救济指引与社会公众实施救济成正比关系。在政府提供救济指导的情况下，社会公众通过行政复议或诉讼来维护自己知情权的比例，远远大于政府不提供救济指引的比例。因此，有必要以法律的形式强制要求政府机构在实施政府信息公开制度的过程中提供明确有效的救济指引。其次，必须明确"国家秘密"的界定。如果不加界定，宽泛而模糊的"国家秘密"条款就有阻碍政府信息公开、限

---

[1] [美] 劳拉·纽曼、理查德·考兰德：《让法律运转起来：实施的挑战》，李增刚译，载《经济社会体制比较》2009年第2期。
[2] 吕艳滨：《中欧政府信息公开制度比较研究》，法律出版社2008年版，第105页。

制公民知情权得以实现的潜在可能性。因此,应当在完善《保密法》中对政府信息的保密审查机制的同时,解释和确定《条例》中保密规定的范围,将"国家秘密"的重点设定于国家情报、国防安全以及外交事务领域。对"国民经济和社会发展中的秘密事项"以及"科学技术中的秘密事项"进行限缩,力图在保护国家秘密的同时,最大限度地实施政府信息公开,实现公民的知情权。

第四节　选贤举能、良法之治与国家治理的现代化

21世纪仍然是一个由主导性大国的利益博弈所支配的"新战国时代"。在这种全球政治和经济秩序不断重构、地缘政治博弈和宗教冲突日趋紧张的"新战国时代"当中,通过国家能力的有效提升和强化,实现国家的政治生存和发展,就更加显得具有迫切性和重要性。为此,作为执政党的中国共产党在其第十八届三中全会上,研究了全面深化改革的若干重大问题,将全面深化改革的总目标定位为完善和发展中国特色社会主义制度,推进国家治理体系和治理能力现代化。在执政党推进国家治理现代化的战略布局中,"推动人民代表大会制度与时俱进。坚持人民主体地位,推进人民代表大会制度理论和实践创新,发挥人民代表大会制度的根本政治制度作用"[1] 具有举足轻重的地位和意义。

然而,从2017年9月以来中央关于查处辽宁贿选案的通报来看,人大代表选举过程中的拉票贿选现象,在我国的部分地方,仍然存在而且呈现出愈演愈烈之势。在第十二届全国人大常委会第23次会议上,张德江同志严肃指出,辽宁贿选案是"新中国成立以来查处的第一起发生在省级层面、严重违反党纪国法、严重违反政治纪律和政治规矩、严重违反组织纪律和换届纪律、严重破坏人大选举制度的重大案件,是对我国人民代表大会制度的挑战,是对社会主义民主政治的挑战,是对国家法律和党的纪律的挑战,触碰了中国特色社会主义制度底线和中国共产党执政底线"[2]。事实上,张德江

---

[1] 参见《中共中央关于全面深化改革若干重大问题的决定》。
[2] 参见张德江同志在第十二届全国人大常委会第23次会议上的讲话。

同志的上述讲话中，还隐含着但并未表明的一个关于贿选导致的危害性后果，即对我国社会主义法治建设和国家治理的现代化建设形成根本性的障碍、造成颠覆性的破坏，进而妨碍全面深化改革的总目标的实现。

从治理理论的视角来看，对于辽宁贿选案，值得认真对待的问题是，人大代表的贿选对于国家治理现代化而言具有何种的危害性后果？该如何从国家治理的角度出发来规制贿选，进行相应的制度性安排？为了尝试回答上述问题，笔者将首先阐明国家治理现代化与法治的关系，指出良法之治是治理现代化的必要条件，进而在分析人大代表贿选对于国家治理的现实或潜在危害的基础上，建构相应的贿选规制和预防机制。

一、良法之治：实现国家治理现代化的必要条件

法治是国家治理现代化的必要条件。没有法治化，必然不存在国家治理的现代化。对于今天的政治文明国家而言，在一定意义上，国家治理的现代性建构，首先就是法治化的建设。

（一）国家治理现代化依赖于法治

十八大以来，党中央旗帜鲜明地提出"国家治理现代化"，并将其作为国家战略予以定位，是继工业、农业、国防和科学技术现代化之后，党中央在新时期提出的又一个"现代化"战略目标。如果说前四个现代化关涉到国家硬实力提升的话，那么治理现代化则关乎国家软实力建设的问题。早在1875年，清帝国驻英公使郭嵩焘就指出："西洋立国有本有末，其本在朝廷政教，其末在商贾、造船、制器，相辅以益其强，又末中之一节也。"[1] 换言之，在部分中国早期的驻外使节看来，西方强国之所以实现国家强盛，其根本是在于国家治理这一软实力的建设和保障，其次才是经济、制造等工商业的现代化。而清末维新变法派所主张的君主立宪制变革，孙中山先生在领导辛亥革命后所致力创建的、以"五权宪法"为核心的资产阶级分权制衡的治权结构，以及中国共产党人在领导新民主主义革命和社会主义革命胜利后创建的由中国共产党领导的、以人民代表大会制度为根本政治制度的、以中国共产党领导的多党合作和政治协商制度、民族区域自治制度以及基层群众自治制度为重要组成部分的国家治理结构和

---

[1] 郭嵩焘：《郭嵩焘奏稿》，岳麓书社1983年版，第345页。

模式，无不是以政权与治权的制度建设和制度安排为根本要务。

21世纪，处于新形势当中的中国共产党人，面对着来自世情、国情、党情发生深刻变化而产生的诸多挑战和危险。2011年，在中国共产党成立90周年之际，胡锦涛同志高屋建瓴地指出执政党面临着执政考验、改革开放考验、市场经济考验、外部环境考验，以及精神懈怠的危险、能力不足的危险、脱离群众的危险、消极腐败的危险。"四大考验"和"四大危险"的提出，是为了告诫全党要清醒地认识到其始终肩负的历史使命和不断改革发展的紧迫性。为了应对"四大考验"和"四大危险"，党的十八大以来，党中央将国家治理的现代化确定为国家战略。习近平总书记强调指出："推进国家治理体系和治理能力现代化，就是要主动适应时代变化，既改革不适应实践发展要求的体制机制、法律法规，又不断构建新的体制机制、法律法规，使各方面制度更加科学、更加完善，实现党、国家、社会各项事务治理制度化、规范化、程序化。要更加注重治理能力建设，增强按制度办事、依法办事意识，善于运用制度和法律治理国家，把各方面制度优势转化为管理国家的效能，提高党科学执政、民主执政、依法执政水平。"[1] 习近平总书记的讲话，是对古今中外治国理政的正反两方面经验的高度总结，深刻地反映出中国共产党人在新形势下对于国家治理现代化与法治的辩证关系的认识。具言之，国家治理的现代化，最终必然表现为法治化，只有以宪法和法律为根本指导和规则，才能够有效地提升国家治国理政的能力，有效防止国家权力的滥用，进而实现人权保障的终极价值目标。因此，作为治国理政的基本方略和权力运行的根本规矩，法治化也是衡量国家治理现代化的根本标准。中国国家治理的现代性建构过程，本身就是法治化的过程。其实质则是在治国理政过程中，用法律的意志取代领导人的意志，将先前旧有的那种运动式治国理政模式、会议式治国理政模式转变为常态化的、理性化的、可预期的治国理政模式。

实现中国国家治理的现代化和法治化，需要建构一种结构性的制度安排和推动机制，大致包括如下几个方面：第一，确立并保障国家宪法和法律的至上性权威，这是社会主义法治体系得以建成的形式要件；第二，必须在坚持党领导法治建设的同时，实现党的依宪执政和依法执政，这是社会主义法制体系的关键所在；第三，依法行政、建设法治政府、实现权力

---

[1] 习近平：《切实把思想统一到党的十八届三中全会精神上来》，载《求是》2014年第11期。

制约和监督的法治化,这是社会主义法治体系的核心内容;第四,深化司法体制改革、将司法打造成守护社会公平正义的最后一道防线,这是社会主义法治体系的基本保障;第五,建设社会主义法治理念和中国特色法治文化、提高国家机关公职人员的法治思维和法律意识,这是社会主义法治体系的重要条件;第六,也是本书要着重强调的一点,就是需要完善立法机制和程序、提升立法的民主性、科学性和正当性,这是社会主义法治体系得以建成的逻辑前提。

也需要指出的是,法治化与国家治理的现代化也呈现出相辅相成的关系。换言之,国家治理的现代化有赖于法治化的推进,而国家治理现代化的实现,又会反过来有力促进法治化的展开,为法治化的推进提供有效的支撑。

(二) 法治的根本性质是良法之治

"法律是治国之重器,良法是善治之前提。"[1] 十八届四中全会报告精辟地指出了一个事实:法治的根本性质是良法之治。

无论是西方的古希腊思想家亚里士多德的法治论,还是中国先秦法家的法治主义,都认为法律的统治必须包含一个形式要件和一个实质要件。就其形式而言,法治要以法律具有至上性权威、人们普遍遵守法律为要件。在东方世界,对法治做出系统论述的,当首推中国先秦法家。先秦法家认为,在国家治理过程中,法律的重要性要远甚于君主的重要性。在先秦法家看来,即使是资质平庸的君主,只要依靠一套有效的、满足一定条件的法律系统,就能够实现良好的统治,所谓君主无为,"垂法而治"。但是,法治要得以实现,就必须君臣上下一体都服从法律的统治,"不别亲疏,不殊贵贱,一断于法"[2]。而且尤其重要的是,君主本身也必须遵守法律,所谓"令尊于君""不为君欲变其令"[3]。而在西方,学界一般认为较为系统论述法治的早期思想家,当首推古希腊的亚里士多德。在亚里士多德看来,"凡不能维持法律威信的城邦都不能说它已经建立了任何政体。法律应在任何方面受到尊重而保持无上的权威,执政人员和公民团

---

[1] 参见《中共中央关于全面推进依法治国若干重大问题的决定》。
[2] 司马迁:《史记·太史公自序》,中华书局2005年版,第2487页。
[3] 《管子·法法》,吉林文史出版社1998年版,第170页。

体……都不该侵犯法律"[1]。他明确强调:"邦国虽有良法,要是人民不能全都遵循,仍然不能实现法治。法治应包含两重意义:已成立的法律获得普遍的服从,而大家所服从的法律又应该本身是制定得良好的法律。"[2]可见,亚里士多德不仅提出了法治的形式主义要件,也指出了法治的实质主义要件,即实施统治的法律,或者说人们所普遍遵守的法律本身,必须具有良善的性质,体现为一种"中道的权衡",而正义和理性要在法律中得以体现和反映。正是通过法律统治所体现的正义和理性,才能实现作为最终价值的人的"幸福生活"[3]。而自古罗马时期开始,斯多葛学派就将其所倡导的自然法理念,作为检验世俗法的道德准则,这种做法经由中世纪的经院神学法学派的加工,后来被洛克、霍布斯等启蒙思想家所继承,并以社会契约论的理论形式发扬光大。20世纪以后,自然法学派得以复兴,并与人权至上理论相互吸收融合,成为法律及其统治的道德基础和根本标准。与之相呼应的是,中国先秦法家中的一些思想家(如慎到等)也为作为治国理政根本手段的法律添附了道德要求,即用于法律必须要满足和体现"天道"与"民情"的根本要求,为君主通过法律而实施的统治添附了"为民"和"为天下"的价值目标。西汉确立"罢黜百家,独尊儒术"的国策,董仲舒等儒家思想家将先秦儒学与道家思想和阴阳学说等相融合,创造出以儒学为本,以阴阳学为解释的第二代儒学。第二代儒学主张"天人合一",以及法律要符合"天道"和"伦常"的道德要求。这种正统观念一直支配中国传统社会两千年,直至清末民初才随着西方政法理念的系统引入而逐渐衰落。

无论如何,法治要获得实现,就必须具有一定的道德要素,这仍然是法治的实质要件。即使是最强烈反对将法律与道德混为一谈的分析实证主义法学家,也并不否认法律必须体现最低限度的道德要求。对于社会主义法治体系的建设而言,作为治国理政根本手段的法律,当然更加需要强调其良善的性质。所谓法律的良善性质,必须包括法律所体现的民主性、科学性、正当性。《中共中央关于全面推进依法治国若干重大问题的决定》旗帜鲜明地指出,"良法是善治之前提。建设中国特色社会主义法治体系,必须坚持立法先行,发挥立法的引领和推动作用,抓住提高立法质量这个

---

[1] [古希腊]亚里士多德:《政治学》,吴寿彭译,商务印书馆1965年版,第192页。
[2] [古希腊]亚里士多德:《政治学》,吴寿彭译,商务印书馆1965年版,第199页。
[3] [古希腊]亚里士多德:《政治学》,吴寿彭译,商务印书馆1965年版,第204页。

关键"。要保障"立法质量",就必须实现立法的科学化、民主化,同时必须确保立法能够体现"以民为本、立法为民理念,贯彻社会主义核心价值观,使每一项立法都符合宪法精神、反映人民意志、得到人民拥护。要把公正、公平、公开原则贯穿立法全过程"[1]。由此不难看出,良法之治是实现国家治理现代化的必要条件。而在人民代表大会制度作为我国根本政治制度的背景中,良法主要由普遍、真实和有效的选举所产生的立法机关——各级人民代表大会及其常务委员会制定。从逻辑上看,选举是国家治理现代化和法治化的前提中的前提,要件中的要件。只有保证选举的民主性、有效性和合法性,才能够保障立法的民主性、有效性和科学性,也才能够为治国理政的现代化和法治化提供制度性源头。

二、贿选之殇:贿选对于国家治理现代化的结构性危害

为了在保障社会秩序得以有序生成的同时,解决权力生成的正当性和规范性问题,现代执政文明国家大体上都采用了通过选举的代议民主制度,并以之为基础来实现政府及其权力规则的构建。民主政治的本意在于社会公众通过一定的程序选拔举任贤能的人,以代表其意志和利益,表达其愿望和诉求。换言之,在人民主权这一民主政治的根本原则之下,人民通过选举来实现"选贤与能"[2],委托其进行政治决策并对其进行监督,以保障民意代表忠实履行受托付的政治责任。因此,民主政治的关键有二:其一在于选举,其二在于监督。而贿选现象的出现,将会对国家的有效治理形成结构性冲击和破坏。

(一)贿选对于国家治理正当性的冲击

国家治理的有效展开,首要条件就是治理必须具备正当性。任何的政治治理模式的展开,都会面临正当性的追问以及相对应的论证。对于有效

---

[1] 参见《中共中央关于全面推进依法治国若干重大问题的决定》。
[2]《礼记·礼运》记载:"大道之行也,天下为公,选贤与能,讲信修睦。"但是,中国传统社会中的"选贤与能",并不能等同于现代民主政治中的选举。在梁启超先生看来,中国传统的民本主义包含了"民有"和"民享"的要素,但是缺失"民治"的理念和技术。而"民治"的核心要义恰恰就在于被统治者选举代表来实施政治治理。这正是西方现代的民主主义与中国传统的民本主义之间的根本区别。参见梁启超:《先秦政治思想史》,天津古籍出版社2004年版,第6—7页。

的国家治理而言，正当性是政治治理模式的权威性得以生成的核心要素，也是衡量某种特定的政治治理模式是否具有权威性的根本标准。无论是古希腊还是先秦，东西方的思想家们都从不同的角度提出政治统治的正当性问题和法律的正当性问题。[1] 如前所述，国家治理的现代性建构，源自治理的法治化。国家治理的正当性能否生成，就在于能否实现真正的法治化。要实现法治化，良法是其前提。换言之，法律的正当性，决定了国家治理的正当性。

就法律本身而言，其正当性包括实质正当性和形式正当性。法律的实质正当性要求法律必须体现一定程度（往往是最低限度的）的道德性。这种道德性，大多为法律添附了一些根本价值和要求。如果违背了这些根本的价值和要求，那么法律的正当性就会受到质疑。二战之后，经历了大萧条、经济危机、侵略战争、种族屠杀等20世纪上半叶的苦难之后，人类将法律所必须要体现的根本价值和要求高度凝结成为"人的权利和尊严"。用综合法学派代表人物博登海默的话说，就是"任何值得被称之为法律制度的制度，必须关注某些超越特定社会结构和经济结构相对性的基本价值。在这些价值中，较为重要的由自由、安全和平等……上述结论所依赖的预设是存在着一些需要法律予以承认的人类共性"[2]。事实上，对国家权力的规制和约束所作的制度性安排，也是为了切实保障人的权利和尊严。违背甚至是侵害人的权利与尊严的法律，其权威性是值得怀疑的，甚至是根本被否定的。所谓"恶法非法"，如同博登海默所言："一种完全无视或根本忽视上述基本价值中任何一个价值或多个价值的社会秩序，不能被认为是一种真正的法律秩序。"[3] 与此同时，法律的形式正当性则包含多个要求。首先，法律必须符合一般性、确定性、公开性、稳定性、逻辑严密性、不得溯及既往性、不得要求不可能实现的事情、官方行为与公布

---

[1] 周永坤教授在其《法理学——全球视野》这本在国内具有较大影响的教科书中指出："古往今来，我国从上到下均以刑法甚至刑罚为切入点观察法律，因此均持强制论，忽略了法律的正当性。"（参见周永坤：《法理学——全球视野》，法律出版社2010年版，第274页。）但笔者认为，这种看法忽略了儒家的民本主义观、仁义观对于中国传统政治统治和法律的正当性的塑造，也忽略了先秦法家提炼的"天道"观和"人情"观作为法律正当性根源的塑造。笔者将另文讨论此问题。

[2] [美] 博登海默：《法理学——法律哲学与法律方法》，邓正来译，中国政法大学出版社1999年版，作者致中文版前言。

[3] [美] 博登海默：《法理学——法律哲学与法律方法》，邓正来译，中国政法大学出版社1999年版，作者致中文版前言。

的规则必须一致性等八条准则。美国现代自然法学派理论家富勒将其称为"法的内在道德"和"程序版的自然法"[1]。其次，立法权的行使要具有正当性，即立法程序、立法内容、立法目的被民众接受或默认为正当。最后，也是最为重要的，法律的制定权要具有正当性渊源。换言之，一方面，"掌握立法权的人的地位来自民众选择或起码被民众认可。这种正当性以神授、禅位、继承、天赋、民选等观念和实践体现出来"[2]。在现代民主政治国家中，这种立法权掌控者的正当性就源自于民主选举。另一方面，立法机关的组成及其权力行使，要符合宪法的规则、原则和精神。

不难发现，从维护国家治理的法律统治正当性来看，贿选现象直接冲击的是现代国家治理的正当性的前提——法律的正当性。国家治理的现代化就是法治化，而一旦法律的正当性缺失，则良法之治也必然会成为无源之水和无本之木。从辽宁贿选案来看，2011年辽宁省委常委换届选举、2013年辽宁省"两会"换届全国人大代表选举、第十二届辽宁省人大常委会副主任选举中，都存在大规模的拉票贿选等非法组织活动，通过贿选当选的全国人大代表有45人，涉案省部级官员高达两位数，而涉案的厅级官员和省人大代表均超过百人。没有人相信通过直接或间接使用金钱、财物或其他利益收买选举人、选举工作人员或其他候选人的行为会发生在一个具有正当性的立法机关。因为民主选举的实质是选举人的自由意志的独立表达。只有当选举人依照宪法和选举法的规定，在事实上做出真实表达其意志的选举投票行为，才能够使法律制定权的正当性获得证成。与此同时，如果贿选导致立法机关的组成不具有正当性或者正当性存在瑕疵，那么对于社会公众而言，质疑该立法机关行使立法权的正当性，就再自然不过了。在每一个人都是理性的经济人的假定下，被统治者会天然地认为因贿选而支出非法成本的竞选人在当选后会进行营利性行动，以实现其利益的最大化。事实上，辽宁贿选案也反映出辽宁的部分企业家通过拉票贿选而获得人大代表的身份，并以人大监督的名义，通过"司法建议书"的形式干涉法院和检察院独立行使司法权，并形成人大代表之间"互帮互助"的非法利益链条，以追逐更大的法外利益。在这种情况下，法律的正当性就受到了极大的质疑和挑战。而法律正当性的缺失，最终消解的是现代国家治理的正当性。

---

[1] [美]富勒：《法律的道德性》，郑戈译，商务印书馆2005年版，第114页。
[2] 周永坤：《法理学——全球视野》，法律出版社2010年版，第274页。

（二）贿选对于国家治理有效性的妨碍

在现代民主政治结构中，国家治理的有效性源自法律和政策的有效性。有效的法律和政策，是国家实现有序治理的工具和手段。所谓法律的有效性，包括法律的效力和法律的实效两方面。一方面，法律的效力所关涉的问题是法律到底是否具有法律的性质和要求人们服从的至上权威。法律要获得效力，首先是法律必须由民众选举产生的、宪法所授权的特定国家机关，按照法定程序来制定完成。另一方面，法律的实效所关涉的问题是法律在社会现实生活中能否获得人们的遵守和服从。法律要获得实效，就必须强调法律最低限度的道德性，以及法律必须反映、体现和调和不同社会阶级和阶层的利益主张和要求。这本身也是检验法律在性质上良善与否的一个重要标准。而法律和政策的有效性，在一个利益诉求多元的社会中，必须通过一定的结构性政治机制来表现和塑造。

中国正处于社会转型时期，随着社会经济的发展而导致的单一社会结构的解体，社会不断趋于多元分化。这表现在社会不同阶级和阶层群体之间的利益主张和价值观念都呈现出多元化的特征。通过良法的现代国家治理，必须要在正视这种多元化利益结构的基础上，实现法律治理的有效性。那么法律如何才能够实现社会的有序化调控，进而实现社会多元利益的整合与满足？从世界政治文明国家的成熟治理经验来看，其有效途径就是建构一个尽可能容纳不同社会阶级、阶层和其他利益群体的意志并反映其多元利益诉求和政治主张的政治平台，一套利益博弈制度和意志融合机制。这个政治平台、博弈制度和融合机制，就是代议制民主。通过代议制民主（特殊情况下通过全民公投这样的直接民主形式），在法律和政策的制定过程中，不同阶级和阶层的利益主张得以反映。在理想状态下，以选举为前提的代议制民主，不仅体现了人民主权原则，而且解决和实现了民意的有效表达，反映出不同利益群体的利益诉求和主张。尽管熊彼特、莫斯卡、帕累托等精英主义政治理论家否弃了这种关于代议制民主的理想观念，并斥之为"虚幻"和"神话"，但是信仰大众民主的理论家仍然在不断解释并推动这种理念的实践。

更为重要的是，当政府的行动依据（即宪法和法律）能够反映和体现不同利益群体的诉求以及这些利益群体之间的力量对比关系，作为一种整合的意志表达和体现的话，那么政府凭借这种行动依据和国家所保有的强制力，就可以有效地提升国家行动的正当性和实效性，同时也会强化国家的强制力和权威性。要实现这样的效果，就必须通过真实有效的选举。正是在这个意义上，代议制民主成为强化和维系权力结构的稳定性和延续性，实现政治治理的有效性的理想方案。

然而，一旦拉票贿选使得代议制民主遭受破坏，这种国家治理的有效性就难以生成。因为贿选的本质就是在选举过程中排除有效竞争，其表面结果是选票不正常地归入特定候选人手中，而从根本上看，贿选的结果是阻碍了多元利益群体的意志表达的最重要的路径和通道。当部分利益群体的意志和诉求无法通过代议制来予以表达和主张时，其潜在的危害性一方面是单一或少数利益群体主导制定的法律和政策难以获得充分的实效，即其利益和诉求未能在该法律或政策中得以体现的部分利益群体会对该法律和政策持有消极的不合作态度，甚至可能是一种积极的对抗心理；另一方面，利益和诉求未能在法律和政策中获得体现和表达的利益群体，往往会转而采用其他一些合法或者非法的途径来实现其利益诉求。在这个问题上，北美殖民地反抗英国的斗争就是一个极好的例子。正是英国议会在殖民地强加赋税而拒绝殖民地选举议员参加英国议会来表达殖民地利益诉求的做法，引发了美国独立战争。而在国内，近几年因为环保项目而不断发生的社会群体性事件，也反映出地方政府因在政策制定过程中未能有效地吸收和反映不同利益群体的多元主张和诉求而导致的社会治理困境。因此，打击贿选，保证选举尽可能地产生能够真正代表不同利益群体的利益诉求和意见的议员或人大代表，使得法律和政策的制定能够体现和反映不同利益群体的多元利益诉求，是法律获得良善性质的一个重要条件，是良法之治得以可能的重要条件，是现代国家治理获得有效性的重要条件。

（三）贿选对于国家治理公信力的消解

国家治理的现实效果，与公权机关实施治理的公信力强弱成正比。国家治理的公信力源自既作为被统治者又作为治理参与者的社会公众对于公权机关实施国家治理行为的合法性、正当性、规范性和权威性的认可。国家治理的公信力强弱，反映出社会公众对于公权机关的合法性地位、组织效能、法律和政策的实施等的普遍认同感、信任度和满意程度。公权机关的公信力越高，国家治理的现实效果就越好。强公信力能够降低国家治理的实施成本。就国家治理的"公信力"而言，其核心问题是信任或信赖。

公权机关作为实施国家治理的重要主体，作为向社会公众提供普遍服务的机关，其治理的公信力程度实际上就是社会公众对其履行职责、实施国家治理的情况的全方位评价。

对于提升国家治理公信力而言，法治是根本方式和重要途径。究其原因，就在于提升和强化国家治理公信力的方式主要包括：首先，国家治理必须体现以人为本的公共责任性和服务性。为了实现"服务"这一公权机关的天然职责，一方面，国家治理的实施必须要有相对的稳定性、可预测性和行为指示性，不能朝令夕改而使得社会公众无所适从。另一方面，公权机关的治理目标必须是公共利益而非私人利益的最大化。公权机关必须通过高质量的公务行为，为社会公众提供高质量的公共产品和服务。对于治理过程中的瓶颈问题和公共危机，公权机关应当果断、及时地对于社会公众的需求做出正确判断和有效回应。其次，国家治理的实施要具有有效的监督制约机制，防止国家治理过程中公权力因滥用而发生权力异化的可能性。换言之，国家治理需要建构的是依法治理的公权机关。国家治理必须在宪法和法律的框架内进行，严格约束公权力在治理系统中和治理过程中的运行，构造一个以人为本的国家治理模式。最后，国家治理的实施必须具有透明性和道德性。在人民主权的理论视域中，一切权力属于人民，公权机关的权力源自人民的授予，而国家治理的职能和目标就在于满足社会公众的正当的利益要求。为了保证公权机关履行和实现其上述职能与目标，公权机关的组织成立、权力运行和利益结构等（例如公权机构得以成立的法律依据、职责分配、人员构成、工作程序和文件资料等）就必须在社会公众面前展现出高度的透明性。国家治理的透明性也是国家治理自身的正当性与道德性的要求所在。而法治作为现代国家治理的根本模式，能够为社会公众提供一套作为稳定和具有可预测性的根本行为规则体系，并通过宪法和法律来对公权机关进行权力制约和控制，较为有效地防止公权力在国家治理过程中发生异化。而无论是中国的《政府信息公开条例》还是美国的《阳光下的政府法》和《信息自由法》等一系列保护公众获得政府信息的法律法规，其主旨都在于建构一个透明的国家治理过程和状态。

但是，对于国家治理而言，贿选对于公信力的消解是难以估量的。从上面的分析不难看出，首先，贿选导致的结果，就是社会公众对于公权机关以公共利益最大化为治理目标这一预设的普遍质疑。张德江同志指出，在辽宁贿选案中，"一些代表候选人利用资本操纵选举，明目张胆拉票贿选"。这种部分企业家通过拉票贿选当选人大代表，进而形成人大代表"互帮互助"利益集团的事实，使得社会公众难以对其组成的权力机关实施的国家治理行为产生信任心理，而更多的是选择相信其治理行为的目标是谋求私人利益而非公共利益。其次，贿选现象的大规模出现，反映的是国家治理的实施并没有受到有效的法律监督和制约。在辽宁贿选案中，正是由于法律约束的失效和有效监督的缺失，才出现张德江同志所描述的现象，即"一些人大代表目无法纪，把收受代表候选人钱物视为潜规则；一些人大领导干部和工作人员知法犯法，为代表候选人拉票穿针引线"。而这种法律约束的失效和有效监督的缺失，恰恰就是使国家治理公信力消解的重要因素。另外，通过贿选当选公权机关职务甚至是领导职务，是对人民主权理念的根本违背。与此同时，通过暗箱操作和潜规则的运行而实施的贿选行为，也完全违背了透明政府建设的基本要求。而不透明的国家治理，是难以生成社会公信力的。最后，贿选挑战的不仅是国家法律和党的纪律，更严重的是，它根本上违背了中国共产党人的政治论理，冲击了中国政治明文的核心观念。而这种对政治论理和核心观念的冲击，会对国家治理的公信力造成巨大的消极影响。

总体而言，从湖南衡阳破坏选举案、四川南充拉票贿选案和辽宁贿选案等近年来发生的一系列贿选案件来看，贿选对中国当下部分地区的国家治理的正当性、有效性、公信力等方面都造成了深度的冲击和消解。可以说，贿选在一定意义上，对中国政治生态造成了结构性的破坏。

三、贿选的规制与制度的建构

贿选现象之所以存在，有两方面的原因：一是我国治理或者惩治贿选的法律规则体系不完备，二是我国民主选举体制还不完备，为贿选的滋生提供了温床。因此，要实现对贿选的有力规制，应该把切实有效的贿选治理措施与选举制度完善的目标结合起来，使两者相互促进、相互完善。

（一）在选举过程中实现党要管党、从严治党

党的领导是中国宪法的基本原则，也是我国社会主义民主政治的重要保障。为了实现选举的真实性，提升国家治理的正当性和有效性，在选举过程中，必须在强化党的领导的同时，实现党要管党、从严治党，包括：首先，党必须加强对于选举筹备工作的统筹与协调，在宪法和选举法的框架内，因

地制宜地制定科学的选举方案和应急机制。其次，各级党委应该注重民主选举意识和公民意识的培育。我国社会政治经济高速发展，群众的参政意识越来越强，但是有的群众的参政意识却是偏离民主与法治轨道的参政意识和观念，例如违反选举法程序的参选参政，以及超越法律的非法参选等。再次，提升党对于选举的治理能力和治理体系的现代化，正视独立候选人现象的出现及其参选，积极进行制度设计，对独立候选人的参选进行指导，监督其在宪法和法律的框架内活动，实现对选民负责、受选民监督。最后，依据党纪国法惩治贿选，净化选举的政治生态。选举的政治生态是在特定条件下，选举过程中的各要素之间以及选举系统与其他政治系统之间相互作用、相互制约所构成的一种生态关联互动。选举的政治生态是民主政治生活现状以及民主政治发展环境的集中体现，是社会价值观和公民个人价值观的综合反映，也是党风、政风、社会风气的综合体现。"辽宁贿选"所反映出来的正是我国部分地方选举政治生态的污染和蜕变。使选举政治生态得以净化的关键就是党要管党、从严治党。制度是改善党内政治生态的根本性因素。党和国家应该不断完善对贿选的规制和惩治体系。一方面，党要管党必须从党内政治生活管起，从严治党必须从党内政治生活严起。以党内民主为契机，引导有序的党外民主和选举。党要对选举过程之中出现的领导干部违反党纪国法的行为进行惩处，对于违反选举法甚至刑法的行为在给予党纪处分之后，协调国家司法机关对违反者追究法律责任。另一方面，必须加大惩治力度，以"严刑峻法"惩治贿选，从而增加贿选的成本，实现先秦法家所谓的"以刑去刑"。从法律制度、党内纪律、政治规矩三个规范性维度，共同规制贿选，建设良性的政治生态和选举环境。

（二）以法家的重刑主义惩治贿选

习近平同志在十八届中央纪委五次全会上指出：当前"反腐败斗争形势依然严峻复杂，主要是在实现不敢腐、不能腐、不想腐上还没有取得压倒性胜利，腐败活动减少了但并没有绝迹，反腐败体制机制建立了但还不够完善，思想教育加强了但思想防线还没有筑牢，减少腐败存量、遏制腐败增量、重构政治生态的工作艰巨繁重"。要真正贯彻和落实习近平同志的上述讲话精神，惩治和打击在选举过程中的腐败，实现在选举过程中选举人和被选举人的"不敢腐、不能腐、不想腐"，在全面推进依法治国的战略背景下，就必须通过法律的重刑主义，严厉打击拉票贿选。在这里需要强调的是，重刑主义不等于暴政。美国、新加坡都是以成熟法治闻名于世的重刑主义国家。必须引入重刑主义惩治贿选行为。我国目前对于贿选的惩治，只是在《刑法》第256条对其作出了规定，即"在选举各级人民代表大会代表和国家机关领导人员时，以暴力、威胁、欺骗、贿赂、伪造选举文件、虚报选举票数等手段破坏选举或者妨害选民和代表自由行使选举权和被选举权，情节严重的，处三年以下有期徒刑、拘役或者剥夺政治权利"。从文本分析来看，即使有"以暴力、威胁、欺骗、贿赂、伪造选举文件、虚报选举票数等手段破坏选举或者妨害选民和代表自由行使选举权和被选举权"的行为，也并不必然导致对这些行为的主体实施法律惩治。只有在"情节严重"的情况之下，才会"处三年以下有期徒刑、拘役或者剥夺政治权利"。"三年以下"的最低刑期并没有明确规定具体的刑罚措施和期限，因此也就完全不排除最后只是以管制或者拘役等形式实施象征性处罚的可能性。然而，从上面的分析来看，贿选行为所冲击和瓦解的是国家长治久安的根基，"是对我国人民代表大会制度的挑战，是对社会主义民主政治的挑战，是对国家法律和党的纪律的挑战，触碰了中国特色社会主义制度底线和中国共产党执政底线"[1]。其危害性丝毫不亚于间谍罪。但是贿选犯罪成本如此低廉，在客观上是激励而不是抑制在选举过程中的钱权交易，从而使投票商品化、民主选举金钱化，进而腐蚀社会主义民主制度。因此，首先，应当修改刑法，增加贿选者的违法成本，修改《刑法》第256条，加重刑罚的惩治力度；其次，对于参与贿选的选民，应该给予惩戒。贿选是一个合意的行为，有购票，也有投票。因此，要杜绝贿选，必须同时打击惩治贿选的交易双方。建议在一定期限内（如两年）剥夺参与贿选的选民的选举权和被选举权，将不合格的选民从选举中剔除，保证民主选举的质量和真实性，进化选举的政治生态，最终实现先秦法家"以刑去刑"的法律宗旨。总而言之，应该正确地认识重视主义和严刑峻法，只要符合最基本的现代法治文明和程序正义，在反对酷刑的前提下，完全可以大幅度地增加贿选的刑罚惩治，通过"明刑弼教"的方式，倒逼民主选举参与者尊重公民选举和民主投票。

---

[1] 参见张德江同志在主持召开十二届全国人大常委会第23次会议上的讲话。

（三）发展和完善适合于中国特色社会主义民主政治的选举制度

十八届四中全会已经指出："完善国家机构组织法，完善选举制度和工作机制。"而目前，我国对人大代表选举进行规范和调整的法律主要是《全国人民代表大会和地方各级人民代表大会选举法》、《地方各级人民代表大会和地方各级人民政府组织法》、《全国人民代表大会和地方各级人民代表大会代表法》、《中华人民共和国村民委员会组织法》、《中华人民共和国城市居民委员会组织法》以及《民事诉讼法》和《刑法》之中的部分条款。但是，总体而言选举法体系还不够完善，有待于进一步的发展。首先，应当通过立法，有序扩大直接选举的范围，缩小贿选存在的空间，强化选举透明度的提升。其次，增加顶层设计，引入有序的竞争选举机制和候选人参政议政规划方案的公开机制，使得选民在投票前知悉被候选人的参政议政规划和意图，从而实现选举过程中的意思自治，选举能够代表选民表达意愿和诉求的代表。再次，完善选举救济制度。目前对于选举争议如何解决，法律规定较为粗略，司法救济只有两条规定，即《民事诉讼法》第181条和第182条，根本无法应对和满足我国选举实践发展的要求。因此，必须加快选举法及其配套法规的制定或完善。最后，强化选民对于选举的监督。贿选之所以不但屡禁不止，而且还发生了"湖南衡阳贿选案"和"辽宁贿选案"这种塌方式的严重腐败乱象，固然和法治不完备有关，但另一方面也是因为选民无力对选举进行有效监督。

面对辽宁贿选案和贿选所反映和导致的选举政治生态污染，必须从选举过程中强化党要管党、从严治党、贿选惩治的重刑主义和发展完善我国社会主义民主制度的维度，实现对于贿选的结构性治理和系统性规制。只有这样，才能捍卫人民代表大会制度作为我国根本政治制度的地位，才能实现党的领导、人民当家作主和依法治国的有机统一，实现强化国家治理的正当性、提升国家治理的有效性和增强国家治理的公信力的目标，最终为全面深化改革和全面依法治国奠定坚实的政治基础。

| 第三章 |

现代中国国家治理与中国传统文化的创造性转换

第一节　法学的"中国化"与法学自主性意识之建构

中国法学的"文化认同"及其"认同危机",是中国法学面临的最大问题。中国法学在最近的百余年时间里,是在否定之否定的磨难中发展的。传统法学在维新图强的运动中被否弃,取而代之的是新式的中国法学。然而这种对西方法学的简单模仿能否解释本土自身的问题,已经逐渐受到了当下学界的反思和批判。

需要指出的是,"法学的中国化"中的"法学",并非是指中国的传统法学,否则就无从谈及"中国化"的问题了。中国传统中有无法学,这是一桩由来已久的公案了。笔者以为,面对"法学是什么"的问题,一个简单的答案可能就是研究法或法律的学问体系。[1] 显然,无人会否认中国古代有着较为发达的法律制度和丰富的法律思想,具备极为成熟的法律研究方法——法律(典)注释学,也不能无视魏晋、唐宋等时期学者士大夫对法律的研读,以及《唐律疏议》《读律琐言》《唐明律合编》《大清律辑注》《读律佩觿》等大量法学著作的存在。何谈中国古代无法学呢?况且按严复先生的理解,西方所谓的"法","于中文有理、礼、法、制四者之异译","故如吾国《周礼》、《通典》及《大清会典》、《皇朝通典》诸书,正西人所谓劳士"。[2] 果其然,则中国古代的法学就可谓是极为发达的。考察法或法律的内涵和外延,不能只以西方的标准来衡量,而应当关注法律自身在其历史发展进程中被注入的实际内容。[3] 同样,也不能因为传统中国法学没有明确表达其对正义或者公正的终极关怀,就否认其不具有法学的属性。"欲要理解'法学'一词的本义,

---

[1] 或许这个问题本身就是幼稚的。学人于探讨时,不如提出"法学不是什么"的设问,似乎更为适宜。
[2] 卢云昆选编:《社会剧变与规范重建——严复文选》,上海远东出版社1996年版,第392—393页。劳士,即英文laws(法律规则)。
[3] 关于此问题之论述,可参见段秋关:《中国古代法律及法律观略析——兼与梁治平商榷》,载《中国社会科学》1989年第5期。

必须到西方的文化语言中去寻找"[1]，此种主张不惟是西方文化中心主义在中国学界之表现。

中国近代的新式法学大致滥觞于清季民初。与英法等西方文明国家的自生型法制及其相应的法文化、法学不同，中国近代法学是伴随着中国近代的法律制度，在国人变法图强的意识和行动中产生的。其实，早在19世纪后半叶，极少数"孤独的先行者"的思想就已经突破了坚船利炮的层面，进入了制度的领域。[2] 这种学习西方政教制度的观念，在1895年以后，便得到了欲求变法以图强的士大夫之认同。甲午海战之结局使得国人痛定思痛，从先前"中学为体，西学为用"到对西方全面学习的观念变迁，反映出清季的精英知识分子再一次被迫反思传统文化及其体制的事实。传统法学自然也逃不出这种反思与批判。最终，传统中国法学在近代的社会转型中消亡了。清末的法治派究竟在礼法之争中占了上风。清末以降的法学，几乎都是西方法学在中国的翻版。然而在特定历史条件下，强迫毁弃自身的法文化和法学传统，其结果只能是按"西方法律理想图景"建构一个宏伟的关于中国法律体系的法学模式，但在现实中却严重脱离了本土的社会生活实际，最终丧失了其存在的合法性。西方文化传统中产生的法学能否为中国的法制和法治的建设提供理论指引和支撑，也就成了学者们的重要议题。

在这种观念的否定之否定的背景下，邓正来先生提出创建"中国法律理想图景"的构想。[3] 他认为，当下中国法学之所以无力为当下中国法制发展提供引导，根本缘由在于当下中国法学受到一种"现代化范式"的控制。必须在批判"现代化范式"的基础上，结束这个受"西方现代化范

---

[1] 张中秋：《中西法律文化比较研究》，南京大学出版社1999年版，第233页。
[2] 清朝驻英法公使郭嵩焘就在其1875年的《条议海防事宜》中凌称："西洋立国，有本有末。其本在朝廷政教，其末在商贾"，"能通知洋人之情，而后可以应变；能博考洋人之法，而后可以审机……夫政教之及人，本也；边防，末也"。他曾细致考察并极力推崇以民主为原则的英国议会制度和政府制度，主张广泛学习西方的制度。参见钟叔河：《走向世界——近代中国知识分子考察西方的历史》，中华书局2000年版。
[3] 虽然也有学者精辟地指出邓正来的这种"中国法律理想图景"之构想，正是受他批判的"现代化范式"的不自觉体现，根本上是一种"类型复制"。（参见魏治勋：《法学"现代化范式"批判的矛盾境遇》，载《政法论坛》2005年第6期）然而笔者认为某种"理想图景"对于当下中国的法治进程是不可或缺的，关键问题在于追问这种中国自身的"理想图景"是什么，以及应该如何建构此种"理想图景"。

式"支配的法学旧时代,开启一个自觉研究"中国法律理想图景"的新时代。[1] 笔者认为,这种"中国法律理想图景"应当是绕不开当下法学"中国化"(或者本土化)的问题的。

提出法学的"中国化",在本质上不是主张绝对的"去西方化",毋宁说是西方法学、法文化与中国传统法学及其法文化的一种汇流和融合。这也是当下法学中国化的一个主要环节。西方法学和中国传统法学,及其背后的法文化之间存在着时空性、民族性等差异,但这并不排斥、否定二者之间具有一些共通的话题,例如(法律)制度对于国家和社会秩序的维系功能,(法律)制度的资源配置(定分止争)功能,伦理道德和法律的关系等。它们的差异在于对论题的发问方式、关注点和侧重点以及表现形态等方面。虽然此种差异在很多地方是巨大的,但不能因此而否认其相互间进行对话、交流与融合的可能。所以,法学的"中国化"就是指在西方法文化与中国传统法文化的对话、交流与融合的基础上,寻求西方法学的合理因素与中国传统法学精华之结合,建立中国自身的法学理论体系与学术风格,以关注本土实际问题为逻辑起点,促使法学能够合理地解释本国法律现象,引导本国法治建设。

展开法学的中国化,建构自身的"法律理想图景",与中国法学学者学术研究的主体性意识及其学术反思和批判意识密切相关。半个世纪前,蔡枢衡先生就曾在批判中国法律及其意识的发展三阶段时指出,清末海禁打开以降,中国有法律意识,当时缺乏自我觉醒的法律意识。因此他主张第三阶段的中国法律意识应当是自我觉醒的,其创造的材料在中国国境范围内:认识的对象是中国社会的历史、现实和理想,是中国的法律、判例、风俗、习惯、学说和思想,创造者的感觉、表象、概念、

---

[1] 邓正来先生认为,这种"现代化范式"对中国法学的支配,产生了三个结果:首先,中国的法学学者不自觉地为中国法制发展确立了一幅"西方法律理想图景";其次,转移了中国法学学者的关注点,致使人们意识不到当下中国法学所提供的并不是一幅"中国法律理想图景",而是一幅未经批判的以西方现代性和现代化理论为依凭的"西方法律理想图景";最后,促使中国的法学学者只关注大而空的东西和专注于对既有法条或概念的注释,而不可能或者认为没有必要对中国的现实法律世界作"切实"的关注,至多只会在"西方法律理想图景"的支配下用他们引进和注释的法条或法律概念去"裁量"或"度量"中国社会中的各种法律关系。参见邓正来:《中国法学向何处去》,载《政法论坛》2005年第1—4期。

判断和推理构成的根据是中国的法律、学说、判例、习惯、思想和第二阶段的著作，以及中国的历史、社会和理想等。[1] 他所强调的是中国法理及其意识的自觉发展。这种自觉意识，就是体现在法学中的民族自我意识，也就是法学的"主体性意识"。"主体性意识"所强调的是法学的学术研究所体现的反省—批判意识、研究共同体的责任意识和研究话语层面的"中国化"。

首先，树立法学研究的反思—批判意识，是当下法学"中国化"的认识基础和逻辑前提。西方法学及其研究方法有其独特的社会现实和文化传统环境，这种理论的语境在一定程度上限制了该理论的普适性。毫无批判地移植、套用西方法学理论以解决当下中国的法律现实问题，极有"南橘北枳"的可能。因此，当欲图借鉴西方法理论解决本国现实问题时，便凸显了学术的反思—批判性格。而当下中国恰恰在对待西方法学理论时，就呈现出一种"前反思性接受"的情势，这无疑是中国法学幼稚的表现。只有从知识论的内在视角对西方法学理论的性质展开反省，阐明该学说理论的语境，才有可能真正做到与本土传统学术交流融合，从而才能真正对解释、解决本土问题发挥一定的作用。独立的学术反思—批判意识，对于盲目信奉与依赖西方法学，抵御西方文化中心主义及其话语霸权具有积极的意义，同时也是当下中国法学走向成熟不可或缺的条件。

其次，建构当下中国法学的主体性意识，不仅离不开树立研究的反思—批判意识，更需要学术研究共同体的责任意识。在法律解释学看来，法律的生命就在于研究共同体对法律所做的理解、诠释和应用。法律研究共同体（特别是法学家）对法律负有无可推卸的时代责任和历史使命，这就要求他们具有一种责任意识。这种责任意识需要从事法学研究的学者在反思—批判意识指引下，最终以解释中国自身的现实问题为学术起点，立基于西方法学和中国传统法学与法文化的交流融汇之上，研究中国自身的法律体系和传统法文化，法院判决的实际运行及其对于现实生活的影响，以及作为非正式制度安排的本土习惯与正式制度安排（成文法律）之间的互动等。法学研究共同体对于中国社会转型过程中

---

[1] 参见蔡枢衡：《中国法理自觉的发展》，清华大学出版社2005年版，第60—61页。

产生的种种问题,应当具有相当的职业敏感性和责任意识。因为,只有立基于本国传统,研究中国自己的现实问题的法学理论,才会是有生命力的理论。

再次,强化法学研究话语层面的"中国化"。"话语是指在一定文化传统和社会历史中形成的思维、言说的基本范畴和基本法则,是一种文化对自身的意义建构方式的基本设定,它包括了术语概念层、话语规则层和文化架构层三层由表及里的内容。"[1] 如若对西方法学及其法文化无批判地全盘接受,将会形成国人研究法学时对西方法学话语与路径的依赖。那将会是一种"我们能够体察到自己的存在,却无法言说出自己的存在,一旦我们离开了别人的基本理论范畴,我们就无法思考,无法言说"[2] 的困境,这也正是中国法学幼稚的表现。因此,只有向法学研究领域注入传统的人文精神,用自己的语言说本土的问题、阐述自身的理论,创造自己的意义建构和表述方式,才能真正达至法学的"中国化"。

值得注意的是,当下的中国法学研究中已经有了自主性意识建构的尝试,如夏勇先生借助权利的范式来重新阐释中国传统民本和民权思想,提出"民惟邦本,权惟民本,德惟权本"的思想,建设性地发掘和转化出中国传统文化中的权利因子,为当下中国的人权理论与实践寻求传统的根基,以期获得以独立之姿态参与世界权利理论对话之可能。同时,谢晖和陈金钊二位先生基于司法立场阐释中国法理学理论,以及对古代中国法律解释学进行理论探索,即为中国法学自主性自觉建构之又一体现。

重新树立当下中国法学的"主体性意识",目的是消解"西方法学理想图景"对中国法学的支配,摆脱对西方法学及其话语的不自觉依赖以及由此所产生的自卑感。树立学术主体意识,是法学本土化或中国化得以顺利展开并取得成果的必要条件。最终说来,当下法学的"中国化",是要寻求一条通向属于中国自己的"法律理想图景"之路,从而促使中国法学走向成熟,逐步参与到世界法学的对话之中,并为中国法治建设提供理论参照。

---

[1] 曹顺庆、李思屈:《再论重建中国文论话语》,载《文学评论》1997 年第 4 期。
[2] 曹顺庆、李思屈:《重建中国文论话语的基本路径及其方法》,载《文艺研究》1996 年第 2 期。

第二节　儒家文化与中国现代国家政治治理

一、法学"中国化"需要儒家文化之缘由

如前所述，要建构"中国法律理想图景"，应当是绕不开当下法学"中国化"的问题的。提出法学的"中国化"，在本质上不是主张"去西方化"，而应当是一种汇流和融合，其汇流和融合的主体，即为西方法学、法文化与受中国传统文化以及社会主义文化所熏陶、塑造和制约的中国法学及其法文化[1]。某种意义上，法学的"中国化"，与其说是西方、传统和社会主义三种因素的融汇，不如说是一种超越。参与汇流和融合的中国法学，应当既具有社会主义文化内涵，又根植于中国文化传统之中，并继承其优越因子而抛弃其糟粕因素的、具有真正中国特色的法学，二者均是基于中国实际情势之现实所做出的选择。由于论题所限，我们在此主要探讨后者。

儒家文化是中国传统文化的主流。中国文化之所以绵延数千年不断，并呈现儒家作主、道家居从而释佛为宾的文化结构，正是因为作为传统文化基石的儒家文化所含具的道统。法学的"中国化"，之所以必须包含对传统儒家文化的批判性继承，其原因在于以下几个方面：

（一）儒家文化作为"民族精神"之言说

每一个民族，特别是曾经或正在创造文明形态的民族，其文化都具有与其相应的特质。此特定文化是在该民族特有的生产方式和社会生活条件的基础上繁衍生长的，并且通过该民族所特有的信仰体系、思维模式、行为方式、语言文字符号系统等外化出来。这些系统、体系、模式和方式共同建构了该民族的文化结构系统，使得其文化得以整体体现。每一民族的

---

[1] 新儒家学者杜维明、刘述先先生主张，中国未来的希望乃在于马列主义、西方文化和传统儒家人文思想三者健康的互动，三项资源形成良性循环。此种判断，也是对中国文化前途命运的判断。

文化结构系统之所以能够维系，原因就在于构成该文化结构系统的每一部分都具有相同的属性。这些属性能够融合相持，是因为该民族的共同的观念、信念和意识。这种民族的共同的观念、信念与意识，就是一个民族的精神。而中华民族的民族精神之形成，同时也是一个以儒家文化为主体，融汇道家和释家文化的独特文化类型不断生长、作用的过程。在某种意义上可以认为，中华民族的民族精神，就是以儒家文化为主流的传统文化所作用、生成的民族共同观念、意识和信念，她体现于传统中国社会的每一方面。[1] 钱穆先生似乎也不会否认，民族精神或民族文化乃是一个民族的生命源泉。正如他所指出的那样："我民族国家之前途，仍将于我先民文化所贻自身内部获得其生机。"[2] 他进而强调，研究国史之目的是"在积极的求出国家民族永久生命之泉源，为全部历史所由推动之精神所寄"[3]。而以牟宗三先生为代表的第二期新儒家，不仅继承钱穆先生的"国史文化精神"观，还创造性地引入黑格尔的历史哲学，力图建构属于中国自身的"精神发展史"。牟宗三先生认为，中国的历史文化是时代精神发展本身的表现途径，中国历史洋溢着"精神之实体"。[4]

　　法律及以其为研究对象的法学，无疑构成一个民族文化结构体系的重要部分。在萨维尼看来，法律是民族精神的体现，并与一个民族的语言、生活方式和素质一样，随着民族的发展而发展，随着民族力量的增强而增强，最后也同一个民族失去它的民族性一样而消亡。此论断之于法学，也同样适用。割断与传统文化精髓脉络相系的当下中国法学，是一种缺失民族精神的法学，此状况使得其难以获得永恒的生命力，也无法以平等的姿态参与到世界法学、法文化的充分而有力的对话之中；同时，我们不禁提出质疑：是否有这样的可能，即如果硬要将受西方"现代性范式"支配的当下中国法学，而非展现"中国法律理想图景"的中国法学，纳入中国自

---

[1] 在此需要指出的是，以儒学为主体的传统文化，有二分之结构：其一为"封建意识心态"，即沉淀于中国人的文化心理结构中的、具有封建性质的各种形态；其二为代表中国优良文化的文化精髓。前者应当抛弃，后者则需要知识分子群体的、批判的自我意识来掌握和发扬。作为中国民族精神的传统文化，应当仅指中国优良文化的文化精髓。参见杜维明：《儒家传统的现代性转化——杜维明新儒学论著辑要》，中国广播电视出版社1992年版，第49—50页。

[2] 钱穆：《国史大纲》，九州出版社2011年版，引论。

[3] 钱穆：《国史大纲》，九州出版社2011年版，引论。

[4] 牟宗三：《历史哲学》，自序，载《牟宗三先生全集》（第9册），联经出版事业股份有限公司2003年版。

身文化结构系统之中，会使得系统内部各部分的互动不相协调，造成紊乱系统？割断与传统文化精髓脉络的联系、缺失民族精神的当下中国法学，如何参与建构属于中国自身的文化结构系统，也是需要法律学人认真思考的问题。

（二）中国法学展开"文化认同"的自身需求

每一领域的文化在展开其自身的"文化认同"时，为了达致某种"健全的认同"，都必须在一定程度上肯定自身的传统，正如刘述先先生指出的那样，"如果自己不能肯定自己的传统，则在认同上面必然产生严重的脱序的问题"[1]。已经展开初步"文化认同"的中国法学，其反思与批判的结果，不应当是否定传统儒家文化的精髓对于建构中国法学"理想图景"的积极意义。中国文化结构系统和中国法学、法文化是整体与部分的关系。中国法学与法文化的独特属性之获得，离不开中国文化结构系统，而中国文化结构系统的核心，就是儒家文化的精髓。所以牟宗三先生在谈到中国文化主位性的维持问题时便指出："中国文化是以儒家作主的一个生命方向与形态，假如这个文化动源的主位性保持不住，则其他那些民主、科学等都是假的，即使现代化了，此中亦无中国文化，亦只不过是个'殖民地'的身份。"[2]"五四"以来诸多文化领域全盘西化的简单文化移植之主张，在事实上难以成立的原因就在于此。中国法学欲求以平等姿态参与世界法学对话，表达当下中国法学自身的思考和主张，就必须有自己的根，即应当根植于对自身的传统儒家文化的继承和对中国社会现实情势的考量之上。中国法学欲求达至健全的"文化认同"，其逻辑前提就应当是肯定传统文化之于建构中国法学的积极意义。

二、儒家文化之于中国法学主体意识的建构

首先，建构当下中国法学的主体性意识，离不开学术研究共同体的责任意识。而以儒学为主体的传统文化，自来便洋溢着深厚的"忧患—责任

---

[1] 景海峰：《新儒学与二十世纪中国思想》，中州古籍出版社2005年版，第291页。
[2] 牟宗三：《从儒家的当前使命说中国文化的现代意义》，载封祖盛：《当代新儒家》，生活·读书·新知三联书店1989年版，第177页。

意识",徐复观先生甚至认为,此种"忧患意识"的出现,与儒家特殊性格的形成密切相关。儒家的出现,则体现为一种"忧患意识"[1]。儒家的这种"先天下之忧而忧"的"忧患—责任意识",不仅具有人本的意义,还内涵了人文的因素,即所谓"为天地立心,为生民立命,为往圣继绝学,为万世开太平"的精神境界和文化夙愿。

其次,当下中国法学展开"文化认同",必须树立法学研究的"反思—批判意识"。这不仅是"文化认同"的必要条件,也是法学"中国化"的认识基础和逻辑前提。极具反思批判精神的儒家文化,便自然成为当下法律学人可资利用的传统资源。儒学的兴起,其本身就是对"郁郁乎文哉"的周代文化传统的没落所作出的自觉、全面的反省。不同于墨家、道家、法家的反省,儒家的反省基本上是肯定人类文明和文化价值的。[2]但是汉代以降,由于儒家文化在中国大一统地位的逐渐确立,以及文化交流的缩减与思想竞争的衰退,儒家知识分子对文化本身的反思批判意识没有被完全继承下来,其反思批判意识的对象从文化本身逐渐转到了人的本身了,即更多地关注人的道德修养和境界,以及如何成就"内圣外王"了。而曾子之所以强调"吾日三省吾身",就是儒家自我反思意识之表现。知识分子的反思批判意识,占据儒家文化中的重要地位,以至于新儒家学者明确表示:儒学今后"将寄居在知识分子群体自我批判的意识之中……知识分子群体批判的自我意识的出现,将决定儒学的命运"[3]。只是当下谈论法学的"中国化"问题,需要存在一个创造性转化,即继承儒学的反思批判意识,将其视角从对人的关注转到对文化与人的并重,更多地强调对文化本身的反思、批判与认同。

诚如武术臣先生所言,"在中国社会科学领域,法学是'西化'最早且'西化'程度最深的领域"[4]。要消除中国法学中的西方中心主义,消除"西方法学理想图景"对中国法学的支配,摆脱对西方法学的不自觉依赖以及由此所产生的自卑感,就必须重树当下中国法学的"主体性意识"

---

[1] 参见杜维明:《儒家传统的现代性转化——杜维明新儒学论著辑要》,中国广播电视出版社1992年版,第51—52页。
[2] 参见杜维明:《儒家传统的现代性转化——杜维明新儒学论著辑要》,中国广播电视出版社1992年版,第51页。
[3] 参见杜维明:《儒家传统的现代性转化——杜维明新儒学论著辑要》,中国广播电视出版社1992年版,第67页。
[4] 武树臣:《法家法律文化通论》,商务印书馆2017年版,前言第6页。

和学术研究中的反思批判意识。这是中国法治的道路自信、理论自信、制度自信和文化自信的内涵要求所在。

三、理念的转出、提炼及批判的选择

要保持民族的活力，"则必求有以重新整合传统与现代有价值的成分"[1]。在法学"中国化"的主张中，这就表现为基于中国的现实情势而对儒家文化、社会主义文化和西方文化的一种对话、融合与超越。因此，置身于儒家文化传统，对当下中国法学展开"文化认同"，并寻求与西方法学的平等对话，需要对儒学的理念进行创造性转出和提炼，同时展开批判的选择，力图成就"返儒学之本开当代之新"[2]。

需要明确的是，儒学理念的转出、提炼及批判的选择，并非是要量西学的"体"，裁儒学的"衣"，即以西方的法治理论或现代政治学说为标准，对儒学文化的基本理念做出考量，寻求一些与该标准相近似的理论思想。"转出"意味着，所要得出的理念在传统文化中具有得以生成的要素，只是由于种种原因，未能产生该特定理念而已。这种"转出"同时蕴含创造性的特征。通过"转出"，或许才能真正成就中国法学的"文化认同"。

首先，从"民本"转出"民主"。作为一个儒学理论的基本话题，民本观念对中国的传统政治产生过深远的影响，"民惟邦本，本固并宁"就是儒学民本思想的经典概括。"民为贵，社稷次之，君为轻"[3]的"民贵君轻"思想之提出，则是儒家民本思想在中国传统的君权—民本二元结构中进行价值判断和价值选择的结果。而封建统治者将民视为水、君比作舟，指出"水能载舟，亦能覆舟"，就是这种价值判断逐渐融合到国家正统统治意识之中的表达。但是反观中国历史，传统儒学及其政治表达的缺陷，就在于从"民本"开出的"治道"，不是民主政治体制的"天下共

---

[1] 刘述先：《儒家哲学的现代意义》，载封祖盛主编：《当代新儒家》，生活·读书·新知三联书店 1989 年版，第 242 页。
[2] 这并非是清末"中学为体，西学为用"的简单回复。新儒家提出此主张，是将以下观念作为理论前提，即视民主、科学和人权等为"共法"，且作为共同文明成果而为全人类所分享。关于新儒家"返本开新"问题较为深入的探讨，参见王邦雄：《当代新儒家面对的问题及其开展》，载封祖盛主编：《当代新儒家》，生活·读书·新知三联书店 1989 年版，第 180—202 页。
[3] 《孟子·尽心下》。

治"模式,而是强调统治者的心性锤炼、道德修养的"君臣共治"的政治理想。虽然,为了限制君权对民本理念的侵害,亚圣孟子提出独夫可诛的"暴君放伐论"。[1] 即使这样的理论模式,也无法使得儒家的民本理念在政治实践中得到充分的体现和表达。

然而,作为人类文明的产物,民主观念及其体制的出现,使得儒家民本理念向政治实践的充分转化成为可能。民主的理念要求政治权力掌握于民众手中,民众的统治意志可以通过选举制度、立法机制等在政治过程中得以表达,要求民众可以普遍地参与到公共政策的制定过程中,最终实现民众的利益。可见,民主观念的精髓和民主制度的目的,就在于民本理念及其实现。从儒家文化中转出民主的观念及其制度,是从"为民作主"到"由民作主"的转化。这不仅是民本这一儒家传统理念的现代实践要求,也是当今成就儒家"内圣外王"的必要条件。

其次,从"仁"转出"人权"。儒家"仁"的思想,根植于人道主义的观念,这也是儒家仁学和西方自由主义可以进行对话的基础。以"人是什么"和"人应当如何生活"为主要论题的人道主义,内含着"把人当作人对待"即"人是目的"的理念。而中国的儒家仁学和西方的自由主义,正是人道主义在东方和西方的不同理论言说。但是,二者的区别也在于,儒家仁学更注重人在社会交往中的道德性和人格尊严,其政治学说与伦理学没有充分分化,权利的观念不够。而后者的此种弊端,在西方自由主义理论中得到克服,并成为其主要特征。人权和权利的意识、制度之缺失,使得儒家仁学中的人道主义难以在政治生活中得到有效地确认和阐发。所以,应当基于人道主义观念,在中国文化传统中转出中国的人权学说,建构其相应的制度安排,从而丰富中国的"人道"内涵。[2]

从"仁"转出"人权"观念,对于成就儒家的"内圣外王"理想,也是不可或缺的。要转出儒家的"新外王",只有民主与科学并不足够,还必须有人权和权利之意识及其制度建构。

---

[1] 当然,历朝历代当权的政治统治者并不欢迎孟子的这一理论,孟子也曾一度被取消正统的地位而被"请出"宗庙。孟子"民贵君轻"——"独夫放伐"的二元理论模式,对于形成中国传统政治结构的极不稳定之特性,应当是有一定影响的。

[2] 吴根友:《从人道主义角度看儒家仁学与自由主义对话的可能性》,载《儒家与自由主义》,生活·读书·新知三联书店2001年版,第370页。

最后，从儒家以"孝"为核心的伦理亲情观念中提炼出法律的部分人性基础。儒家的伦理亲情理论是以"孝"为中心展开的。"孝"的理念，一直被儒家视为其理论学说的根本。孔子尊德，孟子倡仁，而"孝弟也者，岂为仁之本与"[1]，"夫孝，德之本也"[2]。家国一体的结构塑造了忠孝合一的观念，并以强势话语在中国古代社会展开。"孝"的理念在中国传统法律中的经典反映就是"父子相隐"和"亲亲相隐"的制度。秦墓竹简《法律问答》就曾记载："子告父母，臣妾告主，非公室告，勿听"，"而行告，告者罪。"而汉宣帝则明确指出了"亲亲得相首匿"制度的人性基础，即不仅在于伦理道德的内在要求，更是对人之天性的终极关怀。宣帝明确诏令："父子之亲，夫妇之道，天性也。虽有祸患，犹蒙死而存之，诚爱结于心，仁厚之至也，岂能违之哉！自今子首匿父母，妻匿夫，孙匿大父母，皆勿论；其父母匿子，夫匿妻，大父母匿孙，罪殊死，皆上廷尉以闻。"[3]

法律应当以最基本的人性为其伦理基础。对人最基本的价值和最淳朴的感情予以关照，是法律获得其实质合法性的必要条件，也是法律得以低成本运行的保证。而伦理亲情就属于人性的基本范畴。缺乏对人的伦理亲情关照的法律，在现代法律理论，特别是自然法理论看来，并非是真正的法律，即使是法律，也不应当被执行。[4] 而通过对高扬伦理亲情价值的儒家文化进行反思，提炼出能够支持现代法治的人性基础之因素，不惟是当今法律学人的又一重要课题。

当然，作为儒家文化中的重要理念，"孝"也可能生出等级观念，而"无讼"思想也会成为权利观念生成的障碍。所以，对儒家文化精义，是一个创造性转化和批判性选择的过程，这是一种继承，更是一种超越。

---

[1]《论语·学而》。
[2]《孝经》。
[3]《汉书·宣帝纪》。
[4] 即使是分析实证法学派的代表人物哈特，也承认了"最低限度的自然法"，做出自二战后对"自然法"理论的最重要的一步退让。而自然法学派或权利学派则普遍认为，法律要求的行为必须是人们能力所及的。

第三节　法家思想的批判性继承与中国现代民族精神的塑造

当下中国正处于一个充满历史机遇和严峻挑战的时代。一方面，中国正在经历的剧烈社会转型要求中国社会必须不断地深化改革；另一方面，当下的国际关系已经完全步入了以"一超多强"的力量格局为特征的"新战国时代"。对于处于这种时代背景当中的中国而言，如何提升治理体系和治理能力的现代化，推进政治文明建设，已经成为全面深化改革的当务之急和适应"新战国时代"中激烈国际竞争的必由之路。正是因为如此，作为执政党的中国共产党才在顶层战略设计中，将推进国家治理体系和治理能力现代化作为当下中国改革的总目标。建构中国政治治理的现代性，"需要建构一种能够在新时期国际竞争结构中支撑这种政治话语的思想文化和观念"[1]。质言之，当下中国政治治理的现代性建构，需要塑造出一种与时代背景和改革发展相适应的现代民族精神。

然而，当我们思考治理现代性和民族精神的塑造问题时，一个无法避免的逻辑前提就是现代性的单一性与多样性之间的争论。关涉到政治治理，就有一个值得思考的问题，这就是当下中国政治治理现代性的建构，是否能够脱离以"西方现代性道路和模式"为核心和标准的传统现代性理论，而建构一种具有独特品性和面向的政治治理现代性？如果查尔斯·泰勒所言的基于多样性历史文化传统的多重现代性是既可欲又可求的，那么在当下的"新战国时代"，作为传统智识资源的法家思想，能否推动中国政治治理现代性的建构和民族精神的塑造？法家思想中的哪些要素有助于塑造中国的现代民族精神？为了回答上述问题，笔者将首先论证政治治理多重现代性的可能性，进而描述法家思想在中国近代的复兴历程及其原因，最后论述法家思想中的法治精神、改革精神和爱国（主义）精神这三大要素有助于推进中国现代民族精神的塑造。

---

[1] 钱锦宇：《中国国家治理的现代性建构与法家思想的创造性转换》，载《法学论坛》2015年第3期。

一、中国政治思想文化的自我认同

现代中国民族精神的塑造，必须正视两个问题并以此为逻辑起点，即中国政治现代化进程中的文化认同，以及当代政治治理现代化的"一元论"与"多元性"之争。

从中国近代政治发展的历程上看，中国政治治理现代化的展开，始于清末的政治改革运动。随着航海地理大发现和资本主义的兴起，世界进入了一个以国家间弱肉强食、交伐兼并为特征的"新战国时代"，并且延续至今。19世纪中后期，鸦片战争的失败，使得清政府塑造的"天朝上国"的迷雾消散殆尽。在救亡图存的现实压力和富国强兵的美好愿望之下，奕䜣、李鸿章、张之洞、曾国藩、左宗棠、沈葆桢、刘坤一、唐廷枢和张謇等开明官僚和先进思想家开始寻求现代化之路，开启了以"中学为体，西学为用"为指导思想、以学习科学技术和建设实业为要务、以"自强"和"求富"为直接目标的洋务运动。然而，甲午战争的失败证明，没有政治治理体系和治理能力的现代化，以及体现、维系和承载这种政治治理体系和能力的政治制度现代化，是无法实现民族独立和国家富强文明的目标的。事实上，早在1875年，驻英公使郭嵩焘就指出："西洋立国，有本有末，其本在朝廷政教，其末在商贾。"[1] 和洋务派一样，在郭嵩焘看来，中国要摆脱民族危亡的危机，实现民族独立和国富民强的目的，必须通过现代化的道路来实现；但是，与洋务派不同的是，郭嵩焘认为，中国的现代化之路，根本上是"循习西洋政教"的政治治理现代化，其次才是经济和军事的现代化。而后来以光绪皇帝、康有为和梁启超为代表的政治维新派，其理论主张和政治实践恰恰是对郭嵩焘思想的继承、阐发和现实化转换。在政治制度的安排和设计上，维新派提出了"定宪法""开议院""申民权""争民主"的全方位主张，要求通过立宪行动来对君主权力形成一定程度的限制。在经济上，则主张振兴实业，发展资本主义民族经济。然而随着以慈禧太后为首的保守势力的反扑，中国的第一次政治现代化运动以失败而告终。

与洋务运动、维新变法同时生长的，是一场持续且剧烈的中国传统政治思想文化的自我认同及其产生的认同危机。洋务时期，中国的现代化定

---

[1] 钟叔河：《走向世界：近代中国知识分子考察西方的历史》，中华书局2000年版，第212页。

位是军事、经济和科技的现代化，但是在政治思想和文化观念上，仍然奉中国传统的儒家化政治思想文化为正统。这种儒家化的政治哲学思想就是汉代董仲舒所提出的以"天人合一"为基础、以先秦儒家学说为核心，兼吸收法家和道家学说而形成的政治思想学说体系。这种政治思想体系一经确立，经由皇权的政治塑造，逐渐成为历朝历代传而不断、统而不乱的正统意识形态。新儒家代表牟宗三就说得透彻："中国文化是以儒家作主的一个生命与形态，假如这个文化动源的主位性保持不住，则其他那些民主、科学等都是假的，即使现代化了，此种亦无中国文化，亦只不过是个'殖民地'的身份。"[1] 但是，鸦片战争和甲午战争的失利，使得人们开始从意识形态上质疑、反思和批判这种传统的儒家化的政治思想文化和以此为指导而建构的政治制度。换言之，如果说文化认同就是一种不断展开的针对文化自身的自我定义的过程，一个反思和批判文化自身的价值、品性、意义和发展道路的过程，那么当时中国传统的儒家化政治思想和文化则面临着一场文化认同及其产生的认同危机，它表现为国人（尤其是思想家）对诸如"在列强入侵、国破家亡的危机中，传统的儒家化政治思想文化能否建构出一种优越的、有竞争力的政治性制度安排""传统的儒家化政治思想文化对于当下的人们而言到底意味着什么，其前景又如何""能够支撑中国现代化进程、实现救亡图存、国富民强的政治思想文化到底又是什么"等问题的自觉思考。清末发生的文化认同现象，是对传统儒家化政治思想文化的一定程度的实质性否定。在维新派看来，洋务派主导的现代化之所以失败，是因为没有从政治文化和政治制度上去检讨和反思，因此维新派在设计其现代化方案时，在思想文化方面，不再是坚守"中学为体"的僵化原则，而是致力于转换和提炼出传统儒家化政治思想文化能够适应于现代社会发展的有益因素，开始传播欧美的资产阶级民主政治思想学说，介绍西方自然科学和社会学说。康有为撰写《新学伪经考》和《托古改制考》，其实质是用传统儒家化政治思想的"旧瓶"来装西方政治思想的"新酒"，剥离出某些传统儒家化政治思想的命题和要素，进而为其维新变法提供正当性论证。例如，康有为提出孔子"托古改制"而作春秋的观点，实际上是想把当下极具政治动员力的改革与变法的理念嵌入到儒

---

[1] 牟宗三：《从儒家的当前使命说中国文化的现代意义》，载封祖盛主编：《当代新儒家》，生活·读书·新知三联书店1989年版，第177页。

家思想当中。可见，维新派的行动就是一次对传统文化的反思、批判和创造性发展的尝试，是一次典型的文化自觉。维新派也主张在政治意识形态上部分地引入西方的政治思想文化，从政治哲学、法哲学、经济学和社会学等维度全面介绍西方政治经济思想，譬如最为典型的就是严复翻译出版孟德斯鸠的《法意》（即《论法的精神》）、密尔的《群己权界论》（即《论自由》）、亚当·斯密的《原富》（即《国富论》）、赫胥黎的《天演论》和甄克斯的《社会通诠》等；在政制建构上实施君主立宪制，采取三权分立的政治体制，正如康有为在其《请定立宪开国会折》中指出的，"东西各国之强，皆以立宪法开国会之故。国会者，君与国民共议一国之政法也。善自三权鼎立之说出，以国会立法，以法官司法，以政府行政，而人主总之，立定宪法，同受治焉"[1]。但是需要注意的是，维新派并未全盘否定传统儒家教义。康有为本人就仍然信奉孔子的儒家学说，担任孔教会会长，致力于将儒家学说改造和发展成为可适应现代社会发展的国教。与此相对的是，孙中山和黄兴等更为激进的革命派，以及以陈独秀、李大钊、鲁迅为代表的新文化运动的倡导者，则力图在批判的基础上全面地否定中国传统政治思想文化，主张实施从政治思想文化到政治制度建构的全盘西化。他们在批判封建社会制度和伦理思想的基础上，指出现代自由民主制度是人类社会发展的必然，而要实现这种自由民主，就必须彻底消灭封建宗法制度和以"三纲五常"为核心的伦理道德规范。"德先生""赛先生""打倒孔家店"的话语获得了空前的力量。他们在认同和模仿欧美现代化发展路径的同时，试图彻底割裂与中国传统文化的联系，包括传统儒家化的政治思想文化。而中国资产阶级革命的失败和袁世凯主导的洪宪帝制的出现，则使中国人又一次陷入"何种文化和主义能够救中国"的严肃反思当中。中国政治文化认同的这种自觉反思，无疑会导致反思者产生不断的困惑和迷茫，从而产生严重的认识性危机。而先进的中国共产党人在新文化运动的基础上，接受了马克思主义并力图使之本土化，为中国革命提供了科学的指导和方向。中国文化正是在这种不断地以反思和批判为内容的文化认同过程中，以及不断应对由此产生的认同危机的过程中，一步步走向成熟的。

中国的未来有赖于现代化，现代化的推进需要思想文化方面的智识资

---

[1] 谢遐龄选编：《变法以致升平 康有为文选》，上海远东出版社1997年版，第399页。

源的支撑。习近平同志曾深刻地指出："我们决不可抛弃中华民族的优秀文化传统，恰恰相反，我们要很好传承和弘扬，因为这是我们民族的'根'和'魂'，丢了这个'根'和'魂'，就没有根基了。"[1] 金耀基先生曾强调，中国百年之现代化运动的真正愿景，就是建构中国的现代文明秩序（换言之，就是建构中国的现代性）。他认为："中国正处于一个社会大转型中，但社会转型并不会自动地成功地转向一个现代文明秩序。这一项巨大的文明转型的工程，它建构的主要资源来自社会主义，来自资本主义，也应该并必然有来自中国的文化传统。我们所建构的是一个有中国文化性格的现代文明秩序。"[2] 那么，值得注意的是，什么样的传统智识资源能够在21世纪来有效地参与建构中国的现代性呢？对于这个问题，新儒家学者杜维明、刘述先先生给出的答案是，中国未来的希望乃在于马列、西化和传统儒家人文思想三者健康的互动，三项资源形成良性循环。笔者本人也曾认为，面对文化演进和建构的中国性问题时，不能简单地认为提倡"中国化"就必然是"去西方化"，而"应当是一种多元素的汇流和融合……不仅是西方、传统和马列主义三种因素的融汇，更是一种超越"。在这里面，所谓传统的要素，不仅是儒家文化中包含的"民本""仁""孝悌"等思想精髓，更要重视和引入先秦法家的思想学说精粹。

二、政治治理的多重现代性

现代化过程的本质及其结果，就是现代性的建构。[3] 全球主要国家的现代化进程随着新技术革命的爆发而加速。要理解现代化，除简单地将其等同于"工业化"之外，更多的是将现代化与现代性联系起来考察，即现代化是获得现代性的过程，而"'现代性'逐渐被广泛地运用于表述那些在技术、政治、经济和社会发展诸方面处于最先进水平的国家所共有的特征"[4]。换言之，现代性是在人类文明从前现代转入现代这一过程中，社会在工业化推动下发生全面变革而形成的一种属性，这种属性是各发达国

---

[1] 参见中共中央文献研究室编：《论群众路线——重要论述摘编》，中央文献出版社、党建读物出版社2013年版，第125页。
[2] 秦晓：《当代中国问题：现代化还是现代性》，社会科学文献出版社2009年版，总序。
[3] 陈嘉明：《"现代性"与"现代化"》，载《厦门大学学报（哲学社会科学版）》2003年第5期。
[4] [美] C.E.布莱克：《现代化的动力》，周风铭等译，四川人民出版社1984年版，第5页。

家在技术、政治、经济、社会发展等方面所具有的共同特征。这些特征是：①民主化；②法制化；③工业化；④都市化；⑤均富化；⑥福利化；⑦社会阶层流动化；⑧宗教世俗化；⑨教育普及化；⑩知识科学化；⑪信息传播化；⑫人口控制化等。[1] 然而，这种现代性特征的确立，却是以西方欧美国家的现代化进程和发展模式为实践基础的。流行于欧美的现代化理论，往往将现代化道路和模式，以及作为其成果的现代性作单一化处理。在他们看来，欧美等国在现代化进程中是领头羊，其他国家则必须而且必然沿着这种西方的现代化道路和模式来实现其现代性。这种观点也在20世纪80年代的中国知识界获得认可，即西方资本主义现代性是世界上唯一一种现代性模式，它具有普遍性。中国传统文化是现代化的主要障碍，因而中国现代化的前提条件就是反传统。[2] 这种观点无疑是"西方（文明）中心主义"在现代性和现代化问题上的翻版和体现。

然而，正如查尔斯·泰勒指出的那样，整个20世纪期间，现代化在世界范围内不断扩张，不同文化的国家开始了自己的现代化过程，出现了不同形态的现代性，即所谓的"多重现代性"。而现代化理论家S. N. 艾森斯塔特也指出："正在现代化的社会的实际发展，驳斥了现代性的西方方案将走向趋同和称王称霸的假设。"[3] 尽管查尔斯·泰勒也承认以往传统的现代性理论并非全错，因为多重现代性之间确实具有着某些制度或功能方面的共同特征，如市场经济制度和管理科层化等，但是由于人类社会的历史文化所固有的文化多样性，必然决定了现代化道路和模式的多样性。伯林坚持多元论的立场并反对历史决定论，因为他认为"每种文化都有自己的重

---

[1] 1960年，在"现代日本"国际研讨会上，学者们为现代化首次确定了8项标准：①人口相对高度集中于城市，城市日益成为社会生活的中心；②较高程度地使用非生物能源，商品流通和服务设施的增长；③社会成员大幅度地互相交流，以及对经济和政治事务的广泛参与；④公社性和世袭性集团的普遍瓦解，这种瓦解造成社会更大的个人流动性和更加多样化的个人活动领域；⑤通过个人对其环境的世俗性和日益科学化的选择，广泛普及文化知识；⑥一个不断扩展并充满渗透性的大众传播系统；⑦大规模的制度的存在，如政府、商业和工业等，在这些制度中科层管理组织不断成长；⑧在一个单元（如国家）控制之下的大量人口不断趋向统一，在一些单元（如国际关系）控制之下的日益增长的互相影响。关于现代性特征的探讨，参见陈嘉明：《"现代性"与"现代化"》，载《厦门大学学报（哲学社会科学版）》2003年第5期。
[2] 参见陶东风：《从呼唤现代化到反思现代性》，载《二十一世纪》1999年6月号。
[3] [以色列] S. N. 艾森斯塔特：《反思现代性》，旷新年、王爱松译，生活·读书·新知三联书店2006年版，第37页。

心,各种文化有着各不相同的、新颖的、不可预见的思想及其相互冲突的倾向……文化是多种多样的"[1]。毫无疑问,文化支撑着现代性的建构。先进文化是现代性得以有效建构的要件和保障。正是由于存在多元文化的事实,查尔斯·泰勒才会强调"每个民族与国家的文化适应方式受制于自身的历史与传统,这种调整与适应也就各不相同,出现了多样化的形态,也就构成了所谓'多重现代性'的局面。因此,有印度的现代性、中国的现代性、日本的现代性等"[2]。基于对"多重现代性"的批判,泰勒指出,"文化的改变也绝不是照搬西方那一揽子的现代性观念。把现代性的文化变迁等同于西方意义上的世俗化模式,是一种非常种族中心论的看法"[3]。

事实上,多元文化及以多元文化为基础的多重现代性的存在,是一个不争的事实。中国的政治实践有着自身的独特性,因而中国的政治思想文化也具有着独到之处。政治治理现代性的建构,并非只能采用西方政治治理现代化的模式和道路。尽管在政治治理的某些方面,中国的政治治理现代性与西方的政治治理现代性有着相同之处,例如人民主权观念之下的代议制民主的适用、以人为本和尊重人权的政治治理要求和目标、政治治理效率的提升、依法治国和控制政府权力等,但是由于历史文化和政治发展的多样性,中国的政治治理现代性的建构,也必然有赖于中国自身能够创造出与之相适应的政治治理思想文化,而且这种政治治理思想文化必须能够有效地回应"新战国时代"的需求,应对国际竞争的挑战。只有这样,才能够真正实现中国人的理论自信、制度自信和道路自信。而"三个自信"的实现,也是中华民族的文化自信得以成就的必要条件。

三、"新战国时代"呼唤法家思想

探索中国的传统政治思想文化,不仅是中国政治文化自我认同的必然要求,更是为了寻求适合建构中国政治治理的现代性的路径。21世纪中国政治治理现代性的建构,必须以法家思想的当代复兴和创造性转出为必要条件。其原因就在于:以"新战国时代"为特征的国际政治环境需要践行

---

[1] [伊朗] 拉明·贾汉贝格鲁:《伯林谈话录》,杨祯钦译,译林出版社2002年版,第32页。
[2] 刘擎:《多重现代性的观念与意义——查尔斯·泰勒与华东师大学者的讨论综述》,爱思想网:http://www.aisixiang.com/data/29342.html,访问时间为2015年3月21日。
[3] 刘擎:《多重现代性的观念与意义——查尔斯·泰勒与华东师大学者的讨论综述》,爱思想网:http://www.aisixiang.com/data/29342.html,访问时间为2015年3月21日。

法家思想。

在一定意义上，当下中国正处于一个事实上的"新战国时代"。而思考中国政治治理的现代性建构，根本无法脱离这个场域。一旦脱离这个场域，那么我们的思考以及结论就将会是毫无意义的，甚至是有害的。

"新战国"和"新战国时代"的概念，源自民国政治思想家和活动家陈启天。"九一八"事变后，中华民族再次到了民族危亡的生死关头。在这样的时代背景下，陈启天精辟地提出："近代国家之国际关系，是各求发展、互相斗争，用一个旧名词来简单标明近代国家的国际关系，可以说是'新战国'。"[1] 他进而指出："在这个新战国的世界，也如同中国历史上的战国时代一样是'强国务兼并，弱国务力守'，无所谓正义，也无所谓公理。而且新战国时代的国际斗争之剧烈，较之旧战国时代，更加千百倍之多。"[2] 陈启天在20世纪30年代作出"新战国"和"新战国时代"的判断，不仅是因为鸦片战争、甲午战争的失利和八国联军的入侵留下的屈辱史，也是他目睹了中国作为一战的战胜国却被国联出卖的惨痛教训，更是因为日本对中国的蚕食和侵略的危机现状。面对这种"新战国时代"里国家竞争的压力和民族生存危机，中国的思想家不断反思、探索和建构能够使中国在"新战国时代"生存和发展的思想学说。法家思想就在这种背景下重新进入国人的视野，其过程成为中国政治思想文化自我认同的重要组成部分。[3]

法家在近代的复兴，始于晚清。在集清代韩（非子）学研究之大成的《韩非子集解》中，王先慎及其堂兄王先谦就提倡重视法家学说对于当时中国政治情势之意义，即"迄今览其遗文，推迹当日国势，苟不先以非之言，殆亦无可为治者……非论说固有偏激，然其云明法严刑，救群生之

---

[1] 陈启天：《中国法家概论》，中华书局1936年版，第110页。
[2] 陈启天：《中国法家概论》，中华书局1936年版，第112页。
[3] 不过需要注意的是，新战国时代的现实，并不一定只引出法家思想的复兴，它也会引出其他的政治观念。如清季民初，刘师培一方面主张西化，一方面又倡导国粹，最后又转向"无政府主义"。尽管他的立论基点也是中国处于"新战国时代"的判断，即"各国势力日向中国扩张"，国人"大抵望国家力图自强，保存本国之利权，以抵制外人"。但是刘师培开出的药方是无政府主义。因为他认为"今就中国往事观之，凡割地失权，均由政府自订之条约，即杜氏所谓政府所启之祸端也。既无政府，则外人不能假条约之名横肆强权于中国，此固正本清源之论……抵御外侮，本不必赖有政府，彰彰甚明"。参见李妙根选编：《刘师培文选》，上海远东出版社1996年版，第238—239页。可见，刘师培并未将法家思想一以贯之，因此能否将刘师培视为新法家，还有待进一步商榷。

乱，去天下之祸，使强不凌弱，众不暴寡，耆老得遂，幼孤得长"[1]。而在维新变法运动中，法家思想得以进一步提倡。梁启超一直重视"立宪"和"法治"对于治国的重要性。在其理论视域中，先秦法家占据着重要的地位。他把法家思想的特色概括为"法治主义"[2]，并在维新变法失败之后，仍然强调法家的"法治主义是今日救时之惟一主义"[3]。而严复认为，"今日政治惟一要义，其对外能强，其对内能治"[4]。因此，能使中国获得救亡图存的，只能是强调"军国一体的国家主义"和"缘法而治的法治主义"的法家学说。"居今而言救亡，学惟申韩，庶几可用，除却综名核实，岂有他途可行。贤者试观历史，无论中外古今，其稍获强效，何一非任法者耶？管商尚矣；他若赵奢、吴起、王猛、诸葛、汉宣、唐太，皆略知法意而效亦随之；至其他亡弱之君，大抵皆良懦者。"[5] 与此同时，章太炎很早也就认识到法家思想的当下意义，并力图为法家正名去讥，这种思想集中体现在其《儒法》《商鞅》《秦政记》等文章。[6] 章太炎同样认为，"遭世衰微，不忘经国，寻求政术，历览前史，独于荀卿、韩非所说，谓不可易"[7]。

20 世纪 30 年代，在继承法家思想复兴思潮的基础上，常燕生率先在其《法家思想的复兴与中国的起死回生之道》中正式提出"新法家"的概念，即"中国的起死回生之道就是法家思想的复兴，就是一个新法家思想的出现"[8]。而陈启天则阐发了这种新法家的理论内涵，即"要将旧法家思想中之可以适用于现代中国的成分，酌量参合近代世界关于民主、法治、军国、国家经济统制等类思想，并审合中国的内外情势，以构成一种

---

[1] 王先慎：《韩非子集解》（序），中华书局 1988 年版，第 2 页。
[2] 法家的这种"法治主义"，其内涵并不完全等同于西方现代意义上的法治主义。最为重要的区别在于后者主张法治是保障民权的措施和手段，因而要求制约公权力。而在先秦法家的法治主义视域中，为了实现富国强兵，在一定程度上也要约束君主的肆意行动，但其终极目标仍旧是为了维护君主的统治利益。
[3] 梁启超：《中国法理学发达史论》，《饮冰室合集》（文集十五），中华书局 1936 年版，第 93 页。
[4] 《严复文选》，上海远东出版社 1996 年版，第 565 页。
[5] 《严复文选》，上海远东出版社 1996 年版，第 559 页。
[6] 参见《章太炎政论选集》，中华书局 1977 年版，第 40—41 页；第 68—73 页；第 499—501 页。
[7] 《章太炎政论选集》，中华书局 1977 年版，第 734 页。
[8] 常燕生：《法家思想的复兴与中国的起死回生之道》，载蔡乐苏主编：《中国思想史参考资料集（晚清民国卷）》，清华大学出版社 2005 年版，第 511 页。

新法家的理论"[1]。与梁启超、严复等人的观点相类似，常燕生和陈启天都有一个共同认识，即蕴含"国家主义""法治主义""军国观念""国家经济统制观念"的法家思想，不仅有助于实现秦国在战国时代横扫六合、统一寰宇的目的，而且在列强环峙、攻伐日甚的"新战国时代"，也同样有助于中华民族摆脱民族危机，实现民族独立和富国强兵。因此法家思想是中国传统思想中最能够实现化乱为治、富国强兵的理论体系。在陈启天看来，先秦法家的核心思想就是建构一个"法治"的权力国家。法家强调建立"法、势、术"相结合的中央集权的官僚统治制度。尽管法家并未解决立法权归属于君主的问题，但是法家却也强调法律一经确立，就超越于君主的意志和权力。这种对于法家思想的理解，实际上也是国人受到西方政治学说的冲击而展开的思想回应与文化自觉。

　　第二次世界大战清晰地证明了新法家对于"新战国时代"判断的正确性。二战之后，"新法家"思想和国家主义进化论并未失去意义，相反，意识形态的对立和国家利益的扩张导致的美苏全球争霸，使得国际新秩序的建构仍然处于又一轮的"战国"时代。尽管20世纪80年代末90年代初东欧剧变和苏联解体，结束了美苏的对抗和争霸，但是，原有的利益空缺被迅速填塞，形成以"一超多强"为特征的多极化全球利益格局。作为唯一超级大国的美国，不断面临着欧盟、俄罗斯、中国、日本等多个政治实体的激烈竞争。全球秩序不断被重构，地区性的危机和冲突从未间断，其背后往往是主导性大国的角逐和博弈。21世纪的新战国时代，以核战争为威慑（或防御），以信息化战争为先导，以高科技为支撑；除了政治意识形态的斗争，还有不同宗教或教派对峙和冲突引发的局势动荡。生存和发展仍然是各个民族国家的政治主题。美国、俄罗斯、日本等都在致力于扩大本国利益，在全球政治力量和资源格局中获得一席之地。与此同时，小国无不力图在大国之间的政治博弈和力量对抗过程中分得杯羹。而中国虽然坚守和平发展的崛起之路，但是美国为保障其超级帝国的地位和太平洋—远东地区的核心利益，从二战结束以来就一直联合日本、菲律宾等亚洲国家，形成对中国的战略封锁线，以防止中国获得这种太平洋战略优势所产生的利益。在这种21世纪"新战国时代"的国际局势当中，作为执政党的中国共产党的根本任务没有发生实质改变，其主题仍然是国家的生

---

[1] 陈启天：《中国法家概论》，中华书局1936年版，第120页。

存和民族的发展。有国外政治学家指出，21世纪是一个"国际无政府状态"，而在这种国际无政府状态下，中国的生存之道是取得亚洲地区霸权，因而美中将进行"一场激烈的安全竞争"。[1] 在一定意义上，米尔斯海默关于当下国际关系所呈现的无政府主义的描绘是有一定道理的。

就是这种"新战国时代"的政治现实，使得法家思想在21世纪的民族国家的现代性建构过程中，仍然具有着重大的意义。究其原因，在于法家思想的核心要义，就是通过"富（国）强（兵）"之道来实现国家的生存和发展。为此，法家倡导"不法古，不循今"的改革主义，奉行"缘法而治，以法为教"的法治主义和力求"禁胜于身，立公弃私"的权力制约主义。

四、法家对于塑造中国现代民族精神的可能贡献

民族精神是一个民族赖以生存和发展的灵魂所在，是一个民族生命力、凝聚力和创造力的集中体现，也彰显着一个民族的独特品性。民族精神是特定民族在长期的历史进程和积淀中形成的共同意识和文化、习俗和信仰、价值判断和价值追求的综合品质。任何一个伟大的民族，要在以民族国家为代表形态的国际竞争中获得立足和发展空间，就必须成功塑造出一种强大的民族精神。

中国现代民族精神的塑造，离不开三种智识资源的合力共谋，即继承和发展马克思主义、发扬中国传统思想精髓和借鉴西方优秀思想理论。必须指出的是，重新阐发"法家之善"，实现法家在中国文化结构中的解放与复兴[2]，对于中国现代民族精神的塑造而言，具有着重大意义。笔者认为，法家思想对于中国现代民族精神的塑造，具有着自身独特的理论优势和可能贡献，即法治精神、改革精神和爱国精神。

（一）"法治精神"是中国现代民族精神的核心内容

在当下中国决策者的顶层设计中，"全面依法治国"被纳入治国理政

---

[1] [美] 阿米塔伊·埃齐奥尼：《中美或有一战，其实只是提醒》，乔恒译，载《环球时报》2015年3月31日。

[2] 程燎原：《法家的解放——以〈劝学篇〉引发的论争为中心》，载《法学论坛》2015年第3期。

的战略新布局。法治关系到了国家的长治久安、人民的幸福安康,以及执政党的执政兴国。建构当下中国的法治主义道路时,我们应当主动地继承和积极地创造性转换先秦法家的思想,从其政治实践中汲取作为传统智识资源的法家思想的合理内核,借以推动树立中国民众的法律信仰,在全社会塑造一种尊崇法律的至上权威、自觉遵守法律的国民共同意识,并确立法治国家、法治政府和法治社会"三位一体建构"的普遍观念,明确法治是改革得以顺利推进、国家得以富强、人民得以幸福的根本保障的定位。与此同时,法治蕴含着法律之下人人平等的平等理念,法律统治之下的自由理念。

中国法治精神的塑造,不仅需要吸收西方现代法治思想的有益因素,同时也应当从中国自身的传统智识资源中汲取有益的养分。而法家思想的根本特征,就在于强调法律对于政治统治的展开和维系所具有的本质功能和价值。法家思想的奠基人管仲曾强调,君主要实施有效的政治统治,就必须凭借代表公义的法律,实施"以法治国"[1]。在法家看来,"缘法而治"是国家得以强盛的必由之路,所谓"当今之时,能去私曲、就公法者,民安而国治;能去私行、行公法者,则兵强而敌弱"[2]。具言之,法家主张的"法治主义"的要义,就是"缘法而治""一断于法""以法为教"。而用以实施统治的法律,虽然出自君主,却是体现公义而非君主的私意。君臣上下都必须遵守法律,"不为君欲变其令,令尊于君"[3]。与此同时,法家要通过"法治主义",将其治下的臣民塑造成具有崇敬法律的至上性权威,并以法律为根本行动准则的意识观念的群体。在商鞅的推动下,秦国通过丰奖厚赏和严刑峻法推行"法治主义",其结果是秦人养成奉法为上,勇于公战而怯于私斗的品性。[4] 正是这种国民品性,保证了秦国横扫六合统一天下的伟业。然而,自汉代董仲舒"罢黜百家,独尊儒术"以来,儒家的"君为臣纲"成为政治定律,而绝对君主的意志和偏好成为政治发展的风向标。在这种儒家经义塑造的政治生态中,滋生的是"唯上不唯法"的意识观念。而诸如赵禹、张汤等酷吏,尽管享有"法家"

---

[1]《管子·明法》,吉林文史出版社1998年版。
[2]《韩非子·有度》,中华书局1998年版。
[3]《管子·法法》,吉林文史出版社1998年版。
[4] 秦律规定:"有军功者,各以率受上爵;为私斗者,各以轻重被刑大小。"参见《史记·商君列传》。

之名，却无法家之实。因为张汤的政治准则是皇帝的偏好而并非法律，即"所治即上意所欲罪，予监史深祸者；即上意所欲释，与监史轻平者"[1]。与此同时，"春秋决狱"的儒家教条以经乱法，逐渐背离了法家"法治主义"的政治主张。君主权力和家长权力的同源同质，塑造了帝国臣民以上位者的意志和偏好为导向的共同意识观念。因此，需要重新解放和复兴法家的"法治主义"，使其参与到中国现代民族精神的塑造当中。在这其中，最为重要的是树立宪法的权威。因为"对宪法权威的尊崇构成了现代法治国家的秩序基础和信念之源"[2]。

（二）"改革精神"是中国现代民族精神的内在驱动

改革是任何民族和国家在历史发展进程中获得生存和发展的根本之道。缺乏改革勇气和动力的民族和国家，必然会由于缺乏竞争力而在激烈的国际竞争中丧失生存和发展的空间。因此，一种具有强大生命力的民族精神，一定是具有强烈改革意识的民族精神。作为时代精神的标志，改革首先是思想和观念的革新，它要求顶层决策者和设计者能够对社会发展建构科学的战略，善于破除守旧观念，创造并接受新思想和新观念。

而先秦法家恰恰就高度强调"不法古，不循今""不期修古，不法常可"的改革变法观。商鞅提出："圣人苟可以强国，不法其故；苟可以利民，不循其礼……三代不同礼而王；五霸不同法而霸……便国不必法古。"[3] 韩非子也强调"不期修古，不法常可"。纵观先秦法家思想，不难发现，变法改革的意识观念贯穿其中。法家思想的成长，是伴随着与儒家"复古守旧"观念的斗争而发展起来的，表现出鲜明的改革品质。事实证明，法家以改革求发展的政治主张，适应战国时代弱肉强食、优胜劣汰的"丛林法则"。应当正视先秦法家思想关于改革变法观念和主张对于当下中国的积极意义，继承和阐发这种改革变法的思想观念，并将其融入当下中国民族精神的塑造之中，使得中华民族成为一个富有改革精神的民族，这不仅是中华民族的民族精神得以不断发展的动力源泉，也是中华民族不败于世界民族竞争的重要保障。

---

[1]　司马迁：《史记·酷吏列传》，中华书局2005年版，第2384页。
[2]　魏治勋：《论宪法权威的自我保障制度》，载《西北大学学报（哲学社会科学版）》2015年第1期。
[3]　《商君书·更法第一》，中华书局1974年版。

（三）"爱国精神"是中国现代民族精神的本质特征

爱国（主义）精神是个人或集体对"祖国"的一种积极和支持的情感、态度和精神。在西方古典共和主义者看来，自由和德行是共和政体的两个必要条件。所谓的"德行"，就是指爱国主义和那种将公共利益置于个人和家庭利益之上的崇高愿望。欧陆共和主义政治观念所强调的，是"美德对于维护自由的重要性，主张爱国主义和公共生活的欲求（而非私人生活的偏好）对于共和国的不可或缺性，以及公共利益优先于个人利益的观念"[1]。"正如马基雅维里和圭恰尔迪尼所承认的那样，没有爱国主义的品德，稳定的共和国是不可能的。公民必须置公共利益于个人利益之上，尤其是在财富的追求方面；他们必须停止派系争斗；必须准备为祖国亲自去战斗。"[2] 与此同时，爱国主义要求公民必须养成公民意识，强化其服从国家法律的自觉意识，即按照法律行使权利和履行义务，包括依法服兵役、依法纳税以及积极参与政治性公共事务等。唯有如此，共和国才能得以存续和勃兴。即使是在深受自由主义思想影响的美国，古典共和主义的训条仍然具有着重大的影响力，这也是为何美国时至今日仍然重视爱国主义意识形态教育的一个重要原因。如果公民疏离公共政治生活，放弃行使公民的积极自由，漠视对国家的情感认同和法理认同，那么是永远无法建构一个强大的国家以保障人民的权利、尊严和幸福的。因此，塑造中国现代民族精神，必须重视爱国（主义）精神的有效建构。

在中国的传统智识资源中，并不缺乏爱国（主义）精神。但是与其他先秦诸子相比，法家的国家主义观念更为显著。因为"富国强兵"是先秦法家思想中的核心战略目标。而清季民初"新法家"思潮的诞生，则进一步强化了这种国家观念。19 世纪末 20 世纪初，法家思想在中国的复兴和新法家的诞生，与国家主义进化论的思想密切关联。某种意义上，新法家思想就是先前法家的公义观念、国家观念和西方国家主义进化论相互融合的产物。国家进化论以斯宾塞的社会进化论和达尔文的自然进化论为理论根基，提出任何政治共同体都是一个受到生物进化规律所支配的有机体。

---

[1] 钱锦宇：《司法审查的能与不能：从"麦迪逊式困境"的重新解读及其解决说起》，载《环球法律评论》2007 年第 5 期。
[2] ［英］米勒、波格丹诺主编：《布莱克维尔政治学百科全书》，邓正来等译，中国政法大学出版社 2002 年版，第 700 页。

在国家主义进化论所强调以优胜劣汰、弱肉强食为本质特征的现代国际关系结构中，任何政治国家都必须寻求自身的生存和发展之道。国家主义进化论强调的现代国际关系结构，就是新法家所谓的"新战国时代"。在陈启天等新法家看来，能够使当时的中国求胜于新战国时代的，只能是使秦国求胜于战国时代的先秦法家思想。正如陈启天所言："欧美挟其'新战国'之新势力，接踵东来，益以日本崛起于海上，重儒轻法之中国，当之辄败，积弱迄今，国几不国，其故可深长思矣。夫法家原盛于'战国'，奏效于秦代，已有史可证。今之世界，岂非既大且新之又一'战国'时代乎？中国如欲在此新战国时代，由弱转强，由乱转治，而获最后之胜利，则酌采法家学说之可适用于今者，兼参以欧美学说之最利于国家生存竞争者，合为条理，措诸实行，实乃今后救国与治国之急务与南针也。"[1] 可见，"以陈启天为代表的新法家的国家至上主义和国家本位主义，把国家视作其整个思想体系的最终目标，真实地映射出新法家对时代所赋予的济世救亡的历史责任的感知"[2]。而在今天，"现代国家建构实则是共和理念由理想转化为现实的过程。这个理念就是'天下为公'"[3]。因此，有必要也有可能从奉行国家主义和公义观念的法家思想中，建构出具体的爱国（主义）观念：首先，对于国家形成高度的情感认同和法理认同，自觉维护国家统一和民族团结，反对分裂和割据。其次，树立"勇于公战"抵抗外敌侵略，维护国家独立和主权完整的共同意识。最后，强化民族国家的自豪感和自信心，"怯于私斗"，维护国家法律秩序的稳定。

---

[1] 陈启天：《中国法家概论》，中华书局1936年版，序。
[2] 魏治勋：《新法家的"国家主义"形式法治观批判》，载《法学论坛》2015年第3期。
[3] 燕继荣：《国家建设与国家治理》，载《北京行政学院学报》2015年第1期。

| 第四章 |

法律多元、集体行动与民间自治

第一节 法律多元主义的历史渊源

法律社会学和法人类学的一大学术贡献，就在于从法理和实证的层面不断证立着法律多元主义（Legal Pluralism）。笔者认为，以法律多元为起点，通过对社会自生自发秩序的考察研究，对以特殊地域、人群（民族、部族或氏族）或行业长期积淀的习惯为基础而在该领域内部分配成员之间的权利、权力和义务，解决其利益冲突与纠纷的民间法的理论解读，对作为"大传统"的国家法与作为"小传统"的民间法之间的互动关系（渗透与抵牾，配合与冲突）的实证分析，最终将使得传统的法治概念得到一种全新的阐释，即将民间法纳入法治这一规则治理的事业，通过国家法与民间法的二元规则结构实现社会的整合控制与有序化。[1] 这或许是基于法律多元主义的理念而达至和谐善治的一种可能的途径和模式。

然而不可忽视的事实是，法律多元主义是以反思和批判现代西方法律为范本的（西方）法律中心主义或者说国家法中心主义为契机而产生的，却也一直备受后者的压制和攻击。只有摆脱这种西方中心论和国家法中心论理念的束缚，法律多元和二元规则治理才能成为可能。要实现法律多元主义在哲学和理念上的证立，必须审视并诉诸"文化多元主义"（或者"文化相对主义"）和"文化自主性"。而试图系统地以文化多元主义为基础来阐释法律，并不经意间开创了法律多元主义先河的人，正是17世纪意大利的法哲学家维柯。

一、维柯的"多元主义"观与法律多元主义

扬姆巴蒂斯塔·维柯（Giambattista Vico，1668—1744）生于意大利那不勒斯，是著名的法学家、历史学家、语言修辞学家。他曾担任那不勒斯大学修辞学教授，并于1725年出版其代表著作《新科学》，10年后又被法国波旁亲王任命为皇家历史编纂。尽管朱光潜先生指出，维柯是继布鲁诺

---

[1] 参见钱锦宇：《通过神话的社会控制》，载《中南民族大学学报》2010年第4期。

和伽利略之后启蒙运动的领袖[1],但是在维柯生活的时代,他却是以正统哲学——启蒙思想的有力质疑者和批判者的姿态而垂名于西方思想历史的。

维柯的历史贡献就在于他对肇始于欧洲的启蒙思想及其伴随物——现代性的反思性批判,并以此为基础来建构其多元主义文化观。在柏林看来,欧洲近代启蒙得以产生和勃兴的"17世纪和18世纪是一元论的世纪"[2]。究其原因,就在于"西方启蒙和现代性的主流思潮具有不可救药的价值一元论和文化一元论诉求"[3]。实际上,自笛卡尔以来,在近代的启蒙运动过程中,理性就获得了一种绝对优越的地位。理性成为一种甚至是唯一一种能够真正认识世界本质和本源的途径,并从认识论的功能发展出反思性批判的功能,成为人们借以衡量和批判社会构成诸要素的原则和标准。在理性标准的映照之下,"宗教、自然观、社会、国家制度,一切都受到了最无情的批判;一切都必须在理性的法庭面前为自己的存在作辩护或者放弃存在的权利"[4]。当理性主义要求把理性作为唯一评判世间万物的正确或具有正当性的标准时,它就开始孕育着一种价值一元论和文化一元论了。

其实,理性主义并未摆脱西方两千年以来智识传统之中的所谓"爱奥尼亚谬误",即试图从千差万别的事务中找到统一性的基础,发现事务最终的根源和性质。在寻找"逻各斯"的过程中,由于执着于对事物共性的追求,事物的差异性往往就会无意间被忽略,甚至可能是有意遮蔽。暗含于启蒙思想中的西方价值和文化的一元论观念总体上是由三个基本预设构成的:首先,所有问题都必然有一个正确的答案(真理),而且只能有一个正确答案,所有其他答案必然都是谬误,即所谓"真理只有一个";其次,这些正确答案原则上是可以被认识的,即真理与谬误的区别原则上是清楚可知的;最后,真理与真理之间必然都是相容的,不可能相互排斥,相互冲突,因此所有真理的总和一定是一个和谐的整体。由此,真排斥的

---

[1] 朱光潜:《朱光潜美学文集》(第三卷),上海文艺出版社1983年版,第555页。
[2] [英]伯林、[伊朗]拉明·贾汉贝格鲁:《伯林谈话录》,杨祯钦译,译林出版社2002年版,第75页。
[3] 甘阳:《伯林与"后自由主义"》,载《读书》1998年第4期。
[4] 《马克思恩格斯选集》(第三卷),人民出版社1995年版,第355页。

一定是假，善的对立面必然是恶。[1] 正是伴随着这种一元论的指导，理性的唯一性和正确性的表达与实践，其后果之一就是人为地在经验和先验的领域确立了一种正统性的观念或事物。而这种正统性往往体现为某种特定价值和文化的正统性以及支配性。

当价值和文化的一元论渗透到法律哲学之中时，其表现就是一种法律一元论及其后产生的法律中心主义。在约翰·格瑞弗斯（John Griffiths）看来，法律中心主义是一种现代民族国家的道德和政治上的主张。[2] 其核心观点就是在一个特定的社会领域只存在或者只应当存在一种法律秩序，这种法律秩序就是作为民族国家政制产物的国家法。在这种规范性秩序中，法律是且应当只是国家法，它排除其他任何的"法律"，对其管辖之下的任何人而言都是统一的，并且为国家制度所支持和保障实施。事实上，浸淫于启蒙时代理性主义的很多著名的法学家和政治学家，大多是一元论者。霍布斯就是一个最好的例子。事实上，从博丹、霍布斯、奥斯丁，到凯尔森和哈特，都是法律中心主义者。而其哲学上的理论脉络，都有着一种一以贯之的特征，就是理性主义及其一元论。尽管有的论者已经注意到了习惯法的问题，但是他们大多是通过强调国家法对习惯（法）的承认和效力位阶的重新安排来进行统一，最终还是回到其一元论的路数上。

维柯的历史功绩就在于他敢于首先对以笛卡尔为代表的理性主义者发出质疑和批判。他是"意识到在笛卡尔的现代理性主义自身内就包含着这样的错误种子的第一个思想家"，并开创了被称为"反启蒙运动"的现代思想潮流。[3] 作为一个"反潮流"的哲学家，维柯严肃地批评了笛卡尔的理性主义认识论。维柯在将自然世界和人文世界相区分的前提下，指出笛卡尔的逻辑主义和数理方法只能作用于自然/物理世界，促进人类提升关于自然的认识，无法指导人们获得关于人类社会自身和人类文化的知识。其原因就在于，人类历史是由分享着不同情感、想象、前见和传统与习俗的人所创造的，而这种历史必然包含着固有的文化多样性。尽管维柯对人类社会的一些共同性问题（如制度的起源等）展开了探讨，即所谓的

---

[1] 参见甘阳：《伯林与"后自由主义"》，载《读书》1998年第4期。
[2] See John Griffiths, "What is Legal Pluralism", *Journal of Legal Pluralism*, 1986, p. 1.
[3] 参见［美］马克·里拉：《维柯：反现代的创生》，张小勇译，新星出版社2008年版，第2—3页。

描绘某种作为"各民族历史在不同时期都要经历的一种永恒的历史图案"的历史演化规律[1]，并以此为基础来建构其历史哲学，但是，维柯却"最先理解到，文化就是世界相对于社会的意义……文化是多种多样的"[2]。维柯指出：各民族都有着各不相同的起源，而"各种起源都在于各民族本身而不在它处……这是世界通史的正当的起点"[3]。而具有不同历史起源的各民族人民，由于"地区气候的差异而获得了不同的特性，因此就产生了许多不同的习俗，所以他们有多少不同的本性和习俗，就产生出多少不同的语言"[4]。就这样，任何一种文化都有其产生的特定条件：特殊的时间、地点和方式，因而每一个民族、部落和氏族都拥有自己的宗教、语言、婚礼、土地制度、名称、武器、政府和法律。[5] 这些东西就共同构成了一个特定人群的独特文化。维柯的贡献不在于他发现"各民族的起源既渺茫难稽，而他们的习俗又千变万化，不可测量"[6]，而是在于他发现以习俗为代表的各不相同的各民族的文化之间"彼此不同，有时甚至相互冲突"[7]。事实上，维柯更关注不同文化之间的差异性或异质性，而不是它们之间的共通性或相似性。如伯林指出的那样，正是由于维柯"重视文化的进步，他从目的论视角而不是实证主义角度区分了不同种类的文化，并把重点放在差异性而不是相似性上"[8]，才使得其多元论的基础得到奠定。

而作为一个"反潮流"的法学家，维柯的文化多元主义已经明显地意识到分享不同文化的各民族之间存在的法律多元，并经由文化多元论建构出了法律多元论。法律是利益、价值和文化三位一体的表达。哲学上的价值多元论和文化多元论，有力地支撑了法律多元主义。关于法律多元主义的概念，约翰·格里夫茨在其一篇力作中指出，法律多元意味着在一个社会领域中存在着不止一个法律秩序。[9] 而在千叶正士看来，法律多元主义

---

[1] [意] 维柯：《新科学》，朱光潜译，商务印书馆1989年版，第9页。
[2] [英] 伯林、[伊朗] 拉明·贾汉贝格鲁：《伯林谈话录》，杨祯钦译，译林出版社2002年版，第32页。
[3] [意] 维柯：《新科学》，朱光潜译，商务印书馆1989年版，第55页。
[4] [意] 维柯：《新科学》，朱光潜译，商务印书馆1989年版，第227页。
[5] 参见 [意] 维柯：《新科学》，朱光潜译，商务印书馆1989年版，第350页。
[6] [意] 维柯：《新科学》，朱光潜译，商务印书馆1989年版，第162页。
[7] [意] 维柯：《新科学》，朱光潜译，商务印书馆1989年版，第227页。
[8] [英] 伯林、[伊朗] 拉明·贾汉贝格鲁：《伯林谈话录》，杨祯钦译，译林出版社2002年版，第75页。
[9] John Griffiths, "What is Legal Pluralism", *Journal of Legal Pluralism*, 1986, p. 1.

意味着"否认人们深信不疑的、国家法作为法的唯一性或者说否认西方法在世界各民族中的普适性"[1]。尽管学界对于"法律多元主义"这一法理范畴的确切内涵和外延还存在争议，但一般而言，某种能够称之为"法律多元主义"的观点，都会承认现实的社会控制是通过多元（而非单一的）规则系统而获得的。法律多元主义一方面否认国家法（或官方法）作为特定社会的唯一法律体系的判断，另一方面也否认西方法律在世界各民族中的普适性。正是在法律多元主义的理路中，民间法才获得了理论上的论证、认同和支持。民间法正当性的最终建构和证立，有赖于人们对于客观存在的法律多元现象的承认，并在观念智识上接受和认同法律多元主义，摆脱正统的法律中心主义长久以来形成的观念束缚和思维定式。千叶正士指出，当人们发现作为另外类型的法律体系的民间法与曾经被认为是"唯一真正的法律"的国家法并存而且产生相互关系时，法律多元的概念就出现了[2]。如果按照上述观点去理解法律多元主义的话，那么维柯无疑是法律多元主义的鼻祖之一。因为维柯的自然法"新体系"是基于对"各异教民族的部落自然法"进行考察、分析与比较所得出相同点与不同点的结论而建构的，即运用比较的方法来研究法律。这就与孟德斯鸠一道为后世比较法学的产生做出了巨大贡献，成为比较法学的先驱。正如日本比较法学家大木雅夫评价道，孟德斯鸠和维柯的活动"正是比较法的先驱性活动"[3]。而比较方法的成果适用，其前提就是承认存在两种或两种以上不同的法律制度。维柯无疑是把法律、习俗等视为人类各民族的文化现象，而从他关于文化多元的观念出发，必然会得出法律多元的主张。事实上，维柯在其著作中也不断在主张着法律多元。只是与伯林所强调的多元论有所不同的是，伯林主张的是不同文化及其现象之间的多样性和不可通约性，而维柯只是强调多样性，并试图寻求其可通约性。

同时，作为一个"反潮流"的法学家，维柯坚定不移地对格劳秀斯、塞尔顿和普芬道夫等古典自然法学家的法哲学进行了严厉的批判。他指出古典自然法学家采用非实证的方法研究法律，仅凭借想象和抽象来建构法

---

[1] 参见［日］千叶正士：《法律多元——从日本法律文化迈向一般理论》，强世功等译，中国政法大学出版社1997年版，第2页。
[2] 参见［日］千叶正士：《法律多元——从日本法律文化迈向一般理论》，强世功等译，中国政法大学出版社1997年版，第2页。
[3] 参见［日］大木雅夫：《比较法》，范愉译，法律出版社1999年版，第40页。

的体系，其结论必然是错误的。同时，古典自然法学家没有注意到法的动态历史发展过程，将理性法当作人类法律的最初形态，以至于分不清希伯来人的自然法、部落自然法和哲学家们的自然法之间的区别。格罗特、塞尔敦和普芬道夫"他们三人的体系就必然要被推翻"[1]。

二、维柯多元主义结构中的历史法学及其地位

维柯在其文化多元主义观念支配下，在批判古典自然法虚幻谬误的过程中，建构了一种摆脱了古典自然法套路的法学"新体系"，即历史主义法学。其所关注的是从历史上人类实际生活的状况出发来研究人类各种制度的起源、发展之规律及性质。在维柯看来，反映各民族传统和文化性格的习俗和习惯，正是法律产生的源泉。而习俗来自各民族的共同本性，所以法律是各民族共同习性和民族共同意识及特有文化性格的产物。

首先，维柯以人类社会历史的开端为起点来考察包括法律在内的人类文化现象。在维柯看来，"各部落自然法都是由习俗造成的……因为法律起于人类习俗"[2]。考察罗马法的起源时，他指出古罗马"两次公布的法律就显示出它们都是由罗马人自己按照罗马本土的自然习俗在罗马本土制定出来的"[3]。在其自传中，维柯写道："维柯就动手讨论各民族的自然法，说明了在哪些确定的时期，以哪些确定的方式，产生了构成这种自然法的整个体系的各种习俗。"[4] 维柯总结道："最后，好像是天神意旨对制定法律这种人类的必须不曾作过安排，在没有字母的情况之下，让各民族在野蛮时代先是根据习俗创建起来，……最初的法律也是产生于习俗的，……因此异教民族中的部落自然法都不是根据法令条文而是根据人类习俗而奠定起来的。"[5] 总之，法律是天意在一切民族中自然而然地连同人类习俗本身一起来安排的[6]，而维柯所谓的"天意"，"实际上还是他的出发点部落自然法中的自然"[7]。因此，维柯的"天意"就是"部落自

---

[1] [意]维柯：《新科学》，朱光潜译，商务印书馆1989年版，第147页。
[2] [意]维柯：《新科学》，朱光潜译，商务印书馆1989年版，第146页。
[3] [意]维柯：《新科学》，朱光潜译，商务印书馆1989年版，第24页。
[4] [意]维柯：《新科学》，朱光潜译，商务印书馆1989年版，第694页。
[5] [意]维柯：《新科学》，朱光潜译，商务印书馆1989年版，第64页。
[6] 参见[意]维柯：《新科学》，朱光潜译，商务印书馆1989年版，第104—105页。
[7] 朱光潜：《朱光潜美学文集》（第三卷），上海文艺出版社1983年版，第564页。

然法"的代名词。由此可见,维柯明确地提出了这样的观点:法源于习俗(习惯),并且这种习俗是在各民族的自然发展过程中形成的。"部落自然法"就是各民族的习俗。[1]

其次,维柯在18世纪初就已经明确地提出:"法律起源于人类习俗,而习俗则来自各民族的共同本性"[2],这种"自然习俗"就是"部落自然法",它们本质上"是一回事,……都来自于人类共同意识"[3]。有什么样的本性,就通过什么样的习俗,产生什么样的政权。他进而分析,"因为各族人民确实由于地区气候的差异而获得了不同的特性,因此就产生了多少不同的本性和习俗"[4]。法律源自习俗,所以各民族有着既存在共性,又反映各特定民族自身生活经历和文化性格的"部落自然法",这种源于各民族自己习俗的"部落自然法",在一定程度上,是各民族自身实践过程中所形成的各自"共同本性"、共同信念、群体意识和特有文化精神的产物。在此,维柯进一步指出,作为"部落自然法"本质规定的民族"共同意识",是以需要和利益为内容的。他认为"共同意识"是整个阶级、整个民族所共有的不假思索地判断,认为"人类的选择在本性上是最不确凿可凭的,要靠人们在人类的需要和效益这两方面的共同意识(常识)才变成确凿可凭的。人类的需要和效益就是部落自然法的两个根源"[5]。可见,维柯不仅认识到了法的本质是民族的共同意识和习性,而且还指出正是利益与需求决定了这种共同的民族意识和习性的内在规定。

如果我们回顾一下以胡果和萨维尼为代表的历史主义法学的核心命题,我们就会发现维柯的法哲学与历史主义法学存在着巨大的相似性。

在法的起源上,历史法学派的代表人物胡果认为,法的本质之源是习惯法。而历史法学派集大成者——德国法学家萨维尼(F. C. von Savigny, 1779—1861)亦强调,法的最好来源是习惯,而非立法。历史法学派认为,只有生活中的活法才具有唯一的合理性,这种活的法就是习惯及习惯法。由于习惯及习惯法根本上直接体现着民族精神,所以它具有顽强的生

---

[1] 参见[意]维柯:《新科学》,朱光潜译,商务印书馆1989年版,第695页。
[2] [意]维柯:《新科学》,朱光潜译,商务印书馆1989年版,第146页。
[3] [意]维柯:《新科学》,朱光潜译,商务印书馆1989年版,第147页。
[4] [意]维柯:《新科学》,朱光潜译,商务印书馆1989年版,第227页。
[5] [意]维柯:《新科学》,朱光潜译,商务印书馆1989年版,第103页。

命力，也最能达到法的固定性和明确性，最终取得了超越于立法的地位。[1] 而关于法的本质，萨维尼认为，法律不是理性的体现，真正的法律创制者是特定民族的"民族精神"或"民族的共同意识"。在人类历史的早期阶段，"法律已然秉有自身确定的特性，其为一定民族所有，如同其语言、行为方式和基本的社会组织体制（constitution）。不仅如此，凡此现象并非各自孤立存在，它们实际乃为一个独特的民族所特有的根本不可分割的禀赋和取向，而向我们展现出一幅特立独行的景貌。将其联结一体的，乃是排除了一切偶然与任意其所由来的意图的这个民族的共同信念，对其内在必然性的共同意识"[2]。这种共同信念就是各个民族的共同意识和民族个性，法律反映的就是一个民族的共同意识和信念。所以法的发展动力是"民族精神"，立法者的任务就是揭示此"民族精神"，发现民族精神中已经存在的东西。[3] 而被普遍认为是历史法学派创始人的胡果，"还不是站在民族精神的意识上，而只是站在由孟德斯鸠在继承法国道德论过程中确立起来的经验主义立场上对自然法理论进行了批判"[4]。

通过对维柯的多元主义结构中的历史主义法哲学的解读，不难发现，尽管胡果较早地对法律进行了历史的研究，以至于学界将其视为"最先将历史性的实用主义批判引入法学领域"[5] 的学者，但是事实并非如此。维柯《新科学》的发表比胡果《作为实定法哲学的自然法》的发表早了70多年。历史法学派的核心人物萨维尼从法的基础、本质与发展建构历史法学的体系，主张法律源于民族精神。胡果、萨维尼对历史法学的贡献毋庸置疑，但从上述论述可见，维柯在18世纪初就已经批判古典自然法，并从历史事实出发阐释理性，解读法律。应当承认，17世纪的维柯才是后来历史法学方法论的开拓者。只是在维柯那个时代的欧洲，到处充斥着古典自然法理论，以至于他的思想在一个世纪之后才震撼了整个西欧大陆。

考察维柯是否是历史法学的创始人，关键在于找到胡果、萨维尼在建构历史法学理论、民族精神说时是否借鉴和继承了维柯的思想。虽然从维

---

[1] 参见何勤华：《西方法学史》，中国政法大学出版社1996年版，第205页。
[2] ［德］萨维尼：《论立法与法学的当代使命》，许章润译，中国法制出版社2001年版，第7页。
[3] ［意］维柯：《新科学》，朱光潜译，商务印书馆1989年版，第146页。
[4] 何勤华：《历史法学派述评》，载《法制与社会发展》1996年第2期。
[5] 何勤华：《历史法学派述评》，载《法制与社会发展》1996年第2期。

柯的自传中，我们得知他在《新科学》写作前曾把该书的大纲寄给欧洲的很多著名学者，希望能得到有益的意见，并且在成书出版后，还将《新科学》寄送给欧洲许多知名大学，但直到目前为止，还没有证据直接证明胡果或者萨维尼是基于维柯的《新科学》思想而建构其法理的，所以还不能得出维柯是历史法学派的精神始祖和创始人的确定结论。而使坎托罗维奇的判断是正确的，即萨维尼的思想源于孟德斯鸠，也有证据表明孟德斯鸠与维柯有过学术联系，以及孟氏曾研读过维柯的《新科学》，但同样没有证据证明孟氏的思想直接来自维柯，同样不能得出维柯是历史法学的创始人或精神始祖的结论；即使萨维尼的思想源自赫尔德，但是如伯林指出的那样，维柯与赫尔德的思想之间也没有任何证据能表明二者存在继承性。这是历史的相似，还是历史的继承，似乎已经成为一个历史的不解之谜。然而不容怀疑的是，维柯历史地解读法律，并提出基于习惯的法律源于民族共同意识的观点，是早于胡果和萨维尼的。维柯的文化多元论的创建，以及他对于历史主义法学理论的建构，也从本体论和方法论的维度为民间法理论及其研究奠定了基础。《新科学》中的法哲学思想，也值得当下民间法的研究者认真对待、阐发与批判。

还值得注意的是，马克思严厉批判了胡果、萨维尼的学说，却高度评价了维柯的思想。（见马克思《法的历史学派的哲学宣言》、《〈黑格尔法哲学批判〉导言》及马克思写给拉萨尔的书信）在笔者看来，胡果及其继承人并没有超越维柯，因为维柯不仅对法律进行历史的解读，还注意到了阶级斗争对人类社会及其制度发展的直接作用，发现了社会发展的规律性和实践的意义，阐释了科学的人性本质。这些都是19世纪德国历史法学家们没有意识到而被马克思所批判继承了的思想。虽然维柯的"新体系"不够完善，创建的历史哲学还相对粗糙，对宗教神学还作了一定的让步，但是，《新科学》包含着诸多闪光的真理，尤其是创建性地从历史与法律有机结合的视角，揭示法律发展的一般规律，为马克思历史唯物主义的诞生提供了营养，也为历史法学的确立奠定了理论基础。难怪美国学者G.塔格利亚科佐（Giorgio Taglica）称赞维柯开创哲学新时代，其历史功绩可以和康德在哲学中的"哥白尼式革命"与爱因斯坦在物理学中的革命相媲美。

第二节 集体行动与民间集体自治规则

近30年来,长期致力于市场机制研究的经济学者逐渐对制度在经济活动与发展中的重要性达成共识。不同于强调技术、资本及人力资源等因素对经济发展影响的理论,有关制度的经济学研究则集中关注产权、契约、规则甚至社会规范等正式与非正式的制度因素。这些制度因素在影响了人们行为的同时,又为人们的行为与选择所左右。经济学者尤为关注如何通过对制度因素的恰当选择与实施进行有效的经济治理(economic governance)。正是由于对经济治理研究的特殊开创性贡献,美国政治学家、印第安纳大学教授埃莉诺·奥斯特罗姆(Elinor Ostrom)与威廉姆森,分享了2009年诺贝尔经济学奖。

与在经济学界享有较高声誉的威廉姆森不同,在此次诺贝尔经济学奖颁布之前,国内的很多经济学学者甚至未曾注意过奥斯特罗姆的研究。然而,由于作为经济学家和政策分析学家的奥斯特罗姆,对于公共选择与制度分析理论和方法的发展,以及公共政策研究和新政治经济学都早已做出了举世瞩目的杰出贡献,她早在1997年就获得了具有世界声誉的佛兰克·E. 塞得曼(Frank E. Seidaman)政治经济学大奖,而到她获奖时为止,已经有24位政治经济学大师获得了该奖,其中有5位大师随后获得了诺贝尔经济学奖。奥斯特罗姆一生著作丰富,瑞典皇家科学院授予她诺贝尔经济学奖,主要是奖励她在公共资源治理问题研究上所取得的卓著成果。

瑞典皇家科学院在2009年的授奖词中指出,传统理论认为,公共财产无法得到很好的治理,因而必须要被彻底的私有化或者完全由集中的权威机构来管理,然而奥斯特罗姆的研究对此种传统理论提出了有力的挑战。在代表作《公共事务的治理之道——集体行动制度的演进》一书中,奥斯特罗姆在对世界范围内众多公共池塘自主治理案例进行经验性总结的基础上,运用嵌套性的制度分析框架,提出并有效地论证了一个具有开创性的结论,即一定条件下,无须依靠国家等外部权威,集体成员完全能够以重复性自主博弈的方式通过自发的民间自治,确立并有效维系一套合理解决公共资源治理的规则体系,同时她还总结出了一种有关一群当事人如何自愿地组织起来，以保持自己努力所形成的剩余的集体行动理论。在笔者看来，奥斯特罗姆的公共池塘资源治理研究，不仅仅对公共和集体选择理论、交易成本经济学、法和经济学、博弈理论等经济学研究做出了突出的贡献，而且对包括政治学、公共政策研究、法学、行为心理学等众多社会科学领域的研究都极具开创性价值，特别是对法学学者们进一步认识和分析民间集体自治规则在实现社会治理过程中的作用，以及重新解读民间法自主渐进的演化发展过程极具启发意义。

需要注意的是，如果将民间法视为一种"非国家性"的自生自发秩序的话，那么本书所谓的"民间集体自治规则"就是民间法的一种典型表现形式。只是和其他类型的民间法不同，民间集体自治规则强调的是那些在人们自愿的基础上，通过博弈—合作而形成的一种自生规则和自发秩序，而且这种自生性规则和自发性秩序的保障并不依靠权威的强制，即通过集体行动而获得的一种权威无涉型的规则秩序。而其他类型的民间规则，如民族习惯法或宗教戒律，往往是诉诸某种特殊形式的权威（头人、寨首或祭司等）而得以生成和运行的。理解这一点，对于理解奥斯特罗姆理论对民间法研究的可能贡献至关重要。可以说，奥斯特罗姆的理论并不能解释所有类型的民间法的产生、演化与运行，而仅是一种针对集体自治秩序的分析进路。

一、奥斯特罗姆的公共资源治理理论

奥斯特罗姆的研究是以公共池塘资源的利用—治理制度为对象的。其研究成果就集中体现于其代表著作《公共事务的治理之道——集体行动制度的演进》和《理解制度的多样性》[1]。所谓公共池塘资源，是一种人们共同使用整个资源系统，但分别享用资源单位的公共资源。而正如人们所熟知的，对于如何解决好公共事务的治理问题，长久以来学术界盛行着三

---

[1] See Elinor Ostrom, *Governing the Commons: The Evolution of Institutions for Collective Action*, Cambridge: Cambridge University Press, 1990. Elinor Ostrom, *Understanding Institutional Diversity*, Princeton: Princeton University Press, 2005. 笔者在介绍奥斯特罗姆的制度经济学理论时，同时参考了余逊达和陈旭东先生所翻译的 *Governing the Commons: The Evolution of Institutions for Collective Action* 的译本，在此表示感谢。参见［美］埃莉诺·奥斯特罗姆：《公共事务的治理之道——集体行动制度的演进》，余逊达、陈旭东译，上海三联书店2000年版。

种理论分析,即哈丁(Garrett Hardin)的"公地悲剧"、戴维斯(Davis Lance E.)的"囚犯困境博弈"和奥尔森(Mancur Olson)的"集体行动逻辑",他们都从不同角度说明了特定情况下公共事务总是得不到关怀的必然悲剧性结果。此后理论界对于公共池塘资源的研究,大都不加分析地接受了这些早期的理论(Nebel,1987),并以现实情况与上述理论模型所描述情况具有相似性为根据,提出解决公共资源治理的所谓"唯一方法",要么假定中央政府应该持续地为一种特定资源的统一决策承担责任(Ophuls,1973),要么主张中央政府应该放弃对资源的所有权,允许个人在一组界定明确的财产权范围内去追求他们自己的利益。

奥斯特罗姆认为这种单一问题和单一解决方案的看法过于表浅,她并不同意共同拥有公共池塘资源的人们将不可避免地跌入陷阱并不能自拔的假设。为此,奥斯特罗姆把追加选择纳入哈丁的牧人博弈中,在回报上加了一个参数,即执行协定的费用,并在两位牧人博弈的策略组中再加一个策略,从而构建了自筹资金的合约执行博弈,指出了传统政策方案之外,理论上还可能存在其他替代性解决方案。同时通过对世界范围内各国大量的公共池塘资源治理案例的分析,奥斯特罗姆在实践中也找到了与传统政策方案要求不同,既未依赖集中管制,也未依赖私有化的集体自主治理的成功案例,因而找到了经验性的解决方案。例如,在阿兰亚的近海渔场,约100名渔民中的多数在一种两三个人的小船上用多种渔具无限制地捕鱼,渔场也面临无限制捕鱼所带来的渔民恶性竞争所带来的威胁,然而该地区的渔民在长达10年的时间里对不同的图纸和制度反复自愿试验,自己设计和修订了一幅使任意一条船的捕捞活动都不会减少鱼向邻近水域迁移的捕鱼点地图,并且依靠渔民自己的执行和监督,实现了公共财产的自主治理。

在同时寻找到了理论替代方案和经验替代方案之后,奥斯特罗姆对传统的集权论者和私有化论者提出了批评,认为传统治理方案所主张的那些过于简化的或理想化的制度,几乎也是一种"无制度"的制度。她认为从考察"新制度主义"学者所做的大量的系统研究中,可以得到一个重要的教训,即"制度细节"是重要的。

为了找到那些促使有些集体治理成功,而同时又使有些集体治理失败的"制度细节",奥斯特罗姆提出了自己的制度分析框架,并很大程度上修正了传统的制度变迁理论。她认为,要解决公共池塘资源的集体行动问题，需要解决三个问题：新制度的供给问题、可信承诺问题和相互监督问题。与传统制度分析将制度视为单一层次的规则不同，奥斯特罗姆认为长期影响使用公共池塘资源时的行为和结果的制度，包括三个层次：操作规则、集体选择规则和宪法选择规则。占用、提供、监督和强制实施行为选择发生在操作规则层次。政策决策的制定、管理和评判过程发生在集体选择层次。宪法决策的规划设计、治理、评判和修改发生在宪法选择层次。对这三个层次的行动规则来说，一个层次行动规则的变更，是在较之更高层次上的一套固定"规则"中发生的。更高层次上的规则变更通常更难以完成，规则变迁的成本也更高。因此较高层次的规则在一定程度上决定了较低层次规则的转换成本，反过来较低层次的规则改变可以为较高层次规则的改变积累社会资本。

运用上述嵌套性制度分析框架，奥斯特罗姆对实践中的三种情形进行了比较分析，即成功治理公共池塘资源的民间自治案例，民间治理失败的案例，以及确立了一定民间自治规则，但相关规则表现脆弱维持困难的案例。以此为基础，她总结出了影响民间治理成功实现的8个重要的制度因素：清晰界定资源边界和占用者边界；使占用和供应规则与当地条件保持一致；操作规则是集体选择的结果；存在积极监督资源状况和占用者行为的监督者；违反操作规则的占用者要受到其他占用者和有关官员的分级制裁；占用者和官员能够迅速通过成本低廉的地方公共论坛来解决纠纷；占用者创制集体内部制度的权利不受外部政府权威的挑战；存在一个多层次的分权制组织对占用、供应、监督、强制执行、冲突解决和治理活动加以组织。

在此基础上，奥斯特罗姆分析了传统治理理论所忽视的三个方面的问题：一是没有反映制度变迁的渐进性和制度自主转化的本质；二是在分析内部变量是如何影响规则的集体供给时，没有注意外部政治制度特征的重要性；三是没有将信息成本和交易成本考虑在内。

最后，奥斯特罗姆进一步指出，社会科学家的模型化分析，对支持政府的更加集权化产生了四个方面的不良影响：一是使用公共池塘资源的人被视为短期利益最大化的追求者，不会使用增进长期共同利益的合作战略；二是那些人似乎落入了陷阱之中，没有外部政府的解决方案便不能从陷阱中解脱出来；三是把那些人可能建立的制度搁置在一旁，或被作为低效率的制度加以拒绝，而不考虑如何使这些制度能有助于他们获得信息，减少监督和实施成本，公正的分配占用权和供应义务；四是所提出的由政府强制实施的解决方案本身，是以理想化的市场或理想化的国家模型为基础的。

二、奥斯特罗姆的理论对民间法研究的可能贡献

近年来，民间法的研究已经成为我国法理学一个显著的学术增长点，也是我国学者为世界法理学发展所作出的独特贡献。任何以制度（如国家法、民间法、道德规则等）为对象的研究，都面临三个原初性问题，即制度由谁供给，人们为什么遵守制度，以及如何监督或者制裁违反制度的行为。民间法的研究自不例外。在以往的制度经济学理论视域中，这三个问题的回答，是以能够确定享有合作剩余索取权的主体为必要条件的。[1] 但是对于民间集体自治规则而言，似乎很难找到一个享有合作剩余索取权并有足够激励承担制度供给与监督实施成本的主体。那么民间自治规则是由谁通过什么样的方式供给的？什么样的监督机制保障民间自治规则的可信性？人们为什么又会自愿遵守这样的规则呢？传统的基于习惯、传统或者道德而得以产生和维系的理论，似乎无法给我们以明确可信的解释，特别是无法解释新的民间自治规则何以产生和维系。而奥斯特罗姆的理论，恰恰对上述三个民间法研究所面临的元问题，提供了一种极具启发意义的研究进路。

---

[1] 如以威廉姆森等人为代表的企业理论学派认为，企业家为了获得各种参与者相互协作的潜在利益，因而承担合作合约的供给和成本，并借助缔结合约所可能得到的利益，激励人们在自愿的基础上选择接受合约约束。基于对合约利益的期待，自愿选择接受合同约束的参与者，自然愿意承诺遵守合约，同时作为不完全合约的合作剩余拥有者，企业家自然有足够的激励去组织企业经营，并监督参与者的行为。而霍布斯在《利维坦》和《论公民》等作品中，系统阐释了其国家理论。他指出资源的有限和欲望的扩展，使人们处于战争和社会失序状态之中。为了摆脱恐惧的生活，人们通过社会契约组建政治权威。如果统治者具有使用武力的垄断权，便能采用强制作为组织各种生产集体利益的人类活动的基本机制。因而，统治者与国民之间存在交易，前者负责提高国民整体福利水平，后者提供税收、劳动和其他资源，国民因服从统治者强制而换得自身处境的改善，统治者则负责设计并维系有效的制度，来换得国民的服从，并获取合作剩余。因而，与企业制度类似，国家制度的供给和监督执行都依赖于国民之外的外在权威，而国民承诺遵守国家制度是基于服从所带来的利益和监督惩罚所带来的威慑。因此，对于国家法律和企业规则而言，制度都是某个权威设计并提供的，人们根据制度规则合作的剩余归属于该权威，因此该权威有足够的激励监督人们的行为，并发出惩罚的威慑，人们基于遵守所可能获得的利益以及违背所可能承担的成本而选择遵守该权威所供给的制度规则。

(一) 民间集体自治规则的供给问题

传统经济学理论之所以无法解释民间集体自治规则供给问题，主要是因为传统理论认为供给新制度的成本是庞大的，而较之于成本，民间集体自治规则潜在供给者的个人收益却是十分微弱的，那么如此微弱的收益如何激励潜在供给者主动供给新制度，以启动整个制度变迁的过程？奥斯特罗姆的分析就是围绕着新制度供给成本的界定与降低而展开的。

根据奥斯特罗姆的制度变迁分析框架，新制度的产生是一个渐进、连续和不断累积变化的过程。新的民间集体自治规则的出现，并非经某人设计、某机构颁行实施而一步完成，对规则所涉及的所有人同时生效的非渐进性过程。相反，民间集体自治规则的变迁是一个自下而上渐进积累的过程。任何一种民间集体自治规则都不是脱离其制度环境而独立存在的，它往往是一个相互影响的规则体系，直接决定特定参与者行为的规则嵌套于影响这些参与者决策的另一套规则之中，而影响这些参与者决策的规则又嵌套于约束他们决策范围和自主权的再一套更高的规则之中，这些大大小小不同层次的规则组合在一起，形成了一套嵌套性的制度体系。而在这个嵌套体系当中，不同层次规则的变迁路径与变迁成本之间存在巨大的差异。对于那些影响范围极小、设计参与者数量不多的规则来说，其变化可能相当容易，成本甚至可以趋近于零。而对于较高层次、涉及范围较广、对参与者利益影响巨大的规则，其变迁可能是困难的。民间集体自治规则的变迁往往是从那些涉及范围最小、参与者数量最少、变迁成本最低的规则开始的，而这些小范围规则的变迁，即为下一次较大范围的规则的变迁积累了制度基础，从而降低了下一次制度变迁的成本，而下一次变迁一旦完成，又成为再一次更大范围制度的变迁的基础和前提。民间集体自治规则的变迁正是通过这种自下而上、由易到难、由小到大的渐进性的不断积累而逐渐实现和完成的。这样，表面上看起来，某种新的民间集体自治规则的产生是困难重重、成本高昂的，然而当这种变迁被分解为不同层次的小步骤时，每一次小规模变迁的成本却是相对较低的，因而是可以由微观主体所承受的。

以美国加州居民地下水抽取制度的变迁为例。居民们可能首先是在郡咖啡馆里商讨本郡地下水抽取限制机制的，对本地地下水抽取机制实施相应范围改革之后，居民们开始通过各个流域所建立的民间协会探讨共同面对的问题,并互相交流可以采取的策略,在各个流域相互借鉴学习并构建了彼此相似的规则安排之后,他们开始组织起来起草了相关法案,把它介绍给州立法机构,并在其他水生产者那里寻求到了足够的支持,使得法案得以通过,创立了特别行政区,向所有在那些流域抽取的地下水收税,也向所有在地下水之上的财产收税。

分析了规则变迁的渐进性积累过程,奥斯特罗姆进一步强调了现有制度环境是否能够促进参与者之间的信息传递与交流,是否有利于最大限度地降低规则变迁的初始启动成本,对于上述民间自治规则的供给来说也是至关重要的。以美国加州为例,居民们之所以能够通过自发的抽水治理规则的不断变革,而最终实现整个加州地下水抽取制度的确立和完善,很大程度上源于加州是一个地方自治州,为减少民间集体自治规则的供给成本,加州建立了诸如民间协会、抽水纠纷解决机制、水利资源部门及地址测绘局免费技术协助等众多降低民间治理成本的促进型辅助制度。因此,为了促进民间治理和民间集体自治规则的供给,构建一个促进型的制度环境是至关重要的。

(二) 民间集体自治规则的监督问题

解决了民间集体自治规则的供给问题,我们仍然会面对进一步的疑问,即谁来监督民间集体自治规则的执行?正如法学学者所熟知的,仅仅有了相关立法,并不能必然实现该法律在实际生活中发挥约束作用,还必须有配套的执法措施,监督人们的行为、对违法者予以惩罚,才能有效保障法律规则的实际约束力。那么,对于民间集体自治规则而言,即便有人承担了供给新规则的任务,新规则的内容具体明确,且已被相关当事人所熟悉,那么没有专门的执法和监督机构的支持,谁来监督人们是否遵守了规则呢?

传统经济学理论往往预测,没有外部权威机构支持的民间集体治理团体无法解决自治规则的监督问题,因为大部分民间自治团体都没有一个相对独立,且具有充足经济来源的监督执行机构,而监督集体成员是否遵守了规则,特别是对违规行为进行惩罚是要付出高额成本的,对于没有独立经济来源的自治机构而言,其无法承担这样高额的成本。而对于每一个集体成员个人而言,实施监督的成本要由其个人承担,而实施监督的收益却是整个集体所共同分享的,因此没有一个有理性的集体成员愿意完成这种出力却又得不到多少好处的行为。但是奥斯特罗姆则分析指出，通过自主组织解决公共池塘资源治理问题的集体组织，很好地通过内部强制的方式解决了民间集体自治规则的自主监督问题。

新的民间集体自治规则是通过集体成员自发渐进累积的方式逐渐供给的，因而民间集体自治规则的供给得到了集体成员的广泛参与，且只有那些能够适应各个小范围治理需要的规则，才能逐渐被应用于大范围治理规则的改进中，因此民间集体自治规则大都非常适应当地的各种特殊需要和特殊制度环境。大量的民间集体自治规则在调整各类集体组织成员之间的权利义务时，就已经充分考虑到了监督成本问题，因而发展出了一些足以最大限度地降低监督成本的行为规则。例如，在奥斯特罗姆调查分析的公共池塘资源治理案例中，一些轮流灌溉的制度通过使两个最关注彼此违规行为的人直接接触，激励他们对彼此交往中的违规行为进行监督。排在一轮将要结束位置上的灌溉者总想延长他这一轮灌溉的时间，但他下一轮的灌溉者会在附近等待他的结束，甚至希望能提早开始他自己这一轮的进水。第二个灌溉者的存在阻止了第一个灌溉者延长时间的企图，而第一个灌溉者的存在阻止了第二个灌溉者提早开始的企图。在这里，双方都没有在监督活动中投入附加的资源，监督成为他们最大限度地利用自己的取水机会这一强烈愿望的副产品。这样监督的成本就被最大限度地降低，并且行为人扩大自己利益的动机，就可以激励他们积极地参与到民间集体自治规则的实施监督中去。

事实上，除了最大限度地降低监督成本，集体自治成员参与民间集体自治规则的实施监督，还会同时得到一份至关重要的利益——信息。在缺乏外在权威强制的前提下，人们对于是否遵守民间集体自治规则的决策是一个不断进行重复性博弈的过程。在这样的重复性博弈中，信息对于人们是否能够作出正确的决策是至关重要的。在自治规则实施的过程中，大多行为人都采用权变策略，即当他们知道其他人遵守规则，并且该规则的目标可以实现时，他们会主动遵守规则，而当他们发现其他人遵守规则的程度在下降，规则的目标有可能无法实现时，他们会迅速改变自己的策略，转而选择违反规则去尽快实现自己的短期利益。因而，对于每一位集体成员来说，他需要了解其他人遵守规则的准确信息，从而及时调整自己的权变策略，以最大限度地维护自己的利益。所以，在这种权变策略的环境中，积极主动地参与到监督他人规则遵守程度的行为中，以获得他人遵守程度的准确信息，就成为被传统理论所忽视的、行为自主监督活动的"私人"收益。

因此，正是民间集体自治规则在渐进地发展过程中逐渐积累起来的适应当地制度环境，并最大限度地降低监督成本的"制度细节"和被传统理论所忽视的、监督他人行为所可能获得的对于权变策略实施而言至关重要的"信息"收益，巧妙地解决了民间集体自治规则自主实施过程中的监督难题。

（三）民间集体自治规则得到人们的遵守承诺应具备的条件

解决了供给和监督两个难题，人们对于民间集体自治规则的自我实施仍然会存在疑问，即缺乏外界的强制措施，民间集体自治规则如何得到人们自愿遵守的承诺？

对于这一问题，奥斯特罗姆在容易犯错误但服从准则的个人在复杂的和不确定的环境中实行权变策略的假设基础上展开分析。根据她的分析，面对民间自治规则的人们会对遵循下述准则的规则作出权变承诺：

（1）明确了有权使用特定资源的一组集体成员；
（2）该规则考虑到了特定资源的特殊性质和该集体成员的特殊需要；
（3）该民间自治规则由集体成员参与设计；
（4）规则的执行可以得到有效的监督；
（5）违规者会遭到一定程度的制裁。

当民间自治规则符合上述规则时，人们就会作出谨慎、有利和可信的承诺，只要大多数处境相同的个人作出同样的承诺，并且采用这一策略的长期预期收益大于采取短期策略的长期预期收益，人们就会遵守所作出的承诺。采取这种策略的人们，可以随时根据他人遵守规则的情况，改变自己的选择，因而不会被长期不遵守承诺的人所利用。简单地说，自愿遵守民间集体自治规则的人们遵循的原则即"如果你这么做，且这么做符合我的长远利益，那么我也这么做"。在存在监督的条件下，这一承诺是可信的。正是在收益预期和相互信任的基础上，人们对待民间自治规则采取了一种合作态度。而这种对自治规则的自觉遵守，使得自发秩序得以形成和维系。

三、余 论

还值得注意的是，奥斯特罗姆尤为强调理论研究的经验检验和实践面向。她指出，理论研究要求社会科学家进行模型的建构，但这并不意味着把理论探索限制在一些特定层次的问题论述上。政治学家和制度经济学家已经做出了重大的理论贡献，但这些贡献需要在用理论指导的、实验室和现实场景的实证研究中，进一步向前推进。对于民间法研究而言，这就意味着关于民间法的研究理论范式和分析进路，都应当置于经验领域之中，尤其是通过田野调查去检验和评价，以期获得一种更为精准的理论模型。

当然，在阐释奥斯特罗姆的制度理论对于民间法研究的上述可能贡献之时，也应当注意到，任何研究方法和分析进路自身都有边界。超出特定边界和语境，这种方法或进路的功能就得不到有效地发挥。作为一种对民间集体自治规则和行为的分析进路，奥斯特罗姆的理论并不能用来探究民间法的全部领域，也不能以之作为普遍有效的范式来研究每一种类型的民间法的相关问题。但是无论如何，只要我们将通过集体行动而达成的自主性规则视为一种民间法的类型，将通过自主性规则的治理而达成的自发秩序视为一种民间法秩序的形态，那么，就不能忽视奥斯特罗姆的制度理论对于拓展我国民间法研究的空间，丰富其研究方法和分析进路所具有的启发性和借鉴意义。

第三节　善治视域下民间规范的价值定位和正当性基础

21世纪"新战国时代"激烈的国家竞争和中国社会的剧烈转型，将如何全面提升和优化治国理政上升到执政党必须严肃而认真对待的问题和任务。党的十八届四中全会明确提出"法律是治国之重器，良法是善治之前提"的判断，表明善治成为执政党在新时期推进国家治理现代化所确立的新理念和新目标。在国家治理现代化进程中，善治既是国家治理现代化的根本特征，又是推进国家治理体系和治理能力的根本目标。为了有效推进国家治理现代化，实现善治，强化地方政府作为国家治理现代化战略的执行角色，地方立法权扩容遂成为中央顶层设计中的重要方案和举措。当下中国新一轮立法改革的主要内容就表现为立法权扩容，将省级以下享有地方立法权的立法主体从49个较大的市增扩为所有设区的市和自治州。在这里，存在一个值得法学界严肃关注和思考的问题：如果法律多元主义论者千叶正士关于"法律多元在当代的存在已成为一个不争的事实"[1]的判断在一定程度上是具有客观性和可接受性的话，那么立基于"国家法—民间法"二元规范系统结构，思考民间规范对于推进国家治理现代化和善治所具有的特殊功能和价值生成，审视民间规范在本次地方立法权扩容中应有的角色，无疑具有极为重要的理论意义和实践意义的。然而，刘作翔教授敏锐地意识到，当我们开始思考民间规范如何被地方立法所吸收从而进入正式立法时，必须注意到每一种规范系统都有其存在的价值和适用的场域，应当注意研究民间规范自身的价值问题。[2] 在一定意义上，民间规范本身在当下国家治理现代化过程中的价值定位和正当性基础，是研究民间规范进入地方立法的逻辑起点。如果民间规范本身缺失明确的价值定位和某种维度的正当性基础，那么民间规范就不可能具备参与地方立法权扩容、推进良法善治的基础和条件，也就根本无从谈及它在推进国家治理现代化和善治中的价值和意义。因此，必须认真对待民间规范的价值定位和正当性基础问题。

一、善治的内涵与民间规范的价值定位

人类的生存和发展，以及自由、平等和正义等价值的实现，是以社会的有序化为前提和条件的。因此，由强制力保障的行为规范系统的首要功能，就在于建构一种稳定的社会秩序。行为规范系统本身也是人类社会有序联合得以形成的关键。而包括国家法和民间规范在内的社会行为规范系统的价值，就在于通过规制人的行为来实现社会的有序化。当然，人类法律发展史也表明，国家法和民间规范等社会规范性系统的价值定位，也是不断在发生变迁的。具言之，由于历史发展阶段的不同、经济社会环境的变迁、权力统治集团的更替、国家战略和政治目标的转变，社会规范系统的价值定位也会随之产生一定程度的演化。对于当下中国而言，执政党致力于推进的国家治理现代化和良法善治，为包括国

---

[1] [日]千叶正士：《法律多元——从日本法律文化迈向一般理论》，强世功等译，中国政法大学出版社1997年版，第2页。
[2] 关于这一观点，参见刘作翔教授在国家社科基金重大项目"民间规范与地方立法研究"开题报告会上的发言。民间法与法律方法网：http://www.xhfm.com/2017/0308/3223.html，登录时间为2017年5月9日。

家法和民间规范在内的社会规范系统的价值定位，提供了富有时代特色的政治场域。[1]

之所以中国共产党十八届三中全会将国家治理现代化确立为当下中国全面深化改革的总目标，将不断推进国家治理体系和治理能力现代化作为21世纪的国家战略任务，就是因为在治国理政过程中，中国共产党人对于国际和国内形势有着清晰的认识和准确的判断。一方面，21世纪是新法家所谓的"新战国时代"。在陈启天等民国时期的新法家看来，"在这个新战国的世界，也如同中国历史上的战国时代一样是'强国务兼并，弱国务力守'，无所谓正义，也无所谓公理。而且新战国时代的国际斗争之剧烈，较之旧战国时代，更加千百倍之多"[2]。事实上，民国新法家关于"新战国时代"特征的阐释，在21世纪的国际政治语境中仍然具有重大的现实性。当下的国家竞争和国际斗争，并没有随着苏联的解体和冷战的结束而日渐消弭，相反，伴随着以宗教冲突为标志的文明冲突的加剧而加剧。在这种政治语境中，保持国家的有效竞争力，塑造和强化民族文化的优越性，仍然是各支配性大国的当务之急。在以"对抗—协调—对抗"为内容的"新战国时代"中，中国作为复兴文明的区域性大国，必然面临一种结构性的竞争和挑战。另一方面，中国共产党人对于中国社会剧烈转型带来的诸多问题，例如社会多元利益群体形成，贫富差距加大，改革发展所带来的红利分配的公平性有待提升，维稳压力过大，生态环境恶化，政府公信力遭遇"塔西佗困境"等，都保持着准确的判断。上述两方面的原因总体上可以归结为，由于"当代中国与其他国家一样有实现长治久安的目的，但更有为民众福祉而不断进取的目的"[3]，执政党才不断强调改善和提高国家治理体系和治理能力，并且明确将"善治"作为国家治理现代化的重要目标来对待。

作为现代国家治理的目标导向，善治使得民间规范在国家治理现代化

---

[1] 当然需要注意的是，并非所有的民间规范都能够有效参与善治所导向的多元共治。应当说，只有民间规范中的优质资源，也就是符合人类最低限度道德准则的民间规则，才有参与多元共治的可能性。至于根据何种标准、原则和机制来识别和选择这些优质民间规范，笔者将另行撰文探讨。后文所论述的民间规范，除另有说明外，都指的是符合人类社会共享的最低道德准则的"优质民间规范"。
[2] 陈启天：《中国法家概论》，中华书局1936年版，第112页。
[3] 彭中礼：《论当代中国国家治理的价值取向》，载《中国井冈山干部学院学报》2015年第4期。

进程中获得了前所未有的重要意义。具言之，正是善治的本质为民间规范的正当性生成提供了特定的政治场域。

（一）民间规范为多元共治提供制度供给

善治的本质是通过建构一个政府—社会组织—公民的有效合作网络而实现多元共治。作为国家治理现代化理想样式，善治不仅要求将先前传统的单向度国家统治塑造成为国家、社会组织和公民参与共同构成的合作性治理；而且还要求通过有效的制度供给和制度创新，获取实施公共治理、推进善治的决策能力和执行能力。然而，之前的学者在论述善治的本质和内涵时，更多的是强调参与公共事务治理的主体的多元性。例如俞可平就认为，善治的核心要义"就在于它是政府与公民对公共生活的合作管理，是政治国家与市民社会的一种新颖关系，是两者的最佳状态"[1]。吴汉东则指出，善治是国家治理现代化的目标模式，而"现代治理的核心特质在于治理主体的多元化"[2]。另外，魏治勋也同样认为："治理意味着按照'善治'的要求重构治理主体和治理机制：通过吸纳社会组织与公民的广泛参与实现治理主体的多元化；通过治理权能的分化和转移实现多元主体的责任共担；通过治理方式的民主化重构实现治理机制和治理关系的根本转化，达致多元共治的和谐关系状态。"[3]

尽管上述代表性观点从治理主体的层面，揭示了善治的多元性特征，但是在笔者看来，善治所强调的治理多元性，不仅仅是指参与治理的主体的多元性，还应当包括治理规范系统的多元性。这种治理规范系统的多元性，就表现为作为治理依据的规范系统不仅是国家法（如宪法、民商法、刑法、诉讼法等）这样的正式制度，也包括民间法（如村规民约、民族习惯、法人章程等）这样的非正式制度。在法律经济学的理论视域中，以国家法和民间规范为基本元素构成的整个社会规范系统需要解决的根本问题，就是如何在社会结构中推进稀缺资源的合理配置，进而实现社会整体利益的最大化。从这一角度来看，社会行为规范系统的多元共治，与善治

---

[1] 俞可平：《治理和善治：一种新的政治分析框架》，载《南京社会科学》2001年第9期。
[2] 吴汉东：《国家治理现代化的三个维度：共治、善治与法治》，载《法制与社会发展》2014年第5期。
[3] 魏治勋：《"善治"视野中的国家治理能力及其现代化》，载《法学论坛》2014年第2期。

的根本要求是一致的。因为"善治就是使公共利益最大化的社会管理过程"[1]。虽然国家法中心主义论者大多强调国家法的至上性，以及当其与其他社会规范系统发生竞合时的排他优位性，但是正如笔者曾经论证并指出的那样，国家法的功能和价值是有限度的。因为从法律经济学的视角来看，"民间规则是通过私人自主博弈而实现的最优产权安排，只是由于存在交易成本而妨碍了利害关系人自主博弈的效果，国家立法的有限度地干预才成为必要"[2]。一个运转良好且治理有效的政治共同体，必然是在国家与市民社会二分结构中，依据正式制度和非正式制度相互配合且互为补充的结构性治理过程。只要有助于推进国家治理的现代化，提升治理效绩，建构社会和谐以及实现人的尊严和价值，那么这些多元规范系统的共同治理就是值得期待和重视的。

（二）民间规范为地方立法提供经验性参照

尽管善治的理想状态是国家法系统和民间规范系统在各自的领域中为治理提供充分且有效的制度供给，并且这两个规范系统之间能够实现有效配合与良性互动，从而实现整个社会利益的最大化。但现实却是，国家法系统和民间规范系统往往会发生竞合，甚至是相互抵牾和冲突的。在国家中心主义看来，国家法秉持着一种天然的至上性和普遍的优越性；而凭借着作为传统和治理效绩而产生的局部权威性，民间规范不时地展现出惊人的生命力。面对这种二元规范系统的冲突，当下绝大多数学者既看到国家法与民间规范之间的抵牾和冲突，同时也意识到它们之间的互相支持和契合。因此，他们提出的解决策略和最终模式是，民间规范总体上不断向国家法实施制度性供给，而国家则通过选择、塑造、凝练和整合，将民间规范的优势资源纳入国家法体系当中，以此来逐步消解国家法与民间规范之间的冲突矛盾。

然而，上述消解二元规范系统之间矛盾的策略，仍然是立基于国家法中心主义这一窠臼而做出的制度设计。但是，如前所述，国家法制定者的信息有限性、理性有限性、利益的非中立性，国家法制定过程与政治市场博弈过程的相互捆绑，以及国家法普适性要求所引发的公共选择

---

[1] 俞可平：《民主与陀螺》，北京大学出版社2006年版，第84页。
[2] 赵海怡、钱锦宇：《法经济学视角下国家法的限度——民间规则与国家法关系的重新定位》，载《山东大学学报（哲学社会科学版）》2010年第1期。

结果对集体选择结果的替代等问题，都表明国家法并非万能，或者说国家法是有限度的。相反，历史法学派的鼻祖、17世纪的意大利法学家维柯就已经指出，体现着特定民族共同意志的法律，是从该民族的习俗当中产生出来的。18世纪的萨维尼集历史法学的理论大成，同样认为法律是民族精神的体现，其根源于特定民族的习惯。事实上，国家法系统中的很大一部分法律，都是源自人类长期社会交往过程中形成的习惯风俗。正是受到维柯等人观点的影响，笔者一直以来都强调，民间规范绝不是"落后"、"前现代"甚或是"愚昧"的代名词。相对于国家法而言，民间规范具有某些独特的力量。正如有学者指出："民间规则的变迁更多依赖于处于社会制度执行链条末端的普通民众所自发推动的自下而上的改革，这种变迁的动力来自社会底层改变社会制度的需要，具有自发和自我实施的特点，并且受制于国家法赋予微观主体的自治权程度。在国家法控制的边际范围内，甚至在国家法因为精英阶层意见不统一而暂时无法变革时，只要微观主体认为改变现有制度的收益大于其所要支付的成本，普通民众就可能先于国家法律而着手实施个体或者集体规则的变革。"[1] 20世纪70年代凤阳县小岗村的家庭联产承包责任制，以及20世纪60年代米脂县高西沟村的退耕还林和土地利用"三三制"模式的创设，恰恰能够说明民间规范很可能会为国家法的创制和改进提供有益的思路、经验甚至是样本。尤其是在以地方立法权扩容为核心的新一轮立法改革过程中，民间规范中的优质资源，完全能够经由享有立法权的地方国家机关来进行提炼、加工和创新，发展出一套能够在特定区域内有效适用的地方性制度。而这种基于民间规范的优质资源所创始的地方性制度，在治理过程中很容易获得显著的效绩。例如2007年四川峨边彝族自治县在创新"大调解"工作方式方法的意识指导下，将彝族民间以习惯法调解民间纠纷的"德古"纳入"大调解"工作体系，推行所谓的德古调解法，并且将彝族习惯法传统、刑事和解制度与大调解工作有机结合，聘任10名"德古"为刑事和解员和法院特约民事调解员，2名"德古"被任命为人民陪审员。据《四川法制报》的报道，2007年至2010年年底，"峨边依托人民调解化解各类矛盾纠纷4150余件，其中'德古'调解纠纷1300余件，调

---

[1] 赵海怡：《国家法与民间规则互动的必要性及其实现方式——以社会制度变迁路径的多层次拓展为分析进路》，载《甘肃政法学院学报》2009年第6期。

解成功率高达98%"[1]。

同时也需要指出的是，民间规范本身也具有上升为国家法的需求。民间规范本身具有地域局限性和族群局限性、强制力保障程度较低、创新成本较高等问题。如果其通过地方立法而进入国家法系统，则能够突破原有的约束，从而有效地拓展其生命力。

二、地方立法视域中民间规范的正当性生成路径

如前所述，从20世纪90年代开始，注重多元主体参与、多元规范系统协同的合作型治理运动，就成为公共管理领域的一次伟大变革。而在这种新型治理模式中，地方政府发挥着无可替代的重要作用。作为国家治理现代化战略的执行者之一，地方政府的治理效果，关涉到善治目标的实效。笔者曾指出，国家治理现代化的实现，有赖于中国特色法治理论和法治体系的建设。因此，地方政府的治理也必然要以法治为条件，其治理的有效性有赖于法律的良善性质。换言之，支撑地方治理的"良法"，必须强调治理所依托的规范系统的有效性。因此，在地方治理的视域中，如何塑造和维系地方立法的有效性，则成了地方治理的关键所在。

地方立法一方面是国家法系统的重要组成部分，具有重要的"国家性"，另一方面又具有典型的"地方性"。与中央立法不同，地方立法的独特优势在于能够最大限度地吸纳地方性知识，进而将地方立法的精神、原则和规则在部分领域内与当地民众的集体意识、风俗习惯保持一定程度的趋同，甚至在不同中央立法的原则和精神相抵触的情况下，直接纳入作为地方性知识和族群知识的民间规范[2]，从而塑造和维系地方立法的有效性。简言之，在笔者看来，要塑造和维系地方立法的有效性，必须充分关注、选择、接纳和整合民间规范及其背后的地方性知识和集体意识。而在地方立法过程中要实现这种对于民间规范的关注、选择、接纳和整合，首先面对的问题就是民间规范自身的正当性基础和渊源何在。

事实上，人类的所有社会规范系统，都面临着正当性的追问和证成，

---

[1] 《"德古调解"走出调解新路子》，载《四川法制报》2010年11月5日。
[2] 谢晖教授在对吉尔兹的"法律就是地方性知识"命题作出反思性批判的基础上，指出"法律不仅是地方性知识，而且是族群性知识"。参见谢晖：《族群——地方性知识、区域自治与国家统一——从法律的"普适性知识"和"地方性知识"说起》，载《思想战线》2016年第6期。

民间规范自不例外。正当性问题之所以如此重要，是因为政治治理模式和社会规范系统的有效性，并不是简单地有赖于暴力和强制力的维系，而是根源自被统治者对于该治理模式或社会规范系统的心理感受，即一种主观心理上对于它们的尊重和认同。制度的正当性关涉到制度的权威性，权威的生成有赖于受支配者认同该权威性制度体系具有正当性。因此，现代法理学的根本问题，某种意义上就是一个有关国家法和以习惯法为代表的民间规范如何获取和维系正当性的问题。而任何制度化的规则和权利体系，其正当性的获得，根本上依赖于受该规则和权利系统支配的人对于该规则和权利系统的认同。正当性的生成有两种路径，即自上而下的正当性生成和自下而上的正当性生成。前者往往通过天、神或上帝等超人格意识或者普遍法则（如自然法）来阐明政治治理或社会规范系统的正当性。被统治者正是由于相信现存的治理模式或社会规范系统的创制是以这些超越性的原则或意志为基础的，所以才尊重和服从这些治理模式或规范系统。后者则认为政治治理模式或社会规范系统的正当性源自民众的认同和尊重。[1]

在民间规范的正当性生成过程中，这两种路径都同时存在，并形成了民间规范的两种正当性生成路径。

首先，以民族习惯法为代表的自上而下的正当性生成。现代人类学的研究表明，生活于特定民族区域和文化结构中的人们之所以认同民族习惯法的权威，以该民族习惯法作为自己行为的指导和利益救济机制，是因为这种民族习惯法及其权利系统往往受到某种以神话为载体的、被普遍信仰的高级原则或者超级意志的承认和支持，甚至有的民族习惯法及其权利系统就是这种高级原则或意志的要求和体现，包括民族习惯法权利在内的"惯例、习俗，社会规范以及约束——因为派生于过去原始神话中盛行的制度，因而就被神圣化"[2]。而习惯法权利系统的神圣化过程本身就是一

---

[1] 把正当性理论运用于民间规范时，需要指出的是，民间规范的正当性是一个内在视角的概念，也就是说，当考察特定民间规范系统或具体民间规则是否具备正当性时，是基于该民间规范系统所生成的场域、凭借它所支配的特定社会成员群体的文化观念来看待和评判，而不是基于一个外生视角，凭借另外一种异质道德准则或价值观来评判该民间规范系统的正当性。因为，理解民间规范的正当性，首要的问题是受该规范系统所支配的社会成员群体对它的认同度和遵从性问题。正是因为如此，一夫多妻制在部分伊斯兰国家就是具有正当性的制度，而在具有深厚基督教传统的国家，答案恰恰是否定的。
[2] [德]恩斯特·卡西尔：《神话思维》，黄龙保、周振选译，中国社会科学出版社1992年版，第119页。

个正当性生成的过程。因为在这个过程中，受其支配的社会成员认同和支持这种权利系统。在初民社会共同体中，在神秘主义和对神罚的恐惧的心理作用下，人们共同遵守神话所承载并宣示的社会习俗规范，行使这种习惯权利并履行习惯义务。更为重要的是，民族习惯法及其权利系统的正当性一旦生成，就会随着社会演进而历代相传，进而强化了这种习惯法及其权利系统的正当性。韦伯就指出，"如果某一支配的正当性是来自其所宣称、同时也为旁人所信服的、'历代相传'的规则及其权力的神圣性，则我们称此种支配为传统型支配"[1]。而传统型支配对于社会秩序的建构和有效维系而言是极其有效的。例如根据彝区的赔命价制度，受害方家属有获得侵害方及其家属赔偿命价的习惯权利，其正当性依据就是人们所认同的传统。正如米尔恩指出的那样："遵从习俗是不必列出什么理由的。约定俗成，这就够了。"[2]

其次，以社区自治规章和法人章程为代表的自下而上的正当性生成。不同于民族习惯法权利系统的正当性生成路径，社区自治规章和法人章程所创设的权利系统的正当性和权威，并非是经由社会演化的传统而得到证立，而是源自共同约定这种自治型民间法的人的共同认同。换言之，共同体成员之所以服从这些自治型规则，是基于他们对于该自治型规则明示或者默示的同意。例如公司章程就是创建公司的发起人股东基于共同的公益或营利的目的，组建和管理公司所共同约定的自治型规则。而公司章程对于每一个公司股东都具有约束力。除国家法所规定和赋予股东的权利之外，股东还能够按照公司的章程享受其他自创的权利。这些由公司章程所创设的权利之所以受到尊重和保护，就是因为股东一致认同公司章程对于这些权利系统的安排。发起人股东对于公司章程的签署，以及后来通过持股而加入公司的股东对于公司章程的认可，就是一种通过股东意志的有效表达和通过这种表达机制而证成公司章程的正当性。正是这种股东的赞同和认可，创设了遵从公司章程的义务感。在某种意义上，这种以受支配者的共同认同为条件的正当性生成，是现代政治统治正当性理论的基本模式。

---

[1]［德］马克斯·韦伯：《经济与历史 支配的类型》，康乐等译，广西师范大学出版社2004年版，第323页。
[2]［英］A. J. M. 米尔恩：《人的权利与人的多样性——人权哲学》，夏勇、张志铭译，中国大百科全书出版社1995年版，第141页。

无论是经由哪种生成路径，一旦民间规范"权利获得了群体成员在行为与观念的认可与接受，就完成了它的正当性认可"[1]。

三、地方立法视域中民间规范的正当性根源

如前所述，任何社会规范系统的正当性，都是基于生活在该社会规范共同体结构中的人们（即被支配者）的尊重和认同。但是需要注意的是，这种受支配者的认同是基于人们对该规范系统是否具有有效的效绩评价。如果某种社会规范系统并不具有任何效绩，无法满足或维系受支配者的最低限度的需求，那么这种社会规范系统的正当性就会面临危机。换言之，受支配者将可能逐渐丧失对于此规则和权利系统的认同。

（一）民间规范的治理效绩是民众产生心理尊重和认同的重要原因

民间规范的治理效绩，首先就是其通过权利制度的安排来实现社会资源的分配。人类从其产生之时，就已经意识到资源的有限性。相对于这种有限的资源而言，人的欲望又是无限的。因此，人类为了满足其生存和发展的欲望和需求，必须不断谋求资源的开发、获取、交换和消费。但是如果资源的开发、获取、交换和消费没有规则的约束，人类无限的欲望将会对这种基于资源的开发、获取、交换和消费的生活状态形成现实或潜在的破坏。这就是先秦思想家所谓的"人生而有欲，欲而不得，则不能无求。求而无度量分界，则不能不争；争则乱，乱则穷。先王恶其乱也，故制礼义以分之，以养人之欲，给人之求"[2]。这里所说的礼，就是中国古代法律的一种表现形式。可见，人们很早就发现，如果缺乏规则和权利系统的安排和规制，人的无限欲望与资源的有限性之间的矛盾，会导致社会的失序甚至是解体。而社会的有序性，是人类实现其他价值的前提和条件。马斯洛的心理学理论认为，心理学理论的核心问题是人如何通过"自我实现"满足多层次的需求系统，重新实现人的价值和人格的完善。在马斯洛看来，人的动机和需要呈现出多层次性的结构，最基础的需求是生理需要，其次是安全需要、归属与爱的需要、自尊需要和自我实现的需要。当

---

[1] 韦志明：《论作为事实性的习惯权利》，载《山东大学学报（哲学社会科学版）》2010年第4期。
[2] 《荀子》，上海人民出版社1974年版，第203页。

人的低层次需求获得实现和满足之后，人会去追求实现更高层次的需要。因此，与社会进化同时展开的是人类根据经验而建构出的一个规则和权利系统。这个规则和权利系统的首要功能和任务，就是规定或承认人们进行资源生产和资源获取的合法形式，确认并保护这种资源分配的归属状态，防止不法行为对于资源归属状态的侵害，进而实现资源获取和分配的社会有序性。这在权利形态上，就涉及生命权、健康权、生存权、财产权、继承权、社会救济权和社会保障权等。在政治国家出现以前的初民社会，这个资源获取和分配的社会有序性的建构，是由民间规范所完成的。当政治国家出现以后，体现主权者意志的国家法开始承担起"定分止争"的任务，但是这并不意味着民间规范失去了这个规范功能和传统的领域。相反，在很多国家法无法触及、无力触及甚至是有意规避的领域，民间规范仍然承担着建构资源获取和分配的社会有序性的任务。正是因为如此，1907年的瑞士民法典第1条第2款才明确规定："无法从本法得出相应规定时，法官应依据习惯法裁判；无习惯法时，依据自己如作为立法者应抽出的规则裁判。"当然，在社区自治或法人自治的领域，国家法更是有意地规避对该领域的积极干预，承认民间法权利系统对于该自治领域内部的权利和利益的自主性分配。在这种情况下，民间规范是对社会主体的权利展开的一种深度划分和分配。

在实现资源获取和分配的社会有序化的基础上，民间规范还在一定程度上为纠纷的解决提供了有效的制度供给。这一点对诉讼资源不足的当下中国社会而言，更具有重要意义。一方面，尽管中央立法在很多时候能够占据支配性地位并主导整体性法治的推进，但是也必须注意到，对于中国这样一个多民族群体、多文化传承的国家而言，中央立法的精神和原则并非总是能够有效地嵌入到地方的生活结构当中。当出现社会纠纷时，体现普遍性知识的中央立法有可能会同承载地方性知识和族群知识的民间规范发生冲突。在这种情况下，由地方性知识和族群知识所塑造的群体，往往会因为无法在中央立法的实施中找到并印证他们所熟知并且尊重的地方性知识和族群知识，而排斥甚至否定中央立法。在有的极端情况中，民间规范系统的权威甚至超越了国家法权利系统的权威而获得当事人的认可和执行。例如在彝区，获得习惯法的救济是彝族习惯法的一项制度化的权利，当刑事案件发生后，尽管国家法积极展开案件的司法程序，但是如果国家法裁判的结果并未满足当事人依据习惯法而做出的预期的话，当事人及其家属仍然会要求实现其依据习惯法的救济权,进而以民族习惯法来解决纠纷,维护其合乎习惯法的权益。例如2004年发生的马海都五案就是如此。法院认定马海都五出于正当防卫而刺伤了海来依服,因此依照国家法宣布无罪释放马海都五。但是海来家则认为既然"法院不管",那么他们就有权执行习惯法,采取同态报复。经过彝族习惯法"法官"马拉则德古的调解,以马海家赔偿一坛酒和一只羊来解决这个纠纷。[1] 在该案中,法院依据国家法作出判决,但是其结果是"案结事未了",没有实现国家法所预期的法律效果和社会效果的统一。而地方立法权的扩容,恰恰为消解这种国家法与民间规范之间的冲突提供了一种可能性。例如前述四川峨边自治县将习惯法纳入大调解工作系统,并且制定《峨边彝族自治县德古调解工作暂行办法》的地方立法尝试,就是极好的例子。而在这种融合大传统和小传统的新型调解模式中,往往实现了法律效果和社会效果的统一。

(二) 民间规范的实质道德性是民众产生尊重和认同的根本原因

实际上,一种规则和权利系统正当性要获得维系,除该规则和权利系统能够产生一定的治理效绩以外,从根本上看,在于该规则和权利系统本身具有道德理据的支持。在正当性证成路径的问题上,罗尔斯不再单纯沿袭韦伯提出的受支配者认同的标准,而是强调,规则和权利系统本身的道德性,因为"道德的可证成性决定政治秩序的正当性"[2]。那么,民间规范的道德性又在什么地方?在笔者看来,从一定意义上来看,民间规范的道德性首先就在于,它本质上是作为权威的民间规范所承认的有利于实现美好生活条件的各种要求的整合。从价值追求上看,民间规范和国家法一样,都可以被认为是一个特定社会文化场域内有助于促进美好生活并取得相应物质的和精神的成果,是"合理的生活所必须的各种外在条件的有机整体……为维护人类个性的存在和完善所必不可少的物质条件所确定需要的东西"[3]。而从共同体的角度上看,民间规范所承载的权利形态,包含着特殊利益的人际关系。马克思早在其作品《德意志意识形态》中就指出

---

[1] 陈金全、巴且日伙:《凉山彝族习惯法田野调查报告》,人民出版社2008年版,第297—298页。

[2] 周保松:《稳定性与正当性》,载刘擎主编:《权威的理由:中西政治思想与正当性观念》,新星出版社2008年版,第378—409页。

[3] [英]鲍桑葵:《关于国家的哲学理论》,汪淑钧译,商务印书馆1995年版,第205页。

权利是一种关系。在权利所表达的特殊社会关系中，资格的享有决定了某种特殊利益的存在。权利的创设是为了利益的分配和保护。因此，民间规范在本质上，也是一种承载特殊利益的人际关系。正是凭借这种包含利益的特殊社会关系，人们才能够在特定文化场域内追求自身的价值和幸福。尽管不同文化背景之下人们的价值观和幸福观有所差异，但是仍然存在某些为全人类所共享的道德准则，例如儒家提出的"己所不欲，勿施于人"就被称作"黄金法则"，并构成1993年9月通过的《全球伦理宣言》的基石，它表述为："我们希望别人怎样对待我们，我们就必须怎样对待别人。"另外，敬重人的生命与尊严，也都属于这种最低标准的道德准则。

四、结　语

总体而言，地方立法权扩容是一项兼具国家立法性质和地方治理特征的治国理政新举措，是实现民间规范和国家法良性互动的重要契机，也是推进地方治理现代化的重要抓手。善治视域下的多元共治不仅是治理主体的多元，还要强调治理规范的多元。这种政治治理过程更接近于安东尼·吉登斯所谓的"能动性政治"。而"能动性政治是搭建国家与社会之间的沟通桥梁，通过国家与社会的共同行动来解决问题的过程。当然，国家同社会之间并不是对立的关系，而是在互动中产生积极影响"[1]。而地方立法权扩容，为这种国家法与民间规范系统之间的积极互动提供了可能性。如果说地方治理中的"能动性政治"建设的有效性是地方治理现代化的中心问题，那么民间规范本身在国家治理现代化和善治建构过程中的价值定位和正当性证成，就是地方治理"能动性政治"建设的逻辑前提。只有把握住上述逻辑前提和中心问题，才有可能更好地理解和推进地方治理的现代化和国家治理的现代化。

---

[1] 张力伟：《权利开放秩序：现代国家治理的制度形态》，载《湖湘论坛》2017年第2期。

第五章

全球化时代的治理

第一节　法律的全球趋同：
一个制度变迁视角的分析

在罗斯·特里尔看来："当中国迈入 21 世纪第二个十年的时候，中国领导人的最主要的课题就是完成三大治理，即执政党治理、国家治理和全球治理。"[1] 思考中国国家治理及其现代化之路，离不开全球战略眼光，需要将法律、法治和治理置于全球治理的结构中来审视和理解。

一、"全球化"与"法律的全球趋同"观

在经济全球化和投资、贸易自由化纵深发展的时代背景之下，法律的"全球化"理论，一经提出并介绍到国内，便在国内学界产生了较大的影响，成为国内法学界理论研究的又一个新的"增长点"。

然而，"全球化是一个公认的模糊概念"[2]。法律全球化理论，即使在其发源地美国，也仅仅是部分学者对当下全球结构中的法律这种社会现象的发展所作出的一种判断而已，其理论自身还存在相当的模糊性，这表现在，作为被广泛使用的概念，"法律全球化"本身的含义，学者们至今并未达成较为一致的意见。[3] 同时，如果"法律全球化"的命题成立，

---

[1] [美] 罗斯·特里尔主编：《习近平复兴中国：历史使命与大国治理战略》，CN Times Books, Inc., 第 21 页。
[2] [美] 於兴中：《法治与文明秩序》，中国政法大学出版社 2006 年版，第 144 页。
[3] 据学者的统计归纳，"法律全球化"的定义大约有以下 7 种：(1)"全球化"是使资本等生产要素在不受国界限制的全球性市场上自由流动的进程，"法律全球化"是法律的非国家化进程，服务于建构无国界的全球统一大市场的需要。(2) 一国（区）法律全球化说。法律全球化是指在某个国家或地区通行的法律制度，随着全球经济的发展而为全球普遍接受的现象与过程。它们主要包括契约法与商法全球化，以及公法全球化。该理论认为由于美国契约法、商法和宪政制度都是成功的范例，所以"法律全球化"就等同于"法律的美国化"。(3)"法律全球化"是指出现解决诸如臭氧层消耗、资源枯竭、大规模难民、全球安全等全球问题的全球性法律的现象。(4)"全球化"是在世界各国交往过程中，以实现人类共同利益为目的的市场、法律和政治的非国家化进程，它以整个人类为服务对象，旨在维护人类的共同利益，因而不同于以保护各国利益为宗旨的法律"国际化"。(5)"法律全球化"是指一种在全球化的市民社会出现的、由私法主体（包括但不限于跨国公司、工会、新闻媒介联合体等）创设的、介乎各国国内法与国际法之间的"无国家的全球法"的法律现象。其表现形式包括技术标准、职业规则、跨国公司内部组织规章、人权、契约、仲裁及其他商法的制度，而存在的根本原因是经济全球化与政治多元化之间产生的巨大的制度真空。(6)"法律全球化"是指全球范围的法律理念、法律价值观、法律制度、执法标准与原则的趋同化，其实现途径是通过多边条约使国际社会的规范进入国家社会的范畴。(7)"法律全球化"是指"法治全球化"。在世界范围内，多数国家以法律取代行政结构、关系网络作为调整社会关系的主要手段，实行法治。参见姚天冲、毛牧然：《"法律全球化"理论刍议》，载《东北大学学报》2001 年第 1 期。

那么在此背景之下如何理解"法律全球化"中法律的本质，如何探寻传统法理学理论应对"法律全球化"挑战之方法和手段，如何消解"法律全球化"过程中异质法律和本土传统的法律之间文化性格之矛盾，以及处于全球结构之中的本土法学到底应当在"法律全球化"的现象中作出什么样式的姿态？对于这些与"法律全球化"命题重大相关的问题，至少在国内学界还缺乏进一步广泛而深入、充分而又负责的探讨。[1]

正是这种内涵模糊的理论缺陷，使"法律全球化"成为"一个不容易接近的概念"[2]，以至于很多学者认为"法律全球化"理论仅仅是一种"不切实际的幻想"[3]。这种脱离实际的梦呓，在逻辑推演上，自然是"不能正确描述法律发展的动态"了[4]。然而需要指出的是，"法律全球化"理论存在的这些缺陷，并不会使人们对以下事实产生怀疑，即全球视野中不同法域、国家的法律在一定程度上的趋同化，以及国际法（包括国际公约、条约和国际惯例等）适用范围的不断拓展。恰恰相反，现有理论的缺陷正好说明人们对作为新生事物的"法律全球化"这一客观历史进程于认识上的初步性和多元性。并不能因认识上的差异和初浅，就否认法律的全球化现象。

那么，法律的"全球化"到底是指什么？在我们看来，"法律全球化"中的"法律"主要指的是作为私法的民商法，而公法领域则仅有较少部分涉及。如果经济全球化与投资、贸易的自由化是产生私法"全球化"的主要动因的话，那么世界各国政治的多元化，则是全球化较少波及各国公法领域的原因。当然，这并不意味着所有的私法领域都有全球化的倾向，也并不否认人权等重大的公法论题在全球范围内各主要国家之间逐渐取得共识之趋势。因此，法律全球化的过程，就是以经济全球化与投资、贸易的自由化为大背景，世界范围内各种国际公约、条约和惯例适用范围的扩大，各国多数民商事法律在具体的制度安排、法律理念和原则上的趋同，以及部分公法（人权立法、行政法和对国外法院判决的承认与执行制度

---

[1] 值得注意的是，新世纪之初，谢晖先生便敏锐地意识到法律"全球化"对法理学带来的挑战和机遇。而邓正来以18万字力图唤醒学界认真思考处于全球结构中的中国的法学道路。参见谢晖：《法律的全球化与全球化的法理》，载《山东公安专科学校学报》2002年第3期；另见邓正来：《中国法学向何处去》，载《政法论坛》2005年第1—4期。
[2] [美]於兴中：《法治与文明秩序》，中国政法大学出版社2006年版，第144页。
[3] 参见沈宗灵：《评"法律全球化"理论》，载《人民日报》1999年12月11日。
[4] 慕亚平：《对"法律全球化"的理论剖析》，载《中山大学学报》2002年第3期。

等）在法理念与基本原则上的趋于一致。

然而，全球结构的政治多元特征，客观上决定了"法律全球化"中各国法律的多元性特征。而且"法律全球化"的途径也是多元的，无论是各主权国家参加、签订各种国际公约、条约，以及该公约、条约通过各国国内立法之转化而得到实现，或是被各国议会所确认生效，或是被司法机关有效适用，都是各国行使主权的效力所致。所以，"法律全球化"是以各国主权的独立性为基本前提的。如果不存在体现各国主权的法律制度，那么谈论全球结构中法律的全球化或趋同，在逻辑上是不成立的。[1] 主张"法律全球化是一个非国家化的过程"[2]，也是应当受到质疑的。

可见，这种法律的趋同是全球结构中法律在一定程度上的"一体化和多元化"的辩证统一。[3] 所以在进行相关讨论时，使用"法律全球趋同"，似乎更为准确。

二、"法律全球趋同"的动因探析

法律全球趋同，从经济学的视角来考察，是一种制度变迁现象。以诺斯为代表的新制度经济学者对制度变迁的动因进行了深入的分析，并构建了较为成熟的理论模型。

新制度经济学者认为均衡的制度一定是稳定的，制度变迁一定以制度非均衡为前提。[4] 当社会分工、技术变迁、劳动力素质等因素的变化打破了原有的制度均衡时，不同制度选择的相对价格即发生了变化，从而创造

---

[1] 这里的法律制度，既包括动态的立法、执法和司法，又包括静态的法律规则。
[2] 参见 Walker G. R., "Globalization Analytical Framework", *Indiana IJGLS*, 1995 (2)。转引自姚天冲、毛牧然：《"法律全球化"理论刍议》，载《东北大学学报》2001 年第 1 期。
[3] 对此问题，严存生先生有过较详细的论述。参见严存生：《"全球化"中法的一体化和多元化》，载《法律科学》2003 年第 5 期。
[4] 所谓制度均衡，可以指单项制度的供求均衡（即将某项制度的提供者视为提供这种制度服务的生产者，将这种制度服务的需求者视为制度需求者，当一种制度的供给与需求相等时，该项制度就处于均衡状态）、制度的结构性均衡（即将制度的不同层次、不同方面、不同种类及其相互关系定义为制度结构，该结构的各层次、各方面、各种类的制度之间相互协调、补充，各自地位相对确定而稳定，那么该制度就实现了结构均衡）和制度所确定的利益格局中不同主体力量对比的均衡（即将制度所确立的权力和利益格局中处于不同地位的主体的关系状况和力量对比作为考察对象，当利益关系比较协调或者利益矛盾处于温和状态，或者虽有不协调和矛盾，但相关主体没有力量改变格局而选择接受时，该制度处于均衡状态）。参见黄少安：《产权经济学导论》，山东人民出版社 1995 年版，第 346 页。

了建立新制度、发动制度变迁的激励。例如，以意大利"法则区别说"为诞生标志的国际私法，自公元13世纪至今的每一次制度变迁，都是以原有制度供给失衡，不同制度选择的相对价格变化所带来的制度变迁激励为动力的。公元11世纪后，意大利半岛成为东西方贸易的要冲，商业和手工业迅速繁荣，逐渐形成了以威尼斯、热那亚、米兰、佛罗伦萨等大城市为中心的诸多独立城邦国家。原有的适用于所有城邦的罗马法和诸城邦各自独立制定的"法则"，因为无法处理不同城邦国家的法则冲突，而越来越不能满足各城邦国家之间日渐频繁的商业贸易需要。实践中产生了强烈的处理城邦法则冲突的需要，打破了当时意大利原有的制度均衡，产生了发动制度变迁的强有力的激励。此后意大利注释法学派正是响应这种激励才有了巴托鲁斯（Bartolus）法则区别说的出现和国际私法的诞生。此后，法国杜摩兰（Charles Dumoulin）和荷兰格劳秀斯（Grotius）对国际私法理论的发展，也都是实践中法律冲突和法律适用不便所引发的制度变迁需求激励的结果。近代国际私法理论代表人物，美国法官斯托雷（Joseph Story）对国际私法理论的丰富，就是对美国联邦制体制所导致的各州之间以及美国与外国之间与日俱增的法律冲突所带来的制度失衡和制度变迁激励的响应。另一代表人物，意大利孟西尼（Pasquale Stanislao Mancini）以"国籍作为法律选择基础"为核心的理论，也是来源于当时统一意大利思潮所带来的强烈的统一城邦法律的制度变迁需求。当代，随着国际民商事流转关系的规模不断扩大，国际私法的调整范围也不断扩大，解决涉外民商事关系的法律制度也从单一的冲突规范，逐渐发展成冲突法、统一实体法和程序法三者结合的结构。随着世界经济一体化和经济的"非国家化"进一步深入，解决涉外民商事关系的法律制度的结构均衡也在不断发生着变化。[1] 由于统一实体法只要不被当事人明确排除，就可以直接适用于缔约国当事人，无须经冲突规范的援引，更直接地解决了国家间法律冲突给跨国民商事活动带来的各种问题。因此，近年来统一实体规范在整个解决涉

---

[1] 所谓"非国家化"（denationalization）主要指减少国家在国际资本、服务、商品、产业流动中的干预，反对贸易保护主义，废除一切对外国资本的歧视措施，降低甚至取消关税。经济的"非国家化"表现为多种形式，包括国际贸易迅速增加；国家资本、技术、劳务等生产要素的流动速度加快，尤其是资本流动规模不断扩大；经济全球化、非国家化以跨国资本雄厚的经济实力为基础等。详见朱景文：《比较法社会学的框架和方法——法制化、本土化和全球化》，中国人民大学出版社2001年版，第563页。

外民事关系的法律制度中所占比例和相对地位在不断地提高。同样，程序法方面，国际民商事仲裁以其快速、灵活、高效和公正的特点博得了越来越多国际民商事纠纷当事人的信赖，相对于各国内国诉讼程序法，世界知名民商事仲裁机构的规约在整个世界民商事纠纷解决制度中所占比例和地位也越来越高。从世界角度看，民商事行为规则及相应的纠纷解决机制领域，原有的各国规定彼此独立的结构均衡不断被打破，全球趋同的需求和倾向越来越明显，制度的结构均衡在向着全球趋同的方向变化。

然而，仅仅有制度失衡并不足以导致制度变迁的发生，制度变迁需要人的行为来实现，即制度变迁需要变迁主体有意识的行为。关于制度变迁有没有主体的问题，有人认为制度变迁是一个自然演进的过程，是没有主体的；有人认为制度的变迁完全是由人的意志决定的，是人们设计、选择的结果。[1] 新制度经济学认为，制度变迁是有主体的，而且要使"制度非均衡"过渡到"制度变迁"，起决定作用的是变迁主体。[2] 尽管决定制度非均衡的因素与制度变迁主体无关，但是能够利用非均衡的条件或机遇发动变迁的却是人，是制度变迁主体。因此，考察制度变迁的动力，还要考察制度变迁主体发动变迁的动因和决策方式。诺斯认为，制度变迁的诱致因素在于行为主体期望获取最大的潜在利润。所谓"潜在利润"就是"外部利润"，是一种在已有的制度结构安排中行为主体虽然已经观察到，但无法获得的利润。因此，当我们把法律的全球趋同作为一种制度变迁现象去探寻其动因时，考察变迁主体发动趋同的动机和决策方式是必需的。

交易成本理论是新制度经济学的核心理论。在科斯之前，经济学家在一个无摩擦的完全市场中研究经济发展的动因时，着重技术等因素对经济发展的影响。科斯之后，新制度经济学家回到了有摩擦的现实市场中，发现制度运行同样是有成本的，交易成本无处不在，初始资源配置由制度设定，市场对初始资源配置有一定的调节作用，但该调节作用时刻受到交易成本大小的

---

[1] 参见黄少安：《产权经济学导论》，山东人民出版社1995年版，第349页。
[2] 所谓制度变迁主体，是指有意识地推动制度变迁或者对制度变迁施加影响的单位，可以是政府，可以是一个企业或别的组织，也可以是一个自愿组成的或紧密或松散的团体，也可以是个人。在法律全球趋同的这种制度变迁中，变迁主体既包括政府、从事跨国商业活动的企业，也包括商业团体、学术团体（比如统一私法国际协会），甚至商人或学者个人。然而作为主权者代表，政府在所有的变迁主体中无疑处于核心地位。促使政府推动法律全球趋同的诱因，是法律全球趋同的重要动因。参见黄少安：《产权经济学导论》，山东人民出版社1995年版，第349页。

影响，交易成本的大小也在很大程度上取决于制度，制度决定着一个社会的资源配置状况，因而决定着该社会的资源配置效率和经济增长。诺斯对经济史的研究更进一步地说明了各国经济发展水平与其正式和非正式制度之间的关系。今天的国际社会中，几乎每一个国家的每一任政府都以发展本国经济为首要目标，他们不断推动本国制度改革的根本动因，正是他们认识到了制度对经济发展的重要决定作用，看到了制度创新对经济发展的巨大推动作用，即受到诺斯所指的诱致性因素——"潜在利润"的激励。没有潜在利润，固然不可能有制度变迁，但有了潜在利润，制度变迁也未必就会发生。因为制度变迁还涉及成本问题，制度变迁的成本与收益之比对于促进或推迟制度变迁起着关键作用。只有当通过制度创新可能获取的潜在利润大于为获取这种利润而支付的成本时，行为主体才会去推动直至最终实现制度的变迁，制度创新才可能发生，这是制度变迁的基本原则。[1]

各国进行制度变迁以推动经济发展可以有两种决策选择：制度创新和制度仿效。制度创新具有很高的成本，而全球经济发展一体化所带来的全球经济发展模式的趋同，使得各国经济制度的调整对象趋同，给制度的异国仿效带来了极大的便利，大大地降低了制度仿效的成本。因此，法律制度的全球趋同，是制度变迁的主要主体——各国政府，受到制度变迁对经济发展的巨大推动作用和制度仿效的低廉成本的双重诱致，而不断推动制度变迁，使本国的经济制度向着榜样国家的经济制度模式趋同的结果。

三、"法律全球趋同"的路径选择及效率评价

从经济学的视角探析法律全球化趋同的动因，只是本书的一个目的，本书另一探求重点是试图对法律的全球化趋同的不同路径选择，以一定的标准进行分类分析，并选用交易成本为标准进行效率评价。对于制度变迁的方式，新制度经济学做过许多分类分析，包括渐进式变迁与突进式变迁、主动式变迁与被动式变迁、单项变迁与整体变迁、诱致性变迁与强制性变迁等。因为探讨法律的全球化趋同从某种意义上说是站在国际法层面上探讨法律制度变迁，我们选择国际法的当然主体——国家及其代表政府作为主要的变迁主体来考察，以国家和政府是否有意推动趋同为标准，将法律的全球趋同路径分为两个大的部分，即主动趋同和被动趋同。

---

[1] 参见贺卫、伍山林主编：《制度经济学》，机械工业出版社2003年版，第161页。

(一) 主动趋同

主动趋同即主权国家及政府在制度变迁对经济发展的巨大推动作用和制度仿效之低廉成本双重诱致下有意识的主动推进的趋同。实践中，主动趋同包括两种模式，即法律的缔约型趋同和移植型趋同。

1. 法律的缔约型趋同

法律的缔约型趋同，包括法律的潜在缔约趋同（指国际惯例）。"法律的缔约型趋同"中的"缔约"，指的是各主权国家缔结国际公约和条约的行为。"缔约型趋同"就是通过各主权国家缔结国际公约和条约的行为，使该国际公约或条约在缔约国国内得到议会的确认，或转化为国内法，或被缔约国法院有效适用，最终缔约国在调整、规范相关领域的法律制度上呈现出趋同。

"法律的缔约型趋同"从以下两个方面大大降低了当事人跨国经济活动的交易成本：

其一，通过缔结有关贸易、投资、货物运输等领域的国际公约和条约，直接降低了跨国民商事活动的交易成本。交易成本理论是新制度经济学的核心基础理论，来源于科斯的两部经典文献——《企业的性质》和《社会成本问题》。"交易成本"自诞生之日起就一直没有形成共识的明确定义，但这并没有使交易成本广泛存在的事实受到质疑，也没有妨碍新制度经济学家将其作为基本分析工具来分析制度对经济发展的作用。简言之，交易成本就是制度运行的成本。交易成本的大小影响着市场交易对初始资源配置的调节作用，进而影响着社会资源配置的效率和经济发展。因此，从经济学的视角来评价制度，是否减少交易的不确定性，降低交易成本是重要的衡量标准。

大量的相关国际条约和公约诞生之前，各国内国法相互之间的差异和法律适用上的冲突给跨国经济活动当事人带来巨大的交易成本，在很大程度上抑制了各国经济和世界经济的发展。以国际贸易为例，交易当事人往往来自各不相同的法域，其各自的本国法对特定交易行为的调整，在很多方面是有差异的（如要约、承诺的生效条件等）。当不存在统一的交易规则时，交易的当事人在订立合同时，就必须选择调整、规范其本次交易行为的法律。这就增大了交易费用：首先，无论是选择买方还是卖方的国内法，为了保护自身利益，规范自身的行为和监督对方的履约合法性，相对一方都不得不对该外国法进行了解和识别。然而国际民商事主体的交易行为很少是一次性的。对特定当事人来说，当下一次的交易人来自其他国家时，就可能涉及重新了解和识别新的交易相对人所属国法律的问题。其次，一般而言，当事人更明晰自身国家的法律，为节省成本，当不存在统一的交易规则时，当事人往往会趋于选择其自身国家的法律来调整。到底选择哪一方当事人的国内法，是一个需要长时间讨价还价的问题，而这个过程本身就需要双方支出很大的成本。再次，在当事人对合同进行司法救济的过程中，将会涉及域外的调查取证、法律文书的送达等司法行为。如果由当事人亲自完成，那么所支付的费用是相当可观的。而且有的行为涉及国家主权问题，由当事人亲自完成也是不妥当的。因此，《关于向国外送达民事或商事司法文书和司法外文书公约》《民商事案件国外调查取证公约》，以及其他一些双边或多边条约的出现，为当事人节约了一部分对合同进行司法救济所支出的成本。最后，还存在法院之间相互不承认和执行对方当事人所属国法院判决的情况，这对于当事人维护其合同利益而言，无疑设置了相当的障碍，导致当事人在对方违约后为寻求司法救济与强制执行而支出更高的成本。

正是因为各国对待贸易的规定差异较大，以及主权在司法领域的绝对行使，无形中增加了当事人的交易成本，阻碍了国际贸易的发展，国际社会才发动了统一国际实体私法的运动，逐步制定出《国际货物买卖统一公约》《国际货物买卖合同成立公约》《联合国国际货物买卖合同公约》《联合国国际货物买卖时效期限公约》《民商事案件国外调查取证公约》等一系列有关国际贸易、涉外司法行为的公约。这些公约的制定和生效，使得合同当事人能够在不同的交易中选择遵守同一套行为规则，并且除非当事人明示排除适用，这些共同行为规则往往可以直接适用于缔约国当事人，这在很大程度上减少了交易费用，在总体上促进了全球经济的增长。

其二，通过缔结有关对外国法院判决的承认与执行等领域的国际公约和条约，减少冲突法适用中可能额外产生的成本，间接降低了跨国民商事活动的交易成本。

在当今的全球结构中，每一个国家都是以完全主权享有者的身份参与其中的。依据主权原则，一国法院做出的有效裁判，并不能在其领域之外产生法律效力。任何一个国家都有权拒绝任何其他国家要求其承认和执行非本国法院做出的裁判。当国际民商事活动产生纠纷时，虽然当事人在合同中对于解决纠纷的法律、享有管辖权的法院作出了选择，而享有管辖权的法院也依法作出裁判,但无论是进行审理的法院还是当事人,都无权必然地要求他国法院承认并执行该生效裁判。这种情形会使得合同当事人所损失的利益难以得到赔偿,从而迫使当事人在交易过程中支付更高的成本以防止对方有可能出现的违约行为。如果这种成本的支出,要么使得当事人无法承受(如该成本的支出超过预期收益),要么使当事人拒绝交易,这无疑是阻碍了国际贸易的发展。因此,各国相互缔结了一系列国际公约,如拉美国家的《布斯塔曼特法典》、欧盟的《欧洲判决公约》、海牙国际私法会议通过的《民商事案件外国判决的承认及执行公约》,以及大量的双边条约,以期附加各缔约国法院承认和执行其他缔约国法院所作出的裁判。通过这种制度安排来试图解决该交易障碍,事实上也是较为成功的。

当然,虽然本书主要分析私法领域所出现的全球趋同,但是"法律的缔约型趋同"并非仅发生在私法领域,在部分公法领域也同样存在。首先,世界多数主要国家对人权作为法律制度价值的认同。虽然各国对人权的概念存在不同的理解,但这并不妨碍各国在人权的价值准则之下制定和执行法律。而在世界范围内,除《联合国宪章》有关人权的章节外,各主要国家先后缔结、参加了《世界人权宣言》《公民权利和政治权利国际公约》《经济、社会、文化权利国际公约》等国际公约,使得在人权保护、反酷刑等领域,世界各主要国家的法律逐渐趋同。其次,关税及贸易总协定(GATT)及其后世界贸易组织(WTO)体系的扩展,不仅使得其成员国在私法的相关领域趋同,而且还要求各成员国的法律制度符合"透明度"原则、"法律统一实施原则"、"行政公平原则"和"对行政行为的监督审查原则",成员国对这些原则的遵守,使得其在行政法等公法领域中很多地方出现形式上的相似性。这可能也是有的外国学者将法律全球化视为一种"法治全球化"的原因之一。

2. 法律的移植型趋同

"法律的移植型趋同"是指随着全球经济的发展,某个法域特有的法律制度,随着各国之间交流的日益频繁,被其他国家通过法律移植而得以普遍接受的过程和现象。依据所移植的法律不同,"法律的移植型趋同"可以分为两个方面:

第一,民商事法领域的移植型趋同。随着市场机制以及跨国公司的组织结构和经营活动的全球化,经济活动所需要的规则也趋于相同。一些在世界经济结构中占据优势的国家,在通过法律手段来解决经济运转中出现的问题时,往往较为成熟、有效。例如,有限公司是一种获得投资人和债权人利益平衡的企业组织模式，有限责任制度无疑刺激了投资人的投资热情，促进了经济的进一步增长。有限责任制度一经出现，便得到各资本主义国家纷纷采用。然而，随着经济关系的复杂化，有限责任制度的运行也出现了一些问题，即当公司的独立人格和股东的有限责任被公司背后的股东滥用时，如何通过法律手段来保护公司债权人的利益？于是，"刺破公司的面纱"（或公司人格否认）制度便滥觞于19世纪末头号经济强国的美国。该制度是在股东滥用公司的独立人格和有限责任之时，就具体法律关系中的特定事实，否认公司的独立人格效能，将公司的行为视为实际支配公司的股东（即支配股东）的行为，使其承担相应的责任，以保护第三人的利益，实现社会正义的一种法律措施。该制度有效地解决并防止了股东可能滥用公司的独立人格和有限责任的败德风险，挽救了有限责任制度，遂被英、德、日、韩等国纷纷进行法律移植，从而在处理相关问题上，大多数主要国家的法律呈现出趋同的现象。

第二，公法领域的移植型趋同。民主政治的发展和人权价值的法律维护，推动了世界各主要国家实行以限制行政权力、提高公众在政府决策中的参与程度、增加政府决策透明度为内容的行政法改革。同时，权力的分立与制衡的原则，在世界多数实行资本主义制度的主要国家中得到认可。如何分配和制约国家权力，应当说美国的模式最有代表性。而司法审查原则在该模式中具有至关重要的地位。虽然司法审查原则并非首先由美国确立[1]，但谁也不会否认是美国的马伯里诉麦迪逊案完成了司法审查从原则到制度的转换，从具体到一般的飞跃。作为一项适应权力分立与制衡的宪政制度，司法审查制度受到了其他一些国家的移植。虽然移植后的审查主体并不一定完全都是普通法院（或是宪法法院，或是宪法委员会），但审查有可能违宪的法律，并作出宣告其因违宪而无效的裁决，在很多实行权力分立与制衡的国家，并不陌生。

对于移植型趋同而言，被移植制度在其本国能够降低交易成本，促进

---

[1] 法院宣布议会制定的法律无效的原则，早在18世纪中叶，就由英国的大法官科克在著名的班汉姆（Dr. Bonham）医生案中作出。他以违反"一般正义与理性"为由，宣布了一项英国国会制定的立法属于无效。他主张当议会的一项法案违背普遍的权利和理性，或者前后矛盾，或者不可能实施的时候，普通法得审查它，并宣布该法案无效。而据哈耶克的观点，美国自身的司法实践中，在1804年马伯里诉麦迪逊一案之前，各州的法院在有关州宪法的问题上就适用了司法审查这项原则。

经济增长，是有效率的制度，但到了移植国是否仍然能够降低交易成本，是否是有效率的，则需要进一步分析。被移植的法律制度只有与移植国的社会发展需求及其相关制度存在一定的适配性，制度与运行环境相适应，才能发挥其降低交易成本，促进经济增长的功能。缺乏这种"适配性"，往往会适得其反，人为增加交易成本，降低制度效率，对经济增长起到反面作用。我国当下"独立董事"制度的形式化，"监事会"制度的歪曲化，就是极好的例证。

但值得注意的是，"法律的移植型趋同"并非就是有的学者所谓的"一国（区）法律全球化"理论。因为这至多也只是法律全球化趋同中的部分现象。而有的外国学者径直认为此种"一国（区）法律全球化"就是"美国法律的全球化"。[1] 不可否认，美国在世界经济中的优势地位和普通法对商业创新活动的独特的适应力，美国宪政制度的成功经验，以及美国行政法在制度创新方面的领先地位，使得其民商事法律和部分公法原则在全球结构中具有一定的影响力，但这并不等于各主权国毫无选择地移植美国法。毕竟法律的全球趋同是一个"一体化和多元化"的进程。根植于美国（文化）传统和美国社会独特生活方式的美国法律制度，并非就能完全被有着不同（文化）传统和社会生活方式的其他国家所移植。"法律的移植型趋同"仅仅是一种处于全球结构中的各主权国家有意识、有选择地进行法律移植的现象和过程。主张"一国（区）法律全球化"就是"美国法律的全球化"观点，不惟是当代美国的"文化传播"理论在法学中的绝对化之体现。

（二）被动趋同

与主动趋同相对，法律的被动趋同指的是主权国家及政府主观上并不希望法律趋同，行为上也并未主动推动，而是被动接受了法律的趋同。

虽然，法律的全球趋同可以在很大程度上降低全球跨国民商事活动的交易成本，促进全球经济的增长，但是每一个主权国家是一个相对独立的利益主体和决策主体，在衡量自身利益的基础上进行自己的立法决策时，各主权国家很可能立足于本国制度变迁成本收益比较，并不愿意本国的法律制度发生特定的变革。然而，受到经济全球化和非国家化趋势的影响，各主权国家

---

[1] 参见 Mantin S., "Globalization of Law", *Indiana Journal of Global Legal Studies*, 1993 (1)。转引自慕亚平：《对"法律全球化"的理论剖析》，载《中山大学学报》2002 年第 3 期。

在发展本国经济的道路上又同时彼此需要，相互依赖。当国际社会中的另一部分主权国家已经发动并逐步推广特定制度变迁时，不愿变迁的国家所遵循的原有制度的稳定性就会受到冲击，不适应这种冲击而变革相应的制度就会蒙受损失。因此，他们也不得不被其他主权国家牵动着向着趋同的方向变迁本国的制度，这种趋同就是被动式趋同。值得注意的是，被动式趋同强调的是主观上不积极希望和行为上不积极推动，但最终的变迁仍然是变迁国家自愿接受的，与违反国际法准则的被迫变迁相区别。被动趋同的效率评价，我们同样采用交易成本的标准。考察被动趋同的制度变迁效率，同样需要衡量变迁前后特定制度条件下交易成本大小的变化，而不能够粗浅地认为被动趋同对当事国来说都是无效率的。例如，我国早期的三部知识产权法律实际上是复关谈判过程中，迫于美国压力，被动变迁的结果，而且上述法律的大部分内容几乎完全照搬美国知识产权法律的规定，完全属于被动趋同，但这一趋同却大大降低了我国对外引进先进技术，以及发展本国自主知识产权的交易成本，对我国知识产业的迅速发展提供了强有力的激励。而且创新之处完全照搬美国的相关法律，客观上使得我国的知识产权立法和知识产权研究从开始时就与世界同步，这是其他法律制度和相关研究难以比拟的。[1]

---

[1] 赵海怡教授在评析此部分论述时，提出了值得进一步补充和探讨之处：首先，制度变迁主体的选择不够充分。虽然选择主权国家及政府作为制度变迁主体进行了单一的分析，但事实上还存在着其他有意识地推动制度变迁和对制度变迁施加影响的主体，主要包括相关学术团体和从事跨国民商事活动的企业，特别是跨国公司。它们对于法律全球趋同的推动应该纳入分析框架。其次，只选择了国家和政府出现之后的法律全球化现象作为分析对象，而事实上国家和政府出现之前，人类行为规则的全球趋同，是人类文明史上的一个显著现象。早在人类文明的早期阶段，生活于全球不同地域的各原始氏族就已经有了一些大致相似的基本规则。之所以称之为"基本"规则，是因为对于在最低程度上维系人类社会存续而言，它们是不可或缺的。诚如 E. A. 韦斯特马克指出的那样，"蒙昧人的习俗乃受制于自发性的变化，而这些自发性的变化在不同的地方可导致相似的结果"。（E. A. 韦斯特马克：《人类婚姻史》第 1 卷，商务印书馆 2002 年版，目录 I。）共产制度、神判规则和同态复仇等规则在原始社会的很多部族都存在过。虽然这个历史阶段的行为规则全球趋同，也可以作为是广义法律全球趋同现象的一部分，但其完全有别于狭义的法律概念，因此没有将相关的分析纳入分析。复次，在对制度变迁主体进行分析时，主要将其假定为单纯追求国家经济发展的这一利益目标，剔除了国家及政府的其他利公或利私目标。这种假定有助于我们认识国家及政府推动和参与法律全球趋同的主要动因，在进一步的分析中可以将其他利益目标纳入国家及政府的决策框架中以进一步完善分析。最后，关于主动趋同模式，只做了缔约型和移植型的分类，并分别进行了简单的效率评价。在后续研究中，可以将缔约型趋同和移植型趋同各自的特点和制度变迁成本纳入考察范围，并对其进行深入的边际替代分析，以期给主权国家和政府的变迁路径选择提供更为详尽的参考体系。

当然需要指出的是,关于人类制度、习俗的产生方式,目前文化人类学或民族学取得的研究成果,在质和量上并不亚于法学所做的努力,而且在某种程度上更具说服力。早在19世纪末20世纪初,文化人类学或民族学在人类制度安排的起源上,就存在倡导"独立起源论"的英国进化论学派和支持"文化混合、传播论"的德国和奥地利民族学学派之间的争论。前者似乎是受到斯宾塞、达尔文的进化理论的影响(某种意义上受到斯宾塞的制度进化论的影响更大,况且斯宾塞从演化的维度系统阐释社会制度的变迁、提出"适者生存"的口号时,达尔文还未曾发表《物种的起源》);后者不惟是德国民族意识在社会学和人类学中的体现。这种民族意识还渗透到了法学和经济学,产生了德国的历史法学派和经济学上的历史学派。我们认为,广义的"法律全球趋同"理论,应当还包括"法律的自生型趋同"。所谓"法律的自生型趋同"理论,秉持的理论前提和"独立起源论"有着更多的相似之处。然而不同于进化论学派关于"全人类精神大体一致性"的假说性前提,笔者试图从经济学视角去解读作为文化现象的各民族法律之独立起源的必然性,但是这也涉及另一个前提,就是全人类分享相似的有限理性。

第二节 全球治理现代化与人类命运共同体

一、全球治理现代化:应对世界人权事业结构性挑战的必要之举

(一) 当下世界人权事业所面临的结构性挑战

1985年3月4日,中国领导人邓小平在会见日本商工会议所访华团时,提出了"和平和发展是当代世界的两大问题"的著名论断。[1] 当人类进入21世纪后,和平与发展的时代主题并没有发生实质性变化。但是,随着贸易投资的国际化提升、人口流动跨国化的加速和以欧盟为代表的超

---

[1] 参见《邓小平文选》(第三卷),人民出版社1993年版,第104—106页。

国家组织的强化，人们在全球化纵深发展的进程中不断意识到，世界人权事业在发展过程中仍然面临着结构性挑战。

首先，物质资源短缺危机是困扰和危及人类生存权和发展权的首要因素。相对于全球人口的急剧增长，粮食、水、能源、药品等物质资源的供给具有稀缺性，而旧有的国际政治秩序和国际经济秩序的不合理，使得具有稀缺性和有限性的物质资源在全球的供给和分配中呈现出不平等的状态。据联合国粮食及农业组织等多家机构发布的《2017年全球粮食危机》显示，全球各地2015—2016年面临严重粮食不安全的人口从8000万猛增至1.08亿。而到2030年，全球将有6亿人营养不良。同时，全世界仍有约10亿人无法获得安全饮用水，预计到2025年，生活在水资源绝对稀缺地区和国家的人口数量将达到18亿。因此，联合国在《世界水资源开发报告》中指出，2030年，人类就将不得不面对全球性水资源短缺困境。

其次，以全球气候变暖、大气污染、土地荒漠化、生物多样性减少、危险性废物越境转移为主的全球环境危机，已经成为困扰和危及全人类生存和发展的又一重要因素。

再次，恐怖主义的全球危害性愈发明显，成为危及世界各国人民安全与秩序的重要因素。作为"21世纪的政治瘟疫"，恐怖主义正向范围的全球化、效应的示范化、存在的长期化、运作的科技化和袭击的独狼化演化，恐怖主义犯罪是对整个人类文明秩序和人权价值观的严重蔑视和挑战。而起源于宗教冲突和文明冲突的国际恐怖主义，势必加剧不同文明类型在全球的对抗和冲突，最终对全人类在未来实现其生存权和发展权形成不可忽视的消极影响。

另外，全球金融资产价格大幅下跌、国际金融机构倒闭或者国际主要股市的暴跌而产生的全球金融危机，在全球化纵深发展的今天，势必成为危害全球经济安全和金融安全的致命性威胁和破坏。全球金融危机所引发的大规模人口失业、贫困加剧和犯罪率飙升等一系列人权问题，不断对全球治理提出新的要求。

最后，上述几种危机，以及全球面临的种族主义、人口买卖、网络犯罪、毒品蔓延和疫情传播等人权问题，都共同凸显出当下全球治理的创新激励不足、全球治理现代化裹足不前的"治理困境"，即全球治理现代化停滞危机。

（二）作为应对举措的全球治理现代化

面对当下世界人权事业面临的结构性挑战，所需要做的不仅是强调全球治理的必要性，更是要关注在全球化纵深发展的形势下提升全球治理的现代化程度的重要性。

对于任何类型的治理模式而言，现代化都是一个永恒的议题。从一定意义上讲，人类文明的持续性传承与发展，就是人类为了应对不同时代的危机和挑战而不断进行的以治理创新为核心的治理现代化进程。从目前的全球危机应对的实践来看，那种以主权国家为本位，以本国利益优先为目标，以排他性竞争为原则的传统危机应对机制和解决方案，在全球化纵深发展的今天，已经难以有效地解决当下世界人权事业面临的结构性挑战。今天已经到了人类不得不认真反思危机应对的传统模式、创新全球治理理念和治理方案的时刻。可以说，正是因为21世纪世界人权事业结构性挑战的出现和加剧，使得人类不得不探索破解这些危及世界和平和阻碍人类发展的深层次难题，寻求制度和治理的现代化的有效理念和道路。

需要指出的是，全球治理现代化是理念现代化、治理体系现代化和治理能力现代化的统一体。

首先，全球治理现代化的灵魂和精髓是治理理念（包括价值和原则）的现代化。这就意味着，要解决当下世界人权事业面临的结构性危机，推进全球治理的现代化，必须首先解决的问题是要在对世界人权事业面临的结构性挑战作出精准剖析、对世界政治经济发展趋势作出准确判断并顺应时代发展要求的基础上，创造性地塑造出一种能够为国际社会所共同接受的治理理念或者理念体系，并且在这种治理理念（体系）的指引下，提炼和构建出相适应的治理原则和价值。

其次，全球治理现代化的重点是治理体系的现代化，其内在要求是必须在原有的全球治理体系的基础上，创造性地构建出新的全球治理体系。全球治理体系的现代化是全球治理能力现代化的前提和基础。全球治理能力现代化的实现，是以构建一套具有系统性、正当性和有效性的全球治理体系为逻辑前提和必要条件的。一方面，必须在坚决反对单边主义的前提下，从以支配性大国为本位的治理体系，转向一种强调国家无论大小都有权参与并有效参与全球治理的"多元共治"的治理体系；另一方面，不断推进全球治理制度的现代化，在治理制度的创制和运行过程中，强调多变化、规范化、法治化、民主化和协调化。

最后,全球治理现代化的关键是治理能力的现代化。全球治理能力的现代化和有效提升,是保障全球治理体系现代化得以产生积极效果的必要条件,也是治理体系现代化所追求的目的和结果。在一定意义上可以认为,全球治理能力的现代化是检验全球治理理念和治理体系的正当性和有效性的标准之一。

二、人类命运共同体:全球治理现代化的核心理念

全球治理现代化的灵魂和精髓在于治理理念的现代化。成功提炼和塑造出能够支撑、引领和推进全球治理现代化的理念,是应对世界人权事业面临的结构性危机,保证全球治理得以实现现代化的先决条件。

(一)推进全球治理现代化需要何种理念

如前所述,当下世界人权事业发展过程中所面临的结构性危机不断加剧,凸显了推进全球治理现代化的紧迫性和现实意义。全球治理现代化的成败关键,首先就取决于全球治理是否能够成功地实现治理理念的现代化。那么,衡量现代化治理理念的标准是什么?

首先,提炼和塑造现代化全球治理理念,必须以准确判断和把握全球化发展趋势和国际化时代潮流为基础。正如中国著名革命家孙中山先生曾指出的那样,"世界潮流,浩浩汤汤,顺之者昌,逆之者亡"。只有在准确判断全球化发展趋势,将世界人权事业及其所面临的结构性挑战置于世界政治经济发展的大趋势中去考量,才能提炼和塑造出现代化的全球治理理念。

其次,全球治理理念的现代化应当以"多元共治"为本质特征。传统国际政治治理以排他性支配秩序为特征。这种国际政治治理在面对复杂的21世纪国际事务时,已经捉襟见肘。21世纪全球治理现代化,应当将其本质特征定位在利益主张的多样性和治理主体的多元性。而多元共治的核心机制就在于协商和对话。习近平同志指出:"协商是民主的重要形式,也应该成为现代国际治理的重要方法,要倡导以对话解争端、以协商化分歧。我们要在国际和区域层面建设全球伙伴关系,走出一条'对话而不对抗,结伴而不结盟'的国与国交往新路。"[1]

---

[1] 习近平:《习近平谈治国理政》(第二卷),外文出版社2017年版,第523页。

再次，以"多元共治"为特征的现代化全球治理理念，必然要求以治理的合作性为主线。在全球化的背景下，阻碍和损害人权事业发展的危机所具有的"蝴蝶效应"越发明显。对于具有跨国性、流变性和广泛性的气候变化、环境污染、国际恐怖主义、网络犯罪、非法移民等顽疾而言，要实现有效地应对和解决，必须依靠深入广泛的国际合作，而不再是单一国家（即使是超级大国）就能够独自完成。因此，现代化的全球治理理念，必须以合作为主线。

最后，以"多元共治"为特征的现代化全球治理理念，必然以多元治理主体共同应对危机、分享治理红利和促进全人类的全面发展为目的。需要指出的是，现代化全球治理的目标具有多层次性。具言之，有效应对和解决世界人权事业面临的结构性危机，是现代化全球治理理念所设定的直接目标。共同分享全球治理的成果与红利，是现代化全球治理理念所追求的高级目标。而推进世界人权事业的进步、促进全人类的全面发展，则是现代化全球治理理念所包含的终极目标。

（二）人类命运共同体理念符合全球治理理念的现代化要求

人类命运共同体理念的提出，无疑是中国为全球治理现代化做出的巨大贡献。2015 年，习近平总书记在中共中央政治局第二十七次集体学习时就强调指出："全球治理体制变革离不开理念的引领，全球治理规则体现更加公正合理的要求离不开对人类各种优秀文明成果的吸收。要推动全球治理理念创新发展，积极发掘中华文化中积极的处世之道和治理理念同当今时代的共鸣点，继续丰富打造人类命运共同体等主张，弘扬共商共建共享的全球治理理念。"[1] 2017 年 1 月 18 日，习近平同志又在日内瓦出席"共商共筑人类命运共同体"高级别会议时，发表题为《共同构建人类命运共同体》的主旨演讲，对人类命运共同体理念进行了系统的阐述。[2]

人类命运共同体理念的内涵包括四个维度，为人类命运共同体理念成为全球治理现代化的核心理念提供了坚实的基础。

其一，面对全球治理危机、世界人权事业发展过程中所面临的结构性挑战，以及部分西方国家出现的逆全球化或反全球化浪潮，中国以"这个

---

[1]《推动全球治理体制更加公正更加合理　为我国发展和世界和平创造有利条件》，载《人民日报》2015 年 10 月 14 日。
[2] 参见习近平：《习近平谈治国理政》（第二卷），外文出版社 2017 年版，第 537 页。

世界，各国相互联系、相互依存的程度空前加深"的客观事实为基础，以全球化的纵深发展是时代潮流的判断为逻辑起点，提出了人类命运共同体理念。正是这种客观的事实基础和科学的逻辑起点，为人类命运共同体理念能够有效推进全球治理现代化进程提供了先决条件。

其二，基于对西方代议制民主制度的异化与治理合法性危机的认识和判断，中国提出的人类命运共同体理念，突破了传统西方发达国家塑造的现代化道路的"西方中心主义"的逻辑和"文明—野蛮"二元性思维模式，否认了国际政治的排他性支配模式的正当性，主张全球治理主体的多元性和利益诉求的多样性是谋求全球治理现代化的根本要求。习近平同志强调"各国平等参与决策，构成了完善全球治理的重要力量"，不仅为全球治理指出了方向，同时也是对于"多元共治"具有充分的政治道德性和有效性的肯定。

其三，作为一种政治理念，人类命运共同体理念寻求的是广泛的国际合作而非狭隘的大国对抗。人类命运共同体理念以人类命运这一整体性概念为逻辑起点和思维前见，强调全球化进程中"人类命运与共"和风险共担，主张通过全球治理的现代化来实现全人类的共同发展、协调发展、均衡发展和普惠发展。在这种发展过程中，只有寻求对话、结伴与共赢合作，拒绝对抗、结盟与零和博弈，才能推进全球治理的现代化，有效应对世界人权事业面临的结构性挑战，分享全球治理和发展的红利和实现全人类的全面发展。

其四，人类命运共同体理念强调合作的共赢性和发展的普惠性，意识到只有多元治理主体能够最终获得发展和治理的红利，才能保障全球治理现代化的可持续性。事实证明，旧有的全球治理体系根本无法保证治理红利的普遍分享，尤其是诸多不发达国家普遍面临着"发展缺位"的困境，其仍然时刻笼罩在国家衰败和治理失效的风险之中。与此同时，受到金融危机、国际恐怖主义和政治制度异化等因素的硬约束，西方大国为全球治理提供公共产品的能力不断削弱，全球治理的效果明显减弱。在此情况下，强调多元共治和普惠发展的人类命运共同体理念，成为推动全球治理现代化发展的新希望。

正是因为如此，人类命运共同体理念一经提出，便获得国际社会的广泛关注和高度认同。对于全球治理现代化进程中的理念现代化而言，人类命运共同体理念的诞生，指明了一个新的方向。

三、"一带一路": 推进全球治理现代化的中国方案

如果说人类命运共同体是中国从理念的层面为全球治理现代化贡献的方案,那么"一带一路"倡议及其建设,则是中国为全球治理现代化贡献的行动方案。"一带一路"倡议本身,在一定意义上,就是中国倡导的对于全球治理现代化崭新模式的探索。

(一)"一带一路"倡议是对全球治理的现代化理念的落实和践行

如前所述,"一带一路"倡议是借用古代丝绸之路这一伟大的历史符号来建构有效的区域合作平台并寻求与沿线国家的经济合作伙伴关系,共同打造政治互信、经济融合、文化包容的利益共同体、命运共同体和责任共同体。对于"一带一路"倡议而言,其精神实质就是人类命运共同体理念这一全球治理的理念现代化成果。因此,"一带一路"倡议本身就是人类命运共同体理念的落实方案和具体实践。可以说,"一带一路"所倡导的构建"利益共同体、命运共同体和责任共同体",是全球治理的理念现代化的应有之义,也是应对世界人权事业在发展过程中所面临的结构性挑战的本质要求。在全球治理理念现代化的支配下,中国凭借"丝绸之路经济带"和"21世纪海上丝绸之路"两个名片,从亚太地区着眼,依托亚投行和"丝路基金"等,通过区域性合作和开放式合作,力图带动沿线65个国家的发展,以实现合作共赢,使全球化发展及其现代化治理惠及全球44亿人口。

(二)"一带一路"是对全球治理体系现代化的有益探索

作为中国探索推进全球治理现代化的现实方案和尝试,"一带一路"倡议表达了21世纪中国在崛起之后,与世界各国共商共建,实现互惠互利、互惠发展的良好意愿。为了实现这个良善愿望,有必要积极推进全球治理体系的现代化进程,改革全球治理体系中不公正和不合理的制度安排,提升发展中国家更多的治理权和话语权,保证全球治理体系能够更充分地体现、协调和促进大多数国家的治理主张和利益主张。可以说,"一带一路"建设的一个可预期的成果,就是将推进全球治理体系的现代化。

首先,"一带一路"奉行的基本原则是"区域性合作"和"开放式合

作"原则,强调沿线国家的广泛参与。从"一带一路"倡议发起以来,已有100多个国家和国际组织积极响应支持,数十个国家和国际组织同中国签署合作协议,这充分表明,"一带一路"的国家"朋友圈"正在不断扩大,呈现出"共商共筑"和"多元共治"的全球治理现代化的特征。

其次,"一带一路"建设的有效展开,有赖于合作机制和决策制度的规范化、法治化、民主化和协调化。主权平等是处理国际关系的最重要准则。一方面,"一带一路"倡议主张参与机制和决策制度的设计和安排,必须以民主化和协调化为原则,强调合作参与的国家不分大小、强弱、贫富,都是全球治理现代化的重要推动力量,能够分享平等参与和决策的权利,其主权和尊严必须得到尊重。纠纷的处理不再是超级大国的单方面支配,而是通过对话和协商来协调各个国家的利益主张和化解纠纷;另一方面,推动以实现合作共赢和共商共筑为目标的相关国际规则在多边、区域、双边等不同范围内的形成,不断推动现有国际政治经济秩序的改革和发展,使"一带一路"建设实现规范化和法治化,这也是"一带一路"倡议的本质要求。在"一带一路"建设中,沿线各国政府应共同构建多层次的规范化沟通交流机制,促进政治互信,深化利益共享和责任共担的相互依赖性。

最后,"一带一路"倡议所寻求的是多领域发展的体系。正是由于当前世界人权事业和全球治理面临着结构性危机和挑战,"一带一路"倡议在发展领域的定位上呈现出多维度性,强调通过"一带一路"的共商共筑,实现各国在伙伴关系、安全格局、经济发展、文明对话和文化交流、生态建设等方面的多维度发展。

(三)"一带一路"将为全球治理能力现代化提供有益的经验

全球治理能力现代化是全球治理体系现代化得以发挥效能的保障性条件。全球治理体系现代化的成效,只有通过全球治理能力的现代化,才能够充分发挥和展示。对于"一带一路"而言,一方面,在"一带一路"建设过程中,为了参与合作共赢并有效分享治理红利,各国都势必提升自身在管理和驾驭国内政治、经济、文化和安全等领域的能力,通过强化这种以制度执行力为核心的国家能力,在避免国家衰败的基础上追求有效国家的建构;另一方面,为了保证"一带一路"建设的有效展开,通过规范化的国际合作机制,各参与国也将构成参与共同体和建设共同体,共同寻求确保决策有效性和执行高效性的机制，进而为全球治理能力现代化提供有益的经验。

总体而言，全球治理现代化是破解全球治理危机和世界人权事业面临的结构性挑战的根本之道。中国提出的"人类命运共同体"理念和"一带一路"倡议，在一定程度上恰恰呼应了习近平同志在《致"2015·北京人权论坛"的贺信》中关于中国"将坚定不移走和平发展道路、坚定不移推进中国人权事业和世界人权事业"的庄严承诺。"人类命运共同体"理念和"一带一路"倡议分别作为全球治理现代化的核心理念和全球治理现代化的一种可能的行动方案，其意义就在于通过多领域的互惠合作和可持续性发展，建立更加公平正义的新型全球秩序，以应对和消解全球治理危机和世界人权事业面临的结构性挑战，分享全球治理和发展的红利，最终实现全人类的全面发展。

结 语

幸福生活与善治的中国模式

对于迈入 21 世纪的全人类而言，最为重大的主题，无疑就是在全球政治经济秩序重构重塑的大变局之下，通过何种政治智慧和治理模式，谋得全人类的生存、和平与发展。全球治理在取得局部实效的同时，却也面临着前所未有的深刻危机和严重挑战。在一定意义上，无论是发达国家还是发展中国家，都无一例外已经进入或者即将进入一个事关其前途命运的"卡夫丁峡谷"。一方面，在当下的多重现代性竞争的客观约束下，西方政治文明所育生的制度及其制度化进路，不再是推进现代化和获取正当性的唯一标准和模式。相反，伴随着多重现代性建构的持续展开，西方政治文明也逐渐展现出自身所包含的弊端和所面临的难题，例如哈贝马斯所指出的西方晚期资本主义因政治制度失去被统治者的信任而产生的合法性危机和制度所蕴含的文化价值系统危机，占领华尔街运动就是一个经典案例。与此同时，在全球化浪潮席卷之下，局部地区的政治问题和治理难题终将成为全球的政治问题和治理难题。发达国家的政治治理在客观上也受制于全球其他地区的政治经济发展态势。当下困扰欧洲的难民危机就是一个实例。另一方面，广大发展中国家总体上仍面临着经济发展滞后、生活水平低下、国际竞争劣势、贫困甚或战乱的威胁。实现包括政治治理现代化在内的全方位现代化，仍然是发展中国家力求实现的政治目标。因此，对于当下所有国家而言，通过制度创新和制度改革来释放发展动力，通过塑造或重塑发展道路和治理模式来破除发展难题和治理障碍，无疑成为各国政治生活中亟须完成的重要课题。

在发展中国家根据自身政治实践而塑造政治治理模式的探索过程中，最为世人所关注的，很可能就是治理的中国模式。事实上，2008 年全球金融危机爆发后，由于中国较为成功的危机应对和抵御，西方世界开始关注中国经济发展模式。而近年来，随着中国在跌宕起伏的国际关系和错综复杂的国内问题的处理上获得重要成绩，中国的治理模式也成为西方政治界和理论界的重要论题。尽管中国治理模式同样受到"中国（模式）崩溃论""中国（模式）威胁论""中国模式否定论"的挤压，但是如果抛开理想模式假设论或者政治审美情节,就不难发现,"中国模式是客观存在的"[1]。就治理而言,中国共产党作为领导党和执政党,在十五大明确"依法治国,建设社会主义法治国家"的基础上,进而在十八大以来的顶层设计当中,建构了以全面深化改革为动力,以推进国家治理现代化为导向,在"全面建成小康社会"这一根本目标的统摄下实现"全面依法治国"和"全面从严治党"协同合作的"善治"理念和模式。从国家治理的愿景规划来看[2],从法治走向善治的治理模式演进,对于中国政治理论和政治实践而言无疑是具有重大意义的。因为,从法治走向善治,不仅清晰地展示出中国共产党人在新时代面对新问题和新挑战不失时机地推进治理理念的发展,而且预示着中国治理模式的完善。

尽管当下中国学界对于法治和善治的研究成果已经汗牛充栋,然而,意识形态的执拗、政治审美情节的偏执,抑或政治理论滞后于政治实践的现实,很多时候制约了人们对于中国由法治走向善治这一治理模式演进的理解。因而,有必要认真对待如下几个关于中国政治治理模式演进的问题:从法治走向善治这一中国治理模式演进的外在激励是什么?善治的中国模式的构成要素是什么?其政治图景又呈现出什么样的特点以作为一种具有示范意义的模式?

一、国家治理现代化:中国治理模式演进的外在激励

探索制度变迁和模式演进的外在激励是什么,始终是制度学派的重要课题之一。如果我们把国家治理系统视作一个在一定程度上也具有自我关联、自我指涉、自我协调、自我进化的自洽系统的话,那么,以制度安排为基础的治理系统会为了适应外部环境的变化,应对新产生的问题和新出现的挑战而不断调试自身,以实现有效治理的任务。这种调试的最直接表达,就是以治理制度的变迁为支撑的治理模式演进。这也是任何治理系统持续获得其生命力的必要条件。

(一)改革开放以来国家治理模式的变迁

事实上,改革开放以来,中国共产党人就相当重视并在不断探索中国

---

[1] 郑永年:《中国模式:经验与挑战》,中信出版社2016年版,修订版序。
[2] 关于国家治理(能力)的历史维度、当下维度和愿景式维度的划分,可参见丁忠毅:《托底与共享:国家治理能力建设的社会政策路径》,载《社会科学战线》2017年第1期。

自身的国家治理的理念、制度和模式，不断在实现自身的超越。早在1978年中共中央工作会议闭幕式上，邓小平同志就谈到社会主义民主与法制建设的问题，提出"为了保障人民民主，必须加强法制。必须使民主制度化、法律化……做到有法可依，有法必依，执法必严，违法必究"[1]，从而在党的意识形态上完成了从"革命与斗争"到"民主与法制"的跨越。究其原因，就在于党对新时期实现四个现代化这一根本任务的认识和定位。而以民主和法制为中心的制度建设和治理模式，是实现工业、农业、国防和科学技术现代化的必要条件，即"为了实现四个现代化，必须发扬社会主义民主和加强社会主义法制"[2]。

党的十五大的胜利召开，正式提出依法治国基本方略，则再次完成了中国治理的一次跨越。十五大报告指出："依法治国，是党领导人民治理国家的基本方略，是发展社会主义市场经济的客观需要，是社会文明进步的重要标志，是国家长治久安的重要保障。"以"法治"取代"法制"，则标志着依法治国上升为中国政治治理的基本方略，为现代政治治理的构造奠定了根本基础。

（二）21世纪国家治理现代化的紧迫性

迈入21世纪的中国，一方面承载着改革开放以来所取得的举世瞩目的发展成就和天翻地覆发展变化的光荣与梦想，另一方面却也面临着一系列困扰中国可持续发展的难题和挑战，如核心战略资源供给的薄弱性，经济增长结构调整的迫切性，改革发展红利分配的公平性，生态环境与经济发展的失衡性，社会矛盾纠纷产生的复杂性，现代法治思维意识的薄弱性，等等。而导致这些问题和障碍产生和存在的一个重要原因，就是中国国家治理的滞后性。有学者已经指出："国家治理能力落后和国家治理体系原始，这是中国传统社会迟迟未能进入现代化门槛的根本原因。"[3]

与此同时，国家治理的滞后性不仅是中国国家治理现代性建构的最大短板，而且成为导致新时代中国社会主要矛盾的重要根源。正如党的十九大报告指出的那样，新时代我国社会主要矛盾已经转化为人民日益增长的

---

[1]《邓小平文选》（第二卷），人民出版社1994年版，第146—147页。
[2]《邓小平文选》（第二卷），人民出版社1994年版，第187页。
[3][美]罗斯·特里尔主编：《习近平复兴中国——历史使命与大国治理战略》，New York: CN Times Books, Inc. 2016. p. 32.

美好生活需要和不平衡不充分的发展之间的矛盾。随着时代的发展，人民对于美好生活提出了更高、更新的要求，但治理的滞后性导致了发展的不平衡和不充分，从而形成了新时代中国社会的主要矛盾。化解这一主要矛盾的根本举措，就在于全面深化改革，完善社会主义制度，推进国家治理的现代性建构，实现治理体系和治理能力的现代化。

（三）作为国家治理现代化目标的善治

因此，党的十八大以来，中国领导人就着力推进以全面依法治国和全面从严治党为基础，以人民幸福生活为目标的治理现代化，探索走向善治的中国道路，这是实现中国国家治理的再一次超越。

习近平同志在党的十八届三中全会上提出，全面深化改革的总目标是完善和发展中国特色社会主义制度，推进国家治理体系和治理能力现代化。全面深化改革总目标的设定，为中国国家战略的规划和设计指明了方向，其最为直接的表达，就是党的十八届四中全会将"全面依法治国"和十八届六中全会将"全面从严治党"作为实现国家治理现代化的根本进路。一方面，作为推进国家治理现代化的一大战略部署，全面推进依法治国的"总目标是建设中国特色社会主义法治体系，建设社会主义法治国家。这就是，在中国共产党领导下，坚持中国特色社会主义制度，贯彻中国特色社会主义法治理论，形成完备的法律规范体系、高效的法治实施体系、严密的法治监督体系、有力的法治保障体系，形成完善的党内法规体系，坚持依法治国、依法执政、依法行政共同推进，坚持法治国家、法治政府、法治社会一体建设，实现科学立法、严格执法、公正司法、全民守法，促进国家治理体系和治理能力现代化。实现这个总目标，必须坚持中国共产党的领导，坚持人民主体地位，坚持法律面前人人平等，坚持依法治国和以德治国相结合，坚持从中国实际出发"[1]。另一方面，作为推进国家治理现代化的另一大战略部署，全面从严治党要求不断完善执政党治理的制度化、规范化，强调以"坚持思想建党和制度治党紧密结合"[2]作为开创党和国家事业新局面的重要保证。

从上述战略部署的内涵和要求来看，当下中国治理的现代化，呈现出

---

[1]《中国共产党第十八届中央委员会第四次全体会议公报》，人民出版社2014年版，第5页。
[2]《中国共产党第十八届中央委员会第六次全体会议公报》，人民出版社2016年版，第3页。

两个鲜明特征：其一，依法治理的规范性依据呈现出多元性。除十五大"依法治国"理论建构的规范性依据（即以全国人民代表大会及其常务委员会为主的国家立法机关所制定的国家法）之外，形成完善的党内法规体系明确上升成为推进全面依法治国的总目标——建设中国特色社会主义法治体系的重要组成部分。党内法规作为"全面依法治国"的内涵要素，参与到以依法治理和改革发展为本质特征的中国式治理的现代化进程之中。这反映出的是一种法律观的根本变迁，即从国家法中心主义演进为法律多元主义。与此同时，全面依法治国强调在国家治理现代化的展开过程中，要发挥道德的规定性功能，实现依法治国和以德治国的协同治理，反映出治理规则体系的多元性。其二，呈现出治理系统的多重性特征。具言之，不仅包括国家治理和社会治理，而且包括也必然包括执政党治理和对于全球治理的参与。这种治理系统的多重性，既是由中国的"政党—国家"体制所客观决定的，也是由中国作为一个负责任的大国为国际社会贡献治理的中国智慧和中国方案所决定的。关于这一点，笔者将在后文论述。

值得注意的是，如果将中国的国家治理现代化置于善治这个21世纪以来生机勃勃的论题的语境中，就不难发现，国家治理现代化，在某种意义上，是以善治为导向的。因为从本质上看，善治是以"一体多元"为本质特征的治理。所谓"一体"，就是以寻求社会利益最大化为根本目标，并在这个根本目标的统摄之下实现多系统治理的协同与合作；所谓"多元"，则表现为治理系统的多重性和治理规范系统的多元性。而从党的十八大以来中央的顶层战略布局来看，恰恰是在构建一种善治的中国模式。具言之，在国家治理现代化的导向之下，全面依法治国和全面从严治党的战略布局展示出治理系统的多重性（即国家治理、社会治理、执政党治理和对于全球治理的参与）、治理规则的多元性（国家法、党内法规，以及国家法认可的习惯等）和治理的协同性与合作性特征。而国家治理现代化的推进是为了在新时代应对国内国外的重大风险和剧烈挑战，通过提升治理绩效并降低治理负荷而最终实现国家的长治久安、党的执政兴国和人民的幸福安康。归根到底，是以实现"人民幸福生活"和人的全面发展为终极目标的。因此，中国治理模式的演进将会呈现从法治走向善治的轨迹，即在以推进国家治理现代化为导向、以实现人民幸福生活和人的全面发展为终极目标的统摄下，实现由国家治理、社会治理、执政党治理和全球治理构成的多重治理系统之间的协同与合作。笔者将其称为善治的中国模式。

从这个意义上看，十八届四中全会决议提出的"善治"理念，是基于中国政治实践之上，顺应党和国家事业发展的需要，回应中国政治治理提出的问题和要求，满足人民的利益主张和诉求，具有中国特色的政治内涵和政治图景的善治。善治理论的中国表达，无疑是对于现代治理理论的发展和完善。

二、四大治理系统：中国式善治的内在逻辑

如前所述，善治的中国模式，是国家治理体系和治理能力现代化在治理模式上的必然要求。"国家治理体系是在党的领导下管理国家的制度体系，包括经济、政治、文化、社会、生态文明和党的建设等各领域体制机制、法律法规安排，也就是一整套紧密相连、相互协调的国家制度；国家治理能力则是运用国家制度管理社会各方面事务的能力，包括改革发展稳定、内政外交国防、治党治国治军等各个方面。"[1] 这意味着，在中央顶层设计者的视域中，善治的中国模式关涉诸多领域的治理，并形成多重治理系统，如经济治理系统、政治治理系统、文化治理系统、社会治理系统、生态文明治理系统、执政党治理系统等。而党的十八届四中全会强调"坚持依法治国、依法执政、依法行政共同推进，坚持法治国家、法治政府、法治社会一体建设"，则是一种更为集中和概括式的表达，并且在效果上将执政—执政党治理、行政—政府治理、治国—国家治理与社会治理置于更加突出的地位来强调。鉴于此，笔者将着重论述执政党治理、政府治理、社会治理，以及对于全球治理的参与这四个系统。

（一）完善执政党治理的制度化：中国式善治的关键

1. "政党—国家"体制与治理系统的多重性

在强世功教授和美国学者巴克尔（Larry Catá Backer）等部分国内外学者的理论视域当中，"政党—国家"体制（或称"党国体制"）是理解中国政治进程的关键语境。"政党—国家"体制这一理论范式的提出，是基于中国共产党领导是中国特色社会主义最本质的特征这一规定和现实。如

---

[1] 习近平：《习近平谈治国理政》，外文出版社2014年版，第91页。

果说"办好中国的事情,关键在党"[1],那么从某种意义上可以认为,理解中国的实际,关键也在党。具言之,要全面客观深刻地理解1921年以来现代中国,尤其是新中国成立以来的政治进程,就必须将中国共产党的领导和力量作为一个核心要素予以认真对待。

在中国"政党—国家"体制结构内,中国共产党不仅是执政党,更是领导党。如前所述,不管是对于作为现代民族国家的中国而言,还是对于作为领导党和执政党的中国共产党而言,21世纪第二个十年意味着更具挑战性的议题和更加艰巨的任务。为了有效应对由执政考验、改革开放考验、市场经济考验和外部环境考验构成的"四大考验",中国共产党必须加强执政党治理,提升其领导能力和治理能力。更为重要的是,除了面对"四大考验",中国共产党人自身还面临着包括精神懈怠危险、能力不足危险、脱离群众危险和消极腐败危险在内的"四种危险"。能否成功应对这些考验,能否有效克服上述危险,不仅直接关系到党和国家的前途命运,而且根本上关系到人民的幸福安康。因此,习近平同志在2016年庆祝中国共产党成立95周年大会上,旗帜鲜明地提出"治国必先治党,治党务必从严"[2]的主张,要求全党要以自我革命的政治勇气,着力解决党内部存在的突出问题,在经受"四大考验"和克服"四种危险"的基础上,肩负和完成确保中国共产党始终是中国特色社会主义事业的坚强领导核心这一历史使命和伟大任务。可见,十八大以来,执政党治理成为中国政治生活中一个极具重大意义的政治主题。只有从严治党,坚定不移地反对腐败和有效地遏制腐败现象的蔓延,才能够使党的领导地位和执政地位更加巩固,才能够使党的领导能力和执政的能力获得施用运行的逻辑前提和政治平台。而这也清晰地展现出,在中国"政党—国家"体制结构内,中国的治理系统呈现出多重性,国家治理和执政党治理就是其中最为重要的两个系统。

2. 制度治党、从严治党与治理规则的多样性

如何从严治党,是推进执政党治理、增强党的领导能力和执政能力、确保执政党治理获得实效的核心议题和关键所在。虽然1999年宪法修正案将"依法治国,建设社会主义法治国家"写入宪法,把"依法治国"上升

---

[1] 习近平:《习近平谈治国理政》(第二卷),外文出版社2017年版,第43页。
[2] 习近平:《习近平谈治国理政》(第二卷),外文出版社2017年版,第43页。

为宪法的基本原则,但是,"依法治国"以及由其派生的"依法行政"解决的更多的是中国治理系统结构内部国家治理的方略和模式问题。虽然《宪法》第5条明确规定"一切国家机关和武装力量、各政党和各社会团体、各企业事业组织都必须遵守宪法和法律",并且《中国共产党党章》明确规定"党必须在宪法和法律的范围内活动",但是,除宣告宪法和法律作为国家根本大法所具有的至上性权威之外,"政党—国家"体制中的另一个关键系统——执政党治理的问题,并未得以全面解决。因为,中国共产党是"中国工人阶级的先锋队,同时是中国人民和中华民族的先锋队,是中国特色社会主义事业的领导核心"(《中国共产党党章》总纲),"如果管党不力、治党不严,人民群众反映强烈的党内突出问题得不到解决,那么我们党迟早会失去执政资格,不可避免被历史淘汰"[1]。因此,在执政党治理结构中,仅仅以宪法和法律为治理依据,无法满足从严治党的政治要求。换言之,"依法治国"和"依法行政"方略之下,以全国人民代表大会及其常务委员会所制定的规范性文件为核心的国家法,无法有效支撑"政党—国家"体制下中国政治治理的多重系统。为了支撑和保障执政党治理的有效展开,有必要引入新的规范性体系,即毛泽东同志在1938年正式提出的,以党章为核心,规范党组织的工作、活动和党员行为的党内规章制度的总称的"党内法规"。对于党内法规的意义,习近平同志指出"加强党内法规制度建设是全面从严治党的长远之策、根本之策……我们党要履行好执政兴国的重大历史使命、赢得具有许多新的历史特点的伟大斗争胜利、实现党和国家的长治久安,必须坚持依法治国与制度治党、依规治党统筹推进、一体建设"[2]。只有在"政党—国家"体制的政治语境内,才能够充分理解党的十八届四中全会提出的全面推进依法治国的总目标是建设中国特色社会主义法治体系,并将"形成完善的党内法规体系"作为社会主义法治体系的重要组成部分。

3. 执政党治理的规范化助推善治的中国模式

由上述分析可见,纯粹的国家法体系无法有效地支撑中国具有多重性特征的治理系统;单一的"依法治国"理念也无法为中国"政党—国家"

---

[1] 习近平:《习近平谈治国理政》(第二卷),外文出版社2017年版,第43页。
[2] 《习近平:坚持依法治国与制度治党、依规治党统筹推进、一体建设》,新华网,http://www.xinhuanet.com/politics/2016-12/25/c_1120183663.htm,登录时间为2019年7月1日。

体制下以"从严治党"为原则的执政党治理提供全部所需要的规范性资源。正是执政党治理规范化的迫切需求，使得中国政治治理模式必须要由十五大提出的"依法治国"，演进为十八届四中全会提出的"全面依法治国"和十八届六中全会提出的"制度治党"：一方面，作为治理依据的规范体系已经从国家法发展到国家法与党内法规并举；另一方面，治理的领域已经从国家治理、政府治理和社会治理拓展到国家治理、政府治理、社会治理、执政党治理和全球治理。"政党—国家"体制下的完善执政党治理的制度化和规范化，势必推进中国治理模式朝着一种多系统合作治理和治理规范系统多元化的方向发展，即依法治国与制度治党、依规治党统筹推进。

（二）全面推进政府治理法治化：中国式善治的核心

1. 国家能力与强政府建设

人是政治动物。政治始终是人类生活的核心议题。在国家起源及国家功能定位的问题上，无论是柏拉图、亚里士多德、霍布斯和洛克，还是商鞅、墨翟、黄宗羲和孙中山，都趋向于认为，国家源自人类对于自身生存和发展（避害、互助、求利）的需求。国家能否实现上述目标，则直接取决于国家能力的强弱。对于现代国家而言，国家能力可以等同于国家治理能力，即国家"在其统治的领域内有效贯彻其政治决策的能力"[1]。作为国家的生存要素，21世纪的国家能力主要表现为规制和约束公权力滥用的能力、预防和治理腐败的能力、反对和打击形式主义和官僚主义的能力、有效展开政党续造的能力、重塑法律有效治理的能力、整合社会道德伦理的能力和国家战略竞争的能力。国家能力的主要创造者和施用者，无疑是在国家中具备正当性与合法性的政府。"就其作为秩序化统治的一种条件而言，政府是国家权威性的表现形式。"[2] 政府的强弱，在一定程度上，总是反映出国家能力的强弱，二者呈现出正向关系。因为，在讨论这一问题时，不能被自由主义与专制国家的西方式传统的对立思维所迷惑。事实上，人类幸福生活的获得和全面发展的实现，离不开强有力的政府（或者

---

[1] 李强：《宪政自由主义与国家构建》，载王焱编：《宪政主义与现代国家》，生活·读书·新知三联书店2003年版，第19—46页。

[2] ［英］米勒、波格丹诺主编：《布莱克维尔政治学百科全书》，邓正来等译，中国政法大学出版社2002年版，第312页。

说强大的国家能力）的支撑和保障。在福山看来，造成困扰全球治理，尤其是发展中国家治理的普遍性难题，如贫困、毒品、艾滋病和恐怖主义的一个重要原因，就是国家能力的缺失和政府的弱化。"世界政治的主流是抨击'大政府'，力图把国家部门的事务交给自由市场或公民社会。但特别是在发展中国家，政府软弱、无能或者无政府状态，却是严重问题的祸根。"[1]

2. 法治化是构建"有限但有力"型政府的根本路径

权力是国家和政府得以有效运转并实现其结构性职能的必要条件。然而，权力无限的政府并不等同于强有力的政府。恰恰相反，政府权力的无限制，反倒会弱化政府的权威，进而减损政府权力的有效性。究其原因：首先，政府权力的滥用是政府腐败的重要诱因。"权力导致腐败，绝对的权力导致绝对的腐败。"[2] 政府权力的界域过于宽泛而不受任何制度约束的话，那么从长远来看，这种无限权力将会直接侵害或潜在威胁政治共同体成员的利益，阻却人类实现其互助和求利的目标，为可能的暴力对抗埋下伏笔。习近平同志多次强调，如果腐败得不到有效遏制，必然导致"民怨载道、社会动荡、政权垮台"。其次，政府的权威最终源自人民的认同，政府的权力根本来自人民的授予。只有当政府的权力运行具有公信力，权力运行的结果符合人民的根本利益时，这种对于政府权威的认同才会生成，权力的正当性与合法性才会得以证成。从这个角度看，政府公信力是国家治理取得实效的重要资源之一。然而，政府权力的边界模糊不清，或者权力的行使不受制度约束，或者权力的行使缺乏有效监督，都会导致政府公信力的降低，进而消解政府权威的正当性与合法性。

如果"对于后'9·11'时代来说，全球政治的首要问题将不是如何淡化国家概念而是如何重建这个概念"[3] 的话，那么，现代国家构建的核心任务，就是塑造一个（权力）有限但是（权能）有力的国家及其代表——政府。为了实现这一目标，法治成为中央顶层设计中构建（权力）有限政府的必然选择。"制度问题更带有根本性、全局性、稳定性、长期

---

[1] [美] 弗朗西斯·福山：《国家构建：21世纪的国家治理与世界秩序》，黄胜强、许铭原译，中国社会科学出版社2007年版，序。
[2] [英] 阿克顿：《自由与权力》，侯健、范亚峰译，译林出版社2011年版，第256页。
[3] [美] 弗朗西斯·福山：《国家构建：21世纪的国家治理与世界秩序》，黄胜强、许铭原译，中国社会科学出版社2007年版，第114页。

性。关键是要健全权力运行制约和监督体系，让人民监督权力，让权力在阳光下运行，把权力关进制度的笼子里。"[1] 按照法治原则的要求，一切政府的权力，都要有宪法法律的依据；一切政府的行动，都要在宪法法律的框架内实施。改革也要于法有据。质言之，政府治理必须通过法治化来谋求行政权力制约与政府治理能力提升的平衡，即"政府必须在法律的范围内活动，法律应当为防止行政权的滥用提供保障。同时，政府必须有效维护法律秩序，积极推进社会福利，借以保证人们具有充分的社会和经济生活条件"[2]。

3. 新时代政府治理法治化的要求

推进政府治理的法治化，实现依法行政，是能不能实现依法治国的一个关键。[3]

面对新时代的新问题、新挑战和新任务，从法治走向善治成为中国治理模式演进的方向。善治是以全面依法治国为基础和条件的国家治理。它不仅是在全面依法治国的基础上寻求社会利益最大化的治理，更是强调治理的正当性（或译为"合法性"）、透明性、责任性、回应性、有效性、参与性、稳定性、廉洁性和公正性。[4] 而就政府治理系统而言，法治政府、有限政府、透明政府、阳光政府和责任政府，成为新时代政府建设的目标。这就要求：

首先，强化行政法治思维和行政法治意识，其直接要求就是在政府权力的行使过程中，"坚持法定职责必须为，法无授权不可为"[5] 的行政法治观念和意识。其次，切实转变政府职能，深化简政放权，开具权力清单，推进监管方式的创新发展。再次，通过新一轮党和政府机构改革，提升行政治理体系和行政治理能力的现代化。最后，健全行政决策的法治机制，实现行政执法的规范化和程序化，以严格规范公正文明执法为导向，实现政府公信力的提升。

---

[1] 习近平：《习近平谈治国理政》，外文出版社2014年版，第391—392页。

[2] 谢晖：《价值重建与规范选择——中国法制现代化沉思》，山东人民出版社1998年版，第414页。

[3] 习近平同志指出："能不能做到依法治国，关键在于党能不能实现依法执政，各级政府能不能依法行政。"参见习近平：《习近平谈治国理政》（第二卷），外文出版社2017年版，第120页。

[4] 参见俞可平：《民主与陀螺》，北京大学出版社2006年版，第33页。

[5] 习近平：《习近平谈治国理政》（第二卷），外文出版社2017年版，第120页。

（三）提升社会治理的协同化：中国式善治的基础

1. 强政府—弱社会：中国国家治理模式面临的挑战

中国国家治理模式在不断呈现出自身特征的同时，也展示出其内部存在的问题。郑永年认为，从主体性结构看，国家和社会之间的不平衡，是中国模式面临的一个重要的不平衡。[1] 强政府—弱社会的不平衡结构，在传统中国就已经存在。伴随着以教化——移风易俗和刑罚——禁奸止过为手段、以皇权为中心的政治意识形态对社会的整合与控制，传统中国社会自身并没有得到足够的空间以发展出一套纯粹且独立的自我管理的规则和秩序。以皇权为核心的国家权力极易侵蚀脆弱的社会领域。如果考虑到政治意识形态对社会的规训，那么所谓皇权不下县，仅仅是具有形式上的一些表现而已。新中国成立后，政府职能及其统治领域在实现"四个现代化"目标的驱动之下不断扩大，与此同时，得到人民高度认同和支持的新生政权及其代表——中央和地方各级人民政府，获得了前所未有的政治意识形态塑造能力和政治动员能力，进而强化了政府的执行力，保证了国家战略、执政党方针政策和政府决定决议在全社会的有效推行。然而经过改革开放以来的建设，尤其是市场经济在中国的确立和发展，市民社会得到了前所未有的生长。但是，强政府—弱社会的主体性结构并未发生实质性的改变。在国家治理资源有限的前提下，一个强政府—弱社会的不平衡状态，不仅增加了国家治理的成本，而且降低了在其他治理系统展开深度治理的可能性，成为中国国家治理模式获得可持续拓展不得不认真对待的一个问题。

2. 强政府—强社会与社会治理创新

对于国家与社会的平衡关系而言，最优选择莫过于强政府—强社会，即政府与社会之间的良性互动和良性循环。构建强政府—强社会平衡关系须遵循五个要义，而这五个要义，恰恰也是善治的本质内涵要求：首先，强政府并不意味着全权政府或权力无限的政府，而是奉行法治原则、强调依法行政的政府。因此，推进政府治理的法治化，通过依法行政和简政放权向社会分权和赋权，是构建强政府—强社会平衡关系的第一要义。其次，通过扩大有序的公众参与和政府购买第三方服务，实现社会事务治理

---

[1] 参见郑永年：《中国模式：经验与挑战》，中信出版社2016年版，第30页。

的多方参与,强化政府与社会的多维度合作。再次,通过行政法治对社会福利和公共利益进行保护、促进和规制。另外,通过宪法和强制性法律的创制和实施,为社会内生秩序的生成和演进提供宏观制度平台。"公法有必要组织一种能够发挥自生自发秩序更大作用的架构,保护先已存在的自生自发秩序和强制实施自生自发秩序所依据且遵循的部分规则"[1]。最后,也是最重要的一点,需要充分发掘社会自身实现内生治理规则和自生自发秩序的潜能和力量,培育出社会内生发展的品质,通过国家与社会的协同治理、社会内部主体间的协同治理,在"增强社会治理整体性和协同性"[2]的条件下,创建一个生机勃勃且和谐有序的社会。

3. 依法治国与以德治国相结合

尽管很难给出一个关于道德的共识性概念,但是道德往往包含着特定的行为模式和正义与非正义的价值判断。道德与法律是同源异体的两种社会规范体系,其同源性决定了二者之间的紧密关系,即法律是最低限度的道德。对于一个社会而言,道德之所以重要,是因为"道德的目的,从其社会意义上来看,就是要通过减小过分自私的影响范围、减小对他人的有害行为、消除两败俱伤的争斗以及社会生活中其他潜在的分裂力量而加强社会和谐"[3]。换言之,道德具有定分止争、规训社会和实现社会有序化的功能。与此同时,政治共同体成员对于道德的遵守,更多的是出于内心认同和社会否定性评价的压力,而不是国家暴力的威慑,具有低治理成本的优势(但要注意的是,道德教育的成本将会提高)。更为重要的是,在现代法治结构中,道德为法律的正当性提供了实质基础。公民之所以遵守法律,不仅是因为国家暴力的威慑和保障,更是由于法律是一种政治权威的表达。一种政治表达能够成为权威,关键在于人们对于这种政治表达所包含的价值与利益的认同和支持。而法律的价值,恰恰就在于法律的道德性。这种道德性,不仅是富勒所说的法律的内在道德性,更是一种价值意义上的实质道德性。

一个政治共同体,如果仅仅依靠法律来实现全部治理,那么这种治理模式无论如何不能被称之为"善治",因为法律反映的只是最低限度的道德要求。法律治理只能维系社会的有序性和一定程度的有益性。但是由于

---

[1] 马长山:《国家、市民社会与法治》,商务印书馆2002年版,第285页。
[2] 习近平:《习近平谈治国理政》(第二卷),外文出版社2017年版,第386页。
[3] [美]博登海默:《法理学——法律哲学与法律方法》,邓正来译,中国政法大学出版社1999年版,第371页。

法律治理自身的弊端（相对的滞后性与僵化性、治理的高成本特征、规制领域的有限性等），无法实现善治的所有要求。因此，善治不仅需要治理主体的多元性，也需要治理规则的多样性，即宪法法律、道德、党内法规、乡规民约、自治章程、行业规章等。这种治理规则的多样性，不仅保障了各个治理系统内部的治理自洽性，尤其是道德、乡规民约、自治章程等，为自治、法治、德治相融合（"三治融合"）的基层社会治理创新提供了规范性基础，而且也是实现强政府—强社会的平衡性的重要条件。更值得注意的是，道德的要求高于法律（同样党纪严于国法），只有在国家治理中强调依法治国与以德治国相结合，在执政党治理中强调党纪严于国法，在保障最低限度的要求的基础上，尽可能追求高标准严要求，一个充满活力的文明国度才有可能实现。

（四）参与全球治理的有效化：中国式善治的逻辑延伸

1. "以全球思维谋篇布局"和善治的中国模式

在哈佛大学教授罗斯·特里尔看来："当中国迈入 21 世纪第二个十年的时候，中国领导人的最主要的课题就是完成三大治理，即执政党治理、国家治理和全球治理。"[1] 在一定程度上，这个判断可以作为一个分析范式来阐释善治的中国模式可能产生的逻辑延伸。在全球化时代，无论是理论构建层面还是治理实践层面，善治是，也必然是一个系统工程。

推进国家治理现代化，塑造善治的中国模式，是中国"以全球思维谋篇布局"的体现。习近平同志指出当今全球局势发展的三大趋势，即从外部环境来看，国际形势风云变幻，当今世界是一个新机遇新挑战层出不穷、国际体系和国际秩序深度调整、国际力量对比深刻变化并朝着有利于和平与发展方向变化的世界。二战之后构建的全球政治经济格局和全球治理体系，在 21 世纪全球化发展的过程中捉襟见肘。与此同时，全球化时代中的任何一个国家都无法做到独善其身。对于负责任的大国而言，尤为如此。因此，提升中国参与全球治理能力，推进全球治理体系的现代化，寻求全球善治，是中国国家治理现代化的内在逻辑的延伸，是善治的中国模式的必然表达。善治的中国模式，不仅要以实现中国治理的高质量发展为

---

[1]［美］罗斯·特里尔主编：《习近平复兴中国——历史使命与大国治理战略》，New York：CN Times Books, Inc. 2016. p. 21.

目标，而且应当为全球治理提供中国的治理理念、方案和智慧。

2. 人类命运共同体与善治的中国模式

对于善治的中国模式而言，其在全球治理中的理论表达，就是构建人类命运共同体的倡议。当前，以"特朗普主义"为代表的单边主义及霸权主义，已经对全球治理造成深度破坏。因此，强化全球治理能力的现代化，必须在反对单边主义和霸权主义的基础上，寻求所有国家有权参与、有效参与的全球治理的"多元共治"体系，并以规范化、法治化、民主化和协调化为本质特征。而作为中国对于全球治理的智识贡献，人类命运共同体理念突破了传统西方发达国家塑造的现代化道路的"西方中心主义"逻辑和"文明—野蛮"二元性思维模式，否认国际政治的排他性支配模式的正当性，主张全球治理主体的多元性和利益诉求的多样性是谋求全球治理现代化的根本要求。人类命运共同体理念倡导在全球治理中寻求对话、结伴与共赢合作，拒绝对抗、结盟与零和博弈，正如习近平同志指出的那样："协商是民主的重要形式，也应该成为现代国际治理的重要方法，要倡导以对话解争端、以协商化分歧。我们要在国际和区域层面建设全球伙伴关系，走出一条'对话而不对抗，结伴而不结盟'的国与国交往新路。"[1] 这种治理理念和政治主张，恰恰是善治的本质要求。人类命运共同体的内在逻辑，必然要求推进以"多元共治"为核心的全球治理现代化，强调多元治理主体共同参与、协同治理，最终实现分享全球治理红利和促进全人类发展的目标。在人类命运共同体理念的指导下，实现参与全球治理的有效化，是中国式善治的逻辑延伸。

三、中国式善治的政治图景：走向幸福生活的善治之路

中国国家治理从法治迈向以全面依法治国为特征的善治，是中国在 21 世纪推进治理现代化的必然抉择。在 21 世纪，善治的中国模式会呈现出何种政治图景，是任何研究中国经验和中国模式的理论都绕不过去的论题。

（一）党的领导：中国式善治的本质特征

"坚持和完善党的领导，是党和国家的根本所在、命脉所在，是全国

---

[1] 习近平：《习近平谈治国理政》（第二卷），外文出版社 2017 年版，第 523 页。

各族人民的利益所在、幸福所在。"[1] 治理的中国模式,区别于其他的国家治理模式的本质特征,就是中国共产党的领导。"研究中国模式,核心就是要研究中国共产党。"[2]

1. 历史与传统

中国国家治理现代化的推进、善治的中国模式的构建,是位于特定语境中的理论与行动。脱离这种语境,无法真正理解善治的中国模式的内涵及其可能展现的政治图景。这个语境的形成,包含了三个传统:整个中国历史,尤其是秦汉以来大一统中国政治统治形成的大传统,1840年鸦片战争,尤其是1919年以来中国思想文化的现代性建构和中国现代化道路的探索的中传统,以及1949年新中国成立,尤其是改革开放以来中国开启全球化时代探索中国国家治理现代化之路的小传统。而理解中国共产党,是把握这三个传统的关键所在。郑永年认为:"尽管中国的政党政治的概念和理论深受近代西方政治的影响,但中国共产党基本是中国文化的产物。中国近代以来最巨大的政治变迁就是如何从传统基于个人之上的王权转变成为基于组织之上的政党。"[3] 更为重要的是,1919年以来的中国政治进程,是马克思主义之于中国的历程:从思想传播、建立政党到武装斗争、建立政权,再到探索道路、改革开放。这个进程的核心要素,就是中国共产党。中国共产党领导中国人民在革命、建设和改革中所取得的巨大成就,是中国共产党具备超强的领导力和执行力的有力证明。超强的治理能力保障了显著的治理效绩,使得中国共产党执政获得了中国民众广泛的认同和因此产生的高度的正当性。这种正当性反过来又赋予了中国共产党强有力的政治组织能力和政治动员能力。执政党具备的这种治理能力,是当下推进中国国家治理现代化和有效构建善治的中国模式的关键要素。

2. 依宪治国、依宪执政与党的领导

国家治理现代化的本质特征之一是全面依法治理。而宪法是国家的根本大法,是治国安邦的总章程。根本法的性质要求"依法治国,首先是依宪治国;依法执政,关键是依宪执政"[4]。宪法要具备生命力,在国家治理中起到基础性作用,除具备完善的实施机制之外,还必须塑造一种与时

---

[1] 习近平:《习近平谈治国理政》(第二卷),外文出版社2017年版,第43页。
[2] 郑永年:《中国模式:经验与挑战》,中信出版社2016年版,第83页。
[3] 郑永年:《中国模式:经验与挑战》,中信出版社2016年版,第68页。
[4] 习近平:《习近平谈治国理政》,外文出版社2014年版,第141页。

俱进的品性，即一方面要通过宪法修改，为国家的未来发展设置科学的战略方向和框架；另一方面，要不断将党领导人民取得的制度创新实践、理论创新成果等通过宪法予以确认。最终共同为国家治理现代化的推进和善治的中国模式的塑造提供源自根本法的有效支撑和有力保障。

面对中国共产党领导人民在中国革命、建设和改革中取得的成绩，以及中国共产党的领导成为中国特色社会主义制度的最大优势的现实，宪法依然做出了积极回应。这表现在 2018 年的宪法修改。2018 年宪法修正案明确将"中国共产党领导是中国特色社会主义最本质的特征"写入宪法，使坚持党的领导上升为中国宪法的基本原则。如果说国家治理现代化要求全面依法治国和依法执政，而全面依法治国和依法执政的核心与关键是全面依宪治国和依宪执政，那么，坚持党的领导就是中国国家治理现代化的根本原则，是善治的中国道路所展现的政治图景中区别于西方国家治理的一个最独特的面向。

3. 治理现代化导向下的执政党续造

如前所述，从经济社会发展角度看，新时代我国社会的主要矛盾已经发生了转化，各种社会矛盾多发叠加，经济社会发展的动力、条件和路径都面临结构性改变的压力。从国家安全角度看，存在国家被侵略、被颠覆、被分裂的危险，改革发展稳定大局被破坏的危险，中国特色社会主义发展进程被打断的危险。从国际环境的角度看，国际关系错综复杂，国家间竞争方兴未艾。从执政党治理的角度看，党面临着执政的考验、改革开放的考验、市场经济的考验和外部环境的考验，以及党内精神懈怠的危险、能力不足的危险、脱离群众的危险和消极腐败的危险。这种国内国外、党内党外的形式，决定了中国作为现代民族国家不得不承担起推进国家治理现代化的任务，也同时使得中国共产党作为领导党和执政党，必须推进执政党的政党续造。

执政党的政党续造，究其本质，就是新时代执政党面对新问题和新任务，以巩固党的执政地位为目标，以提升执政能力为内容的系统改革工程。事实上，改革开放以来，中国共产党就不断地推进以适应改革开放和经济建设为中心的政党续造，表现为党的体制机制的一系列改革。如领导干部终身制的结束，"三个代表"重要思想和科学发展观的提出，党章的修改等。党的十八大以来，执政党的政党续造的程度和力度前所未有的显著。首先，在执政党的指导思想上，以习近平新时代中国特色社会主义思想这一马克思主义中国化的最新成果为指导；其次，在执政党治理上，提出了党要管党、依规治党、从严治党的理念，强化了以党章为中心的党内法规体系作为管党治党的规范性依据；再次，在执政党的执政定位上，提出"为中国人民谋幸福""为中华民族谋复兴""为世界谋大同"的政治主张和定位。另外，在政党组织效能上，则强调牢固树立"四个意识"和坚决做到"两个维护"，以此来提高党的效能，强化党的领导力和执行力。最后，在执政党的自我净化上，则推行大力度的惩治腐败和大规模的扫除黑恶势力保护伞行动。在十九届中央政治局第六次集体学习中，习近平同志再次提出的推进党的政治建设的自觉性和坚定性，其实质就是对于新时代执政党续造的集中要求。[1]

执政党续造的目标，则是将执政党打造成适应国家治理现代化要求的现代化政党，其最为重要的特征，则是法治型政党、开放型政党和学习型政党。法治型政党是中国共产党顺应国家治理现代化发展的必然选择，开放型政党则是中国共产党不断获取政治活力、巩固执政地位的关键所在，而学习型政党则是中国共产党不断提升自身治理能力、避免政党衰退、强化政党的治理能力的根本路径。

（二）全面深化改革：中国式善治的发展内驱力

1. 构建善治的中国模式离不开治理自信

在一定意义上，人类文明的发展史就是人类社会的治理史。如果说"一次真正的文明复兴或者新文明的产生必须配合政治上的自信"[2]，那么这种政治上的自信，必然首先包含治理自信。治理是在政治层面对于一个国家道路、理论和制度的最直接和最整体性的表达。治理不仅是技艺，更是文化。治理自信，也是文化自信的一个侧面展现。构建中国式善治，离不开治理文化的自信。治理文化的自信源自何处？从浅层次来看，在治理理论的构建上获得逻辑的自洽性和融贯性，在治理实践中获得显著的治理效绩，在与全球其他治理模式的比较中发现独特的制度优势（当然也要正视自身治理模式存在的不足和问题），在全球治理模式的对话中展示自身的经验并获得其他国家的认同、借鉴和学习等，都会实现提升和强化治

---

[1] 习近平：《增强推进党的政治建设的自觉性和坚定性》，载《求是》2019 年第 14 期。
[2] 郑永年：《中国的文明复兴》，东方出版社 2018 年版，第 156 页。

理自信的效果。但是从深层次来看，治理自信的获得，根本上源自不断展开的治理改革。

2. 改革作为中国优秀文化传统的基因

按照汤因比"挑战—应战"的分析范式，中华文明之所以在历史演进中获得生存和发展，就在于中华文明能够不断地成功应对和化解各种内生危机和外来挑战，就在于支撑中华文明的中华文化具备一个强大的基因——改革。在中华传统文化的构成中，无论是法家、道家和儒家，都存在改革的理念与主张。首先，就先秦法家而言，以富国和利民为导向的改革主义是其一个极为重要的理论内核。先秦法家主张："苟可以富国，不法其故；苟可以利民，不循其礼。"在其理论视域中，"不法古，不循今"是改革的要旨，而改革是在战国时代实现国家政治生存和政治发展的必然抉择。道家同样提出了以道变法、因时变法的观念，如"故礼义法度者，应时而变者也"[1]。汉初的黄老学派也主张"治国无法则乱，守法而弗变则悖，悖乱不可以持国"[2]。尽管儒家留给后世之人以保守甚至顽固的面貌，但事实上，儒家思想中包含着不少改革变法的理念。如《诗经》云："周虽旧邦，其命维新"。同时，作为儒家重要经典的《周易·系辞》则强调应对困厄的方法就是变法，即所谓："穷则变，变则通，通则久。"荀子则更是儒家当中提倡以改革变法为实质的"法后王"理念的思想家。正是这些思想渊源，共同汇聚塑造了改革这一中国传统文化的优秀基因。

3. 国家治理现代化的本质是改革与法治

如果说中国共产党是中国文化的产物，那么中国文化的优秀基因必然也在中国共产党的有机体之中。正是凭借这一强大基因及其所塑造的能力，使得中国在中国共产党的领导下，能够在道路探索的曲折动荡之后，迅速实现国家治理模式由革命与斗争转向民主与法制，并且伴随着改革开放的深化而实现治理模式不断向上演进。正如海外中国问题研究专家指出的那样："要理解中国共产党的生存和发展能力，我们必须理解它的学习、适应和变革能力。"[3] 这种变革能力，经典地体现在当下的国家治理现代化之中。

---

[1]《庄子·天运》，贵州人民出版社1991年版，第248页。
[2]《吕氏春秋·察今》，中华书局2011年版，第516页。
[3] 郑永年：《中国模式：经验与挑战》，中信出版社2016年版，第67—68页。

如前所言，推进国家治理现代化，是中国治理模式演进的外在激励，其目标则是构建善治的中国模式。而全面深化改革和全面依法治国，恰恰是国家治理现代化的双核驱动。习近平同志强调，推进国家治理现代化，"就是要适应时代变化，既改革不适应实践发展要求的体制机制、法律法规，又不断构建新的体制机制、法律法规，使各方面制度更加科学、更加完善，实现党、国家、社会各项事务治理制度化、规范化、程序化。要更加注重治理能力建设，增强按制度办事、依法办事意识，善于运用制度和法律治理国家，把各方面制度优势转化为管理国家的效能，提高党科学执政、民主执政、依法执政水平"[1]。在中央的顶层设计中，对于推进国家治理现代化、构建善治的中国模式而言，其制度保障是全面依法治国，其内驱力则是全面深化改革。改革（以及改革内含的开放）是解决中国一切问题的根本路径，只有改革开放才能发展中国。"改革开放是决定当代中国命运的关键一招，也是决定实现'两个一百年'奋斗目标、实现中华民族伟大复兴的关键一招。"[2] 当然，也必然是推进国家治理现代化、实现善治的中国模式有效构建的一招。

（三）人民的幸福生活和人的全面发展：中国式善治的根本价值定位

自启蒙运动以来，人权就被启蒙思想家和政治家逐步塑造为一项基本的道德原则、法律原则和政治原则。尤其是二战之后，纳粹德国和日本军国主义的侵略暴行，使得人们形成了一个共识，即是否维护和保障人权，是判断任何政治共同体是否具有正当性与合法性的重要标志之一，以及判断任何政体的性质良善与否的重要标准。

尽管今天，人们普遍认为，人权是指人作为人（而非局限于公民或人民）所应当享有的权利。其核心是人的尊严和权利必须受到尊重和保护。但是，关于人权的核心要素和基本权利形态到底是什么，还远未能达成理论共识。但毫无疑问的是，任何政治共同体的正当性及其活力，均源自共同体成员的最普遍的诉求，即以生存为前提、以发展为愿景的幸福生活。

西方的人权概念是伴随着新兴资产阶级与封建王权斗争而产生的。无论是霍布斯还是洛克，在建构其政治契约共同体时，无不以基于生存的幸

---

[1] 习近平：《习近平谈治国理政》，外文出版社2014年版，第92页。
[2] 习近平：《习近平谈治国理政》，外文出版社2014年版，第71页。

福生活为价值目标。具言之，霍布斯、洛克和卢梭等人，以自然状态中人们对于自身福祉与安全的诉求为逻辑起点，从不同角度阐发了社会契约的缔结和自然权利的转让，并建构了其古典自然法理论。安全、秩序、自由与平等，成为社会契约论所确立和高扬的价值。与此同时，任何能够展示现代政治文明的国家，都把安全、自由、平等和秩序奉为政治制度和人权体系的核心价值而予以确立和保护。而安全、自由、平等和秩序，是人类实现其构建政治共同体的根本目标——追求以生存为前提的幸福生活的必要条件。

被马克思称为世界上"第一个人权宣言"的北美《独立宣言》，就将"生命、自由和追求幸福的权利"宣布为人的确定且不可剥夺的权利，作为人权的基本权利形态。而在21世纪的今天，重申"人类幸福"作为政治制度的根本价值，具有更为重要的意义。因为，古典自然法学说赖以支撑的自然状态、自然权利和社会契约假说，无法有效地应对来自科学帝国主义所支配的现代人文科学的质疑和挑战。因此，当代西方政治哲学家和伦理学家转而从人类的幸福与人的基本价值层面来为人权进行辩护，通过证明人权对于人的幸福和安宁的不可或缺性来证明其正当性。

在马克思主义的理论视域中，人类历史是人在现实生活世界中不断走向自由解放的历史，是人类不断实现自身全面自由发展的历史，究其实质，就是不断实现其幸福的历史。而异化，则是对人类实现幸福的最大障碍。马克思主义首先要解决的核心问题，就是私有制导致的人的异化问题。私有制的社会存在，使得人性被褫夺而处于奴役状态。马克思所谓的"羊吃人"，在笔者看来，实际上是指被资本所异化了的"羊"吃掉了被资本所异化了的"人"。在马克思主义理论体系中，最终的理论奋斗目标和最高的社会理想，是实现人的彻底解放，创建"每个人的自由发展是一切人的自由发展的条件"[1]的联合体。因此，实现人的解放和人的自由发展，追求人的幸福生活，是马克思主义的灵魂所在。

正是因为如此，中国领导人习近平同志才庄严指出："人民幸福生活是最大的人权。"[2]对于中国共产党而言，为人民谋幸福是其坚定的奋斗目标；对于中国政府而言，人权始终是一个伟大的事业。习近平同志旗帜

---

[1]《马克思恩格斯选集》（第一卷·上），人民出版社1972年版，第273页。
[2] 参见习近平同志在致"纪念《世界人权宣言》发表70周年座谈会"上的贺信。

鲜明地指出:"将坚定不移走和平发展道路、坚定不移推进中国人权事业和世界人权事业。"[1] 从根本意义上看,中国梦的实质最终将是人权梦,人的权利和尊严、人的全面发展和人的幸福生活,是中国梦的终极价值。中国梦的主体是人民、中国梦的内核是人民的根本利益,而利益的外在化即是人权。因此,民族的历史复兴梦、民主富强文明的强国梦和人的以尊严和全面发展为中心的幸福生活梦,是三位一体的结构。正如习近平同志指出的那样:"中国人民正在为实现中华民族伟大复兴的中国梦而奋斗,这将在更高水平上保障中国人民的人权,促进人的全面发展。"[2]

可见,无论是从西方的理论学说,还是从马克思主义来看,人民的幸福生活是任何政治的最高价值,而对这些价值的实现和维护,则是一切政治及其发展模式的根本目的。推进中国国家治理现代化,构建善治的中国模式,必须以追求和实现人民的幸福生活为终极目标。

先秦(齐)法家在观念形态上阐述了一个最低限度的善治,即"善为国者,移谋身之心而谋国,移富国之术而富民,移保子孙之志而保治,移求爵禄之意而求义,则不劳而化理成矣"[3]。这个最低限度的善治观包含了国家发展、人民富裕、团结稳定、仁政义行等几个要素。而这些要素,恰恰也是今天实现人民幸福生活的要素。幸福是最高的善。作为人的目的,幸福是一切政治实践和政治科学所关注的中心问题。[4] 如何在21世纪大变局之下,追求以生存权为基础、以发展权为愿景的人的幸福生活,并实现全人类的可持续发展,是对全球文明和人类智识的考验。"历史没有终结,也不可能被终结。"[5] 推进国家治理现代化,构建善治的中国模式,实现人民的幸福生活和人的全面发展,是中国政治的永恒话题。

---

[1] 习近平:《习近平致"2015·北京人权论坛"的贺信》,载《人权》2015年第5期。
[2] 习近平:《习近平致"2015·北京人权论坛"的贺信》,载《人权》2015年第5期。
[3] 《慎子》,华东师范大学出版社2010年版,第57页。
[4] 参见[古希腊]亚里士多德:《尼各马可伦理学》,廖申白译,商务印书馆2003年版,第302、319页。
[5] 习近平:《习近平谈治国理政》(第二卷),外文出版社2017年版,第37页。

参考文献

中文文献

［英］米勒、波格丹诺主编：《布莱克维尔政治学百科全书》，邓正来等译，中国政法大学出版社2002年版。

［古希腊］亚里士多德：《政治学》，吴寿彭译，商务印书馆1965年版。

［法］孟德斯鸠：《论法的精神》（下册），张雁深译，商务印书馆1963年版。

［德］尤尔根·哈贝马斯：《合法化危机》，刘北成、曹卫东译，上海人民出版社2000年版。

［美］约瑟夫·熊彼特：《资本主义、社会主义与民主》，吴良健译，商务印书馆1999年版。

［美］詹姆斯·W.西瑟：《自由民主与政治学》，竺乾威译，上海人民出版社1998年版。

［美］亨廷顿：《第三波：20世纪后期的民主化浪潮》，刘军宁译，上海三联书店1998年版。

［德］马克斯·韦伯：《经济与历史 支配的类型》，康乐等译，广西师范大学出版社2004年版。

［德］马克斯·韦伯：《支配社会学》，康乐、简惠美译，广西师范大学出版社2004年版。

［英］弗兰克·帕金：《马克斯·韦伯》，刘东、谢维和译，四川人民出版社1987年版。

［美］路易斯·亨金：《宪政·民主·对外事务》，邓正来译，生活·读书·新知三联书店1996年版。

［美］洛厄尔·迪特默：《刘少奇》，萧耀先等译，华夏出版社1989年版。

［美］斯科特·戈登：《控制国家：从古代雅典到今天的宪政史》，应奇等译，江苏人民出版社2005年版。

［美］亨廷顿：《变化社会中的政治秩序》，王冠华等译，上海人民出版社2008年版。

［英］阿克顿：《自由与权力》，侯健、范亚峰译，译林出版社 2011 年版。

［德］迪特尔·格林：《现代宪法的诞生、运作和前景》，刘刚译，法律出版社 2010 年版。

［奥］凯尔森：《法与国家的一般理论》，沈宗灵译，中国大百科全书出版社 1996 年版。

［美］约翰·罗德哈梅尔：《华盛顿文集》，吴承义等译，辽宁教育出版社 2005 年版。

［美］爱德华·希尔斯：《论传统》，傅铿、吕乐译，上海人民出版社 2014 年版。

［美］西摩·马丁·李普塞特：《政治人：政治的社会基础》，张绍宗译，上海人民出版社 1997 年版。

［美］克利福德·吉尔兹：《地方性知识：阐释人类学论文集》，王海龙、张家瑄译，中央编译出版社 2000 年版。

［古希腊］修昔底德：《伯罗奔尼撒战争史》，徐松岩、黄贤全译，广西师范大学出版社 2004 年版。

［法］马克·夸克：《合法性与政治》，佟心平、王远飞译，中央编译出版社 2002 年版。

［法］卢梭：《社会契约论》，何兆武译，商务印书馆 1980 年修正版。

［英］J. S. 密尔：《代议制政府》，汪瑄译，商务印书馆 1982 年版。

［美］卡罗尔·佩特曼：《参与和民主理论》，陈尧译，上海世纪出版集团 2006 年版。

［美］乔·萨托利：《民主新论》，冯克利、阎克文译，东方出版社 1998 年版。

［美］科恩：《论民主》，聂崇信、朱秀贤译，商务印书馆 1988 年版。

［美］詹姆斯·W. 西瑟：《自由民主与政治学》，竺乾威译，上海人民出版社 1998 年版。

［美］博登海默：《法理学——法律哲学与法律方法》，邓正来译，中国政法大学出版社 1999 年版。

［美］富勒：《法律的道德性》，郑戈译，商务印书馆 2005 年版。

［美］C. E. 布莱克：《现代化的动力》，周风铭等译，四川人民出版社 1984 年版。

［以色列］S. N. 艾森斯塔特：《反思现代性》，旷新年、王爱松译，生活·读书·新知三联书店 2006 年版。

［伊朗］拉明·贾汉贝格鲁：《伯林谈话录》，杨祯钦译，译林出版社 2002 年版。

［美］马克·里拉：《维柯：反现代的创生》，张小勇译，新星出版社 2008 年版。

［意］维柯：《新科学》，朱光潜译，商务印书馆 1989 年版。

［日］千叶正士：《法律多元——从日本法律文化迈向一般理论》，强世功等译，中国政法大学出版社 1997 年版。

［日］大木雅夫：《比较法》，范愉译，法律出版社1999年版。

［德］萨维尼：《论立法与法学的当代使命》，许章润译，中国法制出版社2001年版。

［美］埃莉诺·奥斯特罗姆：《公共事务的治理之道——集体行动制度的演进》，余逊达、陈旭东译，上海三联书店2000年版。

［德］恩斯特·卡西尔：《神话思维》，黄龙保、周振选译，中国社会科学出版社1992年版。

［英］A. J. M. 米尔恩：《人的权利与人的多样性——人权哲学》，夏勇、张志铭译，中国大百科全书出版社1995年版。

［英］鲍桑葵：《关于国家的哲学理论》，汪淑钧译，商务印书馆1995年版。

［美］罗斯·特里尔主编：《习近平复兴中国：历史使命与大国治理战略》，CN Times Books，Inc。

［美］弗朗西斯·福山：《国家构建：21世纪的国家治理与世界秩序》，黄胜强、许铭原译，中国社会科学出版社2007年版。

［古希腊］亚里士多德：《尼各马可伦理学》，廖申白译，商务印书馆2003年版。

［英］昆廷·斯金纳：《消极自由观的哲学与历史透视》，载达巍等主编：《消极自由有什么错》，文化艺术出版社2001年版。

［美］劳拉·纽曼、理查德·考兰德：《让法律运转起来：实施的挑战》，李增刚译，载《经济社会体制比较》2009年第2期。

［美］阿米塔伊·埃齐奥尼：《中美或有一战 其实只是提醒两国民众预防》，乔恒译，载《环球时报》2015年3月31日。

《马克思恩格斯选集》（第四卷），人民出版社1995年版。

《毛泽东文集》（第三卷），人民出版社1996年版。

习近平：《习近平谈治国理政》，外文出版社2014年版。

《马克思恩格斯选集》（第一卷·上），人民出版社1972年版。

张凤阳等：《政治哲学关键词》，江苏人民出版社2006年版。

林来梵：《宪法学讲义》，法律出版社2011年版。

张千帆：《宪法学导论》，法律出版社2004年版。

董和平：《宪法学》，法律出版社2007年版。

《马克思恩格斯全集》（第一卷），人民出版社1995年版。

《列宁全集》（第十二卷），人民出版社1987年版。

《刘少奇选集》（上卷），人民出版社1981年版。

中央政法干部学校国家法教研室：《中华人民共和国宪法学习参考资料》，法律出版社1957年版。

《刘少奇选集》（下卷），人民出版社1985年版。

参考文献

新华书店编辑部：《中国人民政治协商会议第一届全体会议讲话·报告·发言》，新华书店1949年版。

姜士林等主编：《世界宪法全书》，青岛出版社1997年版。

《周恩来选集》（上卷），人民出版社1980年版。

《毛泽东选集》（第四卷），人民出版社1991年版。

《毛泽东选集》（第五卷），人民出版社1977年版。

《董必武选集》，人民出版社1985年版。

吕星斗主编：《刘少奇和他的事业》，中共党史出版社1991年版。

蔡定剑：《历史与变革——新中国法制建设的历程》，中国政法大学出版社1999年版。

《邓小平文选》（第二卷），人民出版社1994年版。

彭真：《论新时期的社会主义民主与法制建设》，中央文献出版社1989年版。

《邓小平文选》（第一卷），人民出版社1994年版。

莫纪宏：《现代宪法的逻辑基础》，法律出版社2001年版。

《十八大以来重要文献选编》（上），中央文献出版社2014年版。

习近平：《习近平谈治国理政》（第二卷），外文出版社2017年版。

郑永年：《中国模式：经验与挑战》，中信出版社2016年版。

郑永年：《中国改革三步走》，东方出版社2012年版。

毛泽东：《论新阶段》，新华日报馆，1938年版。

《中国共产党第十八届中央委员会第四次全体会议公报》，人民出版社2014年版。

蔡定剑：《宪法精解》，法律出版社2006年版。

喻中：《法律文化视野中的权力》，山东人民出版社2004年版。

景海峰：《新儒学与二十世纪中国思想》，中州古籍出版社2005年版。

钱锦宇：《法体系的规范性根基——基本必为性规范研究》，山东人民出版社2011年版。

周濂：《现代政治的正当性基础》，生活·读书·新知三联书店2008年版。

蔡定剑主编：《公众参与：欧洲的制度和经验》，法律出版社2009年版。

梁启超：《先秦政治思想史》，天津古籍出版社2004年版。

金耀基：《中国民本思想史》，法律出版社2008年版。

夏勇：《中国民权哲学》，生活·读书·新知三联书店2004年版。

萧公权：《中国政治思想史》，河北教育出版社1999年版。

胡锦涛：《高举中国特色社会主义伟大旗帜　为夺取全面建设小康社会新胜利而奋斗》（单行本），人民出版社2007年版。

王锡锌主编：《公众参与和中国新公共运动的兴起》，中国法制出版社2008年版。

俞可平：《民主与陀螺》，北京大学出版社2006年版。

刘诚：《现代社会中的国家与公民——共和主义宪法理论为视角》，法律出版社 2006 年版。

吕艳滨：《中欧政府信息公开制度比较研究》，法律出版社 2008 年版。

郭嵩焘：《郭嵩焘奏稿》，岳麓书社 1983 年版。

周永坤：《法理学——全球视野》，法律出版社 2010 年版。

卢云昆选编：《社会剧变与规范重建——严复文选》，上海远东出版社，1996 年版。

张中秋：《中西法律文化比较研究》，南京大学出版社 1999 年版。

钟叔河：《走向世界——近代中国知识分子考察西方的历史》，中华书局 2000 年版。

蔡枢衡：《中国法理自觉的发展》，清华大学出版社 2005 年版。

杜维明：《儒家传统的现代性转化——杜维明新儒学论著辑要》，中国广播电视出版社 1992 年版。

钱穆：《国史大纲》，九州出版社 2011 年版。

《牟宗三先生全集》（第九册），聊经出版事业股份有限公司 2003 年版。

《康有为文选》，上海远东出版社 1997 年版。

中共中央文献研究室编：《论群众路线——重要论述摘编》，中央文献出版社、党建读物出版社 2013 年版。

秦晓：《当代中国问题：现代化还是现代性》，社会科学文献出版社 2009 年版。

陈启天：《中国法家概论》，中华书局 1936 年版。

《刘师培文选》，上海远东出版社 1996 年版。

王先慎：《韩非子集解》，中华书局 1988 年版。

梁启超：《中国法理学发达史论》，《饮冰室合集》（文集十五），中华书局 1936 年版。

《严复文选》，上海远东出版社 1996 年版。

《章太炎政论选集》，中华书局 1977 年版。

朱光潜：《朱光潜美学文集》（第三卷），上海文艺出版社 1983 年版。

《马克思恩格斯选集》（第三卷），人民出版社 1995 年版。

何勤华：《西方法学史》，中国政法大学出版社 1996 年版。

陈金全、巴且日伙：《凉山彝族习惯法田野调查报告》，人民出版社 2008 年版。

於兴中：《法治与文明秩序》，中国政法大学出版社 2006 年版。

黄少安：《产权经济学导论》，山东人民出版社 1995 年版。

贺卫、伍山林主编：《制度经济学》，机械工业出版社 2003 年版。

《邓小平文选》（第三卷），人民出版社 1993 年版。

《中国共产党第十八届中央委员会第四次全体会议公报》，人民出版社 2014 年版。

《中国共产党第十八届中央委员会第六次全体会议公报》，人民出版社 2016 年版。

谢晖：《价值重建与规范选择——中国法制现代化沉思》，山东人民出版社1998年版。

马长山：《国家、市民社会与法治》，商务印书馆2002年版。

郑永年：《中国的文明复兴》，东方出版社2018年版。

任剑涛：《国家何以避免衰败：比较政治学的国家主题》，载《社会科学战线》2015年第3期。

习近平：《习近平致"2015·北京人权论坛"的贺信》，载《人权》2015年第5期。

俞可平：《善治与幸福》，载《马克思主义与现实》2011年第2期。

博·罗斯坦：《建构政治正当性：选举民主还是政府质量》，载王绍光主编：《选主批判：对当代西方民主的反思》，欧树军译，北京大学出版社2014年版。

欧树军：《反思民主，探寻民主》，载《开放时代》2015年第5期。

曹顺庆、李思屈：《重建中国文论话语的基本路径及其方法》，载《文艺研究》1996第2期。

许崇德：《我见证了新中国第一部宪法的诞生》，载《光明日报》2009年9月17日。

郭道晖：《立宪之后贵在行宪：纪念1954年〈宪法〉颁布60周年》，载《南方周末》2014年4月18日。

韩大元：《论1954年宪法的历史地位与时代精神》，载《中国法学》2014年第4期。

穆兆勇：《新中国第一部宪法的诞生》，载《南方周末》2003年8月21日。

《中华人民共和国历史发展的里程碑》，载《人民日报》（社论）1954年9月29日。

《中华人民共和国宪法——中国人民建设社会主义社会的有力武器》，载《人民日报》（社论）1954年9月21日。

孟红：《新中国〈共同纲领〉诞生记》，载《党史纵览》2009年第5期。

冯玉军：《论完善中国特色社会主义法律体系的基本原则》，载《哈尔滨工业大学学报（社会科学版）》2013年第4期。

郭道辉：《法治入宪的特别意义》，载《法学》2000年第2期。

《习近平：发挥法治固根本稳预期利长远作用》，载《人民日报（海外版）》2018年8月25日。

《习近平在内蒙古考察并指导开展"不忘初心、牢记使命"主题教育》，新华网：http：//www.xinhuanet.com/politics/2019-07/16/c_1124761316.htm，最后访问日期为2019年11月25日。

习近平：《牢记初心使命，推进自我革命》，载《求是》2019年第15期。

翟志勇：《宪法中的"中国"——对民族国家与人民共和国意象的解读》，载《文化纵横》2010 年第 6 期。

钱锦宇：《基础规范与制度事实——法效力证成中的"休谟难题"》，载《法律方法》第 12 卷。

刘毅：《"合法性"与"正当性"译词辨》，载《博览群书》2007 年第 3 期。

理查德·巴尔姆：《为什么要公众参与？——超越专家统治论的代议制政府》，载蔡定剑：《公众参与：欧洲的制度和经验》，法律出版社 2009 年版。

习近平：《切实把思想统一到党的十八届三中全会精神上来》，载《求是》2014 年第 1 期。

魏治勋：《"中国梦"与中国的社会正义论》，载《法学论坛》2013 年第 4 期。

许耀桐、刘祺：《当代中国国家治理体系分析》，载《理论探索》2014 年第 1 期。

姚尚建：《利益清除中的政府回归——基于公共性重塑的讨论》，载《哈尔滨工业大学学报（社会科学版）》2013 年第 4 期。

钱锦宇：《司法审查的能与不能：从"麦迪逊式困境"的重新解读及其解决说起》，载《环球法律评论》2007 年第 5 期。

赵正群：《政务公开政策的法理基础》，载《学习与探索》2001 年第 4 期。

赵正群：《中国的知情权保障与政府信息公开制度发展进程论析》，载《南开学报（哲学社会科学版）》2011 年第 2 期。

周汉华：《〈政府信息公开条例〉实施的问题与对策探讨》，载《中国行政管理》2009 年第 7 期。

赵正群、朱冬玲：《政府信息公开报告制度在中国的生成与发展》，载《南开学报（哲学社会科学版）》2010 年第 2 期。

赵正群、董妍：《公众对政府信息公开实施状况的评价与监督——美国"奈特开放政府系列调查报告"论析》，载《南京大学学报（哲学·人文科学·社会科学版）》2009 年第 6 期。

段秋关：《中国古代法律及法律观略析——兼与梁治平商榷》，载《中国社会科学》1989 年第 5 期。

魏治勋：《法学"现代化范式"批判的矛盾境遇》，载《政法论坛》2005 年第 6 期。

邓正来：《中国法学向何处去》，载《政法论坛》2005 年第 1—4 期。

曹顺庆、李思屈：《再论重建中国文论话语》，载《文学评论》1997 年第 4 期。

牟宗三：《从儒家的当前使命说中国文化的现代意义》，载封祖盛编：《当代新儒家》，生活·读书·新知三联书店 1989 年版。

刘述先：《儒家哲学的现代意义》，载封祖盛编：《当代新儒家》，生活·读书·新知三联书店 1989 年版。

王邦雄：《当代新儒家面对的问题及其开展》，载封祖盛编：《当代新儒家》，生活·读书·新知三联书店1989年版。

吴根友：《从人道主义角度看儒家仁学与自由主义对话的可能性》，载《儒家与自由主义》，生活·读书·新知三联书店2001年版。

钱锦宇：《中国国家治理的现代性建构与法家思想的创造性转换》，载《法学论坛》2015年第3期。

陈嘉明：《"现代性"与"现代化"》，载《厦门大学学报（哲学社会科学版）》2003年第5期。

陶东风：《从呼唤现代化到反思现代性》，载《二十一世纪》1999年6月。

刘擎：《多重现代性的观念与意义——查尔斯·泰勒与华东师大学者的讨论综述》，爱思想网：http://www.aisixiang.com/data/29342.html，访问时间为2015年3月21日。

常燕生：《法家思想的复兴与中国的起死回生之道》，载蔡乐苏主编：《中国思想史参考资料集》（晚清民国卷），清华大学出版社2005年版。

程燎原：《法家的解放——以〈劝学篇〉引发的论争为中心》，载《法学论坛》2015年第3期。

魏治勋：《论宪法权威的自我保障制度》，载《西北大学学报（哲学社会科学版）》2015年第1期。

魏治勋：《新法家的"国家主义"形式法治观批判》，载《法学论坛》2015年第3期。

燕继荣：《国家建设与国家治理》，载《北京行政学院学报》2015年第1期。

钱锦宇：《通过神话的社会控制》，载《中南民族大学学报》2010年第4期。

甘阳：《伯林与"后自由主义"》，载《读书》1998年第4期。

何勤华：《历史法学派述评》，载《法制与社会发展》1996年第2期。

彭中礼：《论当代中国国家治理的价值取向》，载《中国井冈山干部学院学报》2015年第4期。

俞可平：《治理和善治：一种新的政治分析框架》，载《南京社会科学》2001年第9期。

吴汉东：《国家治理现代化的三个维度：共治、善治与法治》，载《法制与社会发展》2014年第5期。

魏治勋：《"善治"视野中的国家治理能力及其现代化》，载《法学论坛》2014年第2期。

赵海怡、钱锦宇：《法经济学视角下国家法的限度——民间规则与国家法关系的重新定位》，载《山东大学学报（哲学社会科学版）》2010年第1期。

赵海怡：《国家法与民间规则互动的必要性及其实现方式——以社会制度变迁路径的多层次拓展为分析进路》，载《甘肃政法学院学报》2009年第6期。

峨司宣：《"德古调解"走出调解新路子》，载《四川法制报》2010年11月5日。

谢晖：《族群——地方性知识、区域自治与国家统一——从法律的"普适性知识"和"地方性知识"说起》，载《思想战线》2016年第6期。

韦志明：《论作为事实性的习惯权利》，载《山东大学学报（哲学社会科学版）》2010年第4期。

周保松：《稳定性与正当性》，载刘擎主编：《权威的理由：中西政治思想与正当性观念》，新星出版社2008年版。

张力伟：《权利开放秩序：现代国家治理的制度形态》，载《湖湘论坛》2017年第2期。

姚天冲、毛牧然：《"法律全球化"理论刍议》，载《东北大学学报》2001年第1期。

谢晖：《法律的全球化与全球化的法理》，载《山东公安专科学校学报》2002年第3期。

沈宗灵：《评"法律全球化"理论》，载《人民日报》1999年12月11日。

慕亚平：《对"法律全球化"的理论剖析》，载《中山大学学报》2002年第3期。

严存生：《"全球化"中法的一体化和多元化》，载《法律科学》2003年第5期。

《推动全球治理体制更加公正更加合理 为我国发展和世界和平创造有利条件》，载《人民日报》2015年10月14日。

丁忠毅：《托底与共享：国家治理能力建设的社会政策路径》，载《社会科学战线》2017年第1期。

李强：《宪政自由主义与国家构建》，载王焱编：《宪政主义与现代国家》，生活·读书·新知三联书店2003年版。

习近平：《增强推进党的政治建设的自觉性和坚定性》，载《求是》2019年第14期。

司马迁：《史记》，中华书局2005年版。

《庄子》，贵州人民出版社1991年版。

《吕氏春秋》，中华书局2011年版。

《慎子》，华东师范大学出版社2010年版。

《荀子》，上海人民出版社1974年版。

外文文献

Alexander Hamilton, James Madison & John Jay, *The Federalist Papers*, New York: New American Library, Inc. 1961.

Stephen Holmes, *Passions and Constraint: on the Theory of Liberal Democracy*, Chicago: University of Chicago Press, 1995.

K. C. Wheare, *Modern Constitution*, Oxford: Oxford University Press, 1966.

Michael Walzer, *Obligation: Essays on Disobedience, War and Citizenship*, Cambridge: Harvard University Press, 1982.

Robert L. Simon, *The Blackwell Guide to Social and Political Philosophy*, Hoboken: Wiley-Blackwell, 2002.

UNDP, Public Sector Management, Governance, and Sustainable Human Development: A Discussion Paper, Department of public Affairs, 1995.

Elinor Ostrom, *Governing the Commons: The Evolution of Institutions for Collective Action*, Cambridge: Cambridge University Press, 1990.

Elinor Ostrom, *Understanding Institutional Diversity*, Princeton: Princeton University Press, 2005.

Stephen Holmes., "Can Weak-state Liberalism Survival?", in Dan Avnon & Avner de-Shalit ed., *Liberalism and Its Practice*, London: Routledge, 1999.

Morris Zelditch, "Theories of Legitimacy", in John T. Jost & Brenda Major, *The Psychology of Legitimacy: Emerging Perspectives on Ideology, Justice, and Intergroup Relations*, Cambridge: Cambridge University Press, 2001.

House of Commons Constitutional Affairs Committee, Freedom of Information Act 2000—Progress Towards Implementation, vol. 2, November 30, 2004.

John Griffiths, What is Legal Pluralism, *Journal of Legal Pluralism*, 1986.

后 记

这本书是我近10年关于中国国家治理及其现代化问题学习研究的一个阶段性成果。之所以说是"阶段性成果",不外乎两个原因:其一,人类不断发展的政治实践决定了学术研究是一个永无止境的过程。如同习近平同志指出的那样,"历史没有终结,也不可能被终结"。对于无比丰富的政治文明演进和政治实践图景而言,任何既有的学术成果都只是一个局部的反映。正如本书只是对新中国成立以来,尤其是改革开放以来中国国家治理模式及其现代化问题的一个探索性研究。在中国五千年政治文明的演化进程中,在全球政治文明的多重构建过程中,这个研究只是一个极其细微的局部和阶段而已。其二,对于以学术研究为志业的研究者而言,既有的研究成果也只是其研究生涯中诸多节点的一个。本书在某种意义上,既是我对于法学学习研究的延续,也是一次研究视角和领域的新拓展。从本科到博士研究生,我的专业都是法学,在西北大学法律系(后来是法学院)读的是国际经济法和经济法,同时又跟随段秋关先生学习中国法律思想史,随后在山东大学又跟随谢晖和陈金钊先生研习法哲学和法律方法。尽管我始终坚信法律是一个自治的系统,但也同时相信,法律是政治的一种表达;法治只是政治的一种模式。

在美国访学期间,我开始系统关注政治哲学和政治科学,尝试探索从法学研究迈向政治学研究的契入点。为此还选修了"宪法设计"和"最高法院与美国政治"等课程。回国后赴西北政法大学任教,西安安逸的居家生活环境,古城长安厚重的历史文化气息,以及学校良好的研究风气和宽松的科研环境,为我提供了一个观察和思考中国国家治理模式及其现代化的良好条件。更为重要的是,这10年,恰恰是世界面临百年未有之大变局,中国国家治理模式持续演进和国家治理现代化迅猛推进的时期。执政党将国家治理现代化作为改革的总目标,做出了"全面建成小康社会"

"全面深化改革""全面依法治国""全面从严治党"的治国理政战略布局，为我研究的问题意识的形成和素材的积累提供了坚实的基础。而在这个基础之上，一定还会有更多的关联性研究作为拓展和深化。因此，本书所反映的研究也只是我整个研究过程中的一个阶段。

书中的诸多章节，已经在进行删减的基础上陆续发表。要特别感谢《西北大学学报》《厦门大学法律评论》《博览群书》《环球法律评论》《法学论坛》《北京行政学院学报》《哈尔滨工业大学学报》《东方法学》《山东社会科学》《南通大学学报》《民间法》《湖湘论坛》《制度经济学研究》《人权》《中南民族大学学报》《人大复印报刊资料》等刊物及诸位编辑的鼎力支持。本书原经西北政法大学学术委员会审议，收入在"西北政法大学学术文库"，并由业内某出版社出版，但由于各种原因我选择与老朋友庞从容女士合作。她阅过书稿后欣然答应出版，并承蒙马长山教授不弃，收入至其主编的"黑骏马法律学术文丛"。在此，我要衷心感谢庞从容女士多年来给我的鼎力支持，更要感谢对我而言亦师亦友的马长山教授给予我的关照和提携。另外，还要感谢西北政法大学行政法学院、人权研究院和陕西青年学术创新团队（"先秦法家思想与秦文化的当代价值"）予以的全方位支持。

"横渠四句"所谓为天地立心，为生民立命，为往圣继绝学，为万世开太平，其核心要旨，就在于一个"人"字。作为幸福生活的根本表达和要求，人的生存、尊严和全面发展，是一切学问和良善知识的根本皈依。这也是马克思主义的精髓所在。新中国成立70年，是中国艰辛探索中国道路、推进中国治理现代化、谋求人民幸福生活的伟大历程。而这条道路，恰恰是一百年前"五四运动"所开启的伟大征程。本书初稿完成之际，恰逢新中国成立70周年和"五四运动"100周年。祝愿共和国国泰民安、中华民族伟大复兴！

是为记。

2020年12月于古城长安